詰むや、詰まざるや

森・西武 vs 野村・ヤクルトの2年間　完全版

長谷川晶一

双葉文庫

詰むや、詰まざるや
森・西武 vs 野村・ヤクルトの2年間　完全版　［目次］

1992・1993年「西武vsヤクルト」日本シリーズ試合結果……4
序　章　決戦前日――「キツネ」と「タヌキ」の化かし合い……11
第一部　1992年――始まりの秋……21
第一章　王者と挑戦者……23
第二章　激戦の幕開け――10月17日　第一戦……47
第三章　王者の風格――10月18～22日　第二戦、第三戦、第四戦……79
第四章　弱者の兵法――10月23～25日　第五戦、第六戦……115
第五章　詰むや、詰まざるや――10月26日　第七戦……151

第二部 1993年――再びの秋 187
第六章 それは、「わずか一勝」の差なのか? 189
第七章 成熟のとき――10月23~24日 第一戦、第二戦 213
第八章 野村の洞察、森の戦慄――10月26~27日 第三戦、第四戦 243
第九章 王者の底力――10月28~31日 第五戦、第六戦 271
第十章 47時間13分、決着のとき――11月1日 第七戦 299
第三部 2020年――それぞれの秋 327
第十一章 王者たちのその後 329
第十二章 ID野球継承者たちのその後 359
終章 野村克也、逝く…… 395
補遺 2023年――あれから30年…… 403
文庫版あとがき――それは、「令和版・詰むや、詰まざるや」なのか? 419

1992・1993年「西武vsヤクルト」日本シリーズ試合結果

1992

第一戦

10月17日(土) 明治神宮野球場
試合開始 12時33分 試合時間 4時間04分 入場者 34,767人

西武	010	000	101	000	3
ヤクルト	002	001	000	004x	7

登板投手 (延長12回)

[西]渡辺久―潮崎―●鹿取
[ヤ]○岡林
本 [西]デストラーデ①② [ヤ]古田①、杉浦①

第二戦

10月18日(日) 明治神宮野球場
試合開始 12時33分 試合時間 3時間21分 入場者 35,876人

西武	0	0	0	0	0	2	0	0	0	2
ヤクルト	0	0	0	0	0	0	0	0	0	0

登板投手

[西]○郭―S潮崎
[ヤ]●荒木―伊東―金沢
本 [西]清原①

第三戦

10月21日(水)　西武ライオンズ球場
試合開始 13時04分　試合時間 3時間24分　入場者 31,370人

ヤクルト	0	0	0	0	0	0	1	0	0	1
西武	0	0	0	2	0	0	0	4	x	6

登板投手
[ヤ]●石井一—金沢—伊東
[西]○石井丈
本 [ヤ]広沢①

第四戦

10月22日(木)　西武ライオンズ球場
試合開始 13時03分　試合時間 2時間38分　入場者 31,457人

ヤクルト	0	0	0	0	0	0	0	0	0	0
西武	0	0	0	1	0	0	0	0	x	1

登板投手
[ヤ]●岡林
[西]渡辺智—○鹿取—Ⓢ潮崎
本 [西]秋山①

第五戦

10月23日(金)　西武ライオンズ球場
試合開始 13時03分　試合時間 3時間53分　入場者 31,489人

ヤクルト	0	0	0	3	2	1	0	0	0	1	7
西武	0	0	0	0	0	5	1	0	0	0	6

(延長10回)

登板投手
[ヤ]高野—金沢—○伊東
[西]渡辺久—小田—新谷—●潮崎
本 [ヤ]ハウエル①、池山①　[西]デストラーデ③

第六戦

10月25日(日)　明治神宮野球場
試合開始 12時33分　試合時間 4時間10分　入場者 35,391人

西武	0	1	0	2	0	3	0	0	1	0	7
ヤクルト	0	0	2	2	0	1	2	0	0	1x	8

登板投手　(延長10回)
[西]工藤―渡辺久―小田―新谷―鹿取―●潮崎
[ヤ]荒木―石井一―金沢―○伊東
本 [西]石毛①、鈴木健①　[ヤ]橋上①、池山②、ハウエル②、秦①

第七戦

10月26日(月)　明治神宮野球場
試合開始 12時33分　試合時間 4時間5分　入場者 34,101人

西武	0	0	0	0	0	0	1	0	0	1	2
ヤクルト	0	0	0	1	0	0	0	0	0	0	1

登板投手　(延長10回)
[西]○石井丈
[ヤ]●岡林

優勝
西武ライオンズ
(4勝3敗／森祇晶監督)

最高殊勲選手賞 石井丈裕(西武)
敢闘賞 岡林洋一(ヤクルト)
優秀選手賞 石毛宏典(西武)、秋山幸二(西武)、飯田哲也(ヤクルト)

1993

第一戦 10月23日(土) 西武ライオンズ球場
試合開始 13時05分 試合時間 3時間39分 入場者 31,785人

ヤクルト	3	1	1	0	1	0	2	0	0	**8**
西武	1	2	0	0	0	1	0	0	1	**5**

登板投手
[ヤ]○荒木—宮本—山田
[西]●工藤—内山—鹿取—藤本
本 [ヤ]ハウエル①、池山① [西]伊東①、秋山①

第二戦 10月24日(日) 西武ライオンズ球場
試合開始 13時03分 試合時間 3時間34分 入場者 32,169人

ヤクルト	1	0	3	1	0	0	0	0	0	**5**
西武	2	0	0	0	0	0	0	0	0	**2**

登板投手
[ヤ]○西村—宮本—Ⓢ高津
[西]●郭—新谷

1992・1993年「西武vsヤクルト」日本シリーズ試合結果

第三戦

10月26日(火)　明治神宮野球場
試合開始 12時33分　試合時間 2時間38分　入場者 30,147人

西武	0	0	6	0	1	0	0	0	0	7
ヤクルト	0	0	0	1	0	0	0	1	0	2

登板投手
[西]○渡辺久―潮崎
[ヤ]●伊東―金沢―石井一
本 [西]田辺①、秋山②

第四戦

10月27日(水)　明治神宮野球場
試合開始 12時33分　試合時間 2時間51分　入場者 33,882人

西武	0	0	0	0	0	0	0	0	0	0
ヤクルト	0	0	0	1	0	0	0	0	X	1

登板投手
[西]●石井丈―鹿取―杉山―潮崎
[ヤ]○川崎―Ⓢ高津

第五戦

10月28日(木)　明治神宮野球場
試合開始 12時33分　試合時間 3時間19分　入場者 35,208人

西武	0	1	0	0	0	0	1	0	5	7
ヤクルト	0	0	0	0	0	0	0	1	1	2

登板投手
[西]工藤―○鹿取―杉山―Ⓢ潮崎
[ヤ]●宮本―伊東―金沢―山田
本 [西]清原①、鈴木健①　[ヤ]荒井①

第六戦

10月31日(日)　西武ライオンズ球場
試合開始 13時03分　試合時間 2時間49分　入場者 32,020人

ヤクルト	0	0	0	0	0	0	0	1	1	2
西武	0	0	0	4	0	0	0	0	X	4

登板投手
[ヤ]●西村—金沢
[西]○郭—鹿取—杉山—Ⓢ潮崎
本 [西]秋山③

第七戦

11月1日(月)　西武ライオンズ球場
試合開始 13時03分　試合時間 2時間48分　入場者 32,028人

ヤクルト	3	0	0	0	0	0	0	1	0	4
西武	2	0	0	0	0	0	0	0	0	2

登板投手
[ヤ]○川崎—Ⓢ高津
[西]●渡辺久—工藤—石井丈—潮崎
本 [ヤ]広沢①　[西]清原②

優勝
ヤクルトスワローズ

(4勝3敗／野村克也監督)

最高殊勲選手賞 川崎憲次郎(ヤクルト)
敢闘賞 清原和博(西武)
優秀選手賞 飯田哲也(ヤクルト)、高津臣吾(ヤクルト)、潮崎哲也(西武)

※選手名は当時のもの

本書は、2020年11月に株式会社インプレスより
刊行された作品に、加筆訂正を加えたものです。

【ブックデザイン】
出田一（TwoThree）
松坂健（TwoThree）

【写真協力】
産経新聞社
村上庄吾

【取材協力】
株式会社西武ライオンズ
株式会社ヤクルト球団

序章

決戦前日

――「キツネ」と「タヌキ」の化かし合い

徹底的に挑発を続ける野村克也

1992（平成4）年10月16日――。

翌日に迫った決戦を前に西武ライオンズ・森祇晶、ヤクルトスワローズ・野村克也両監督は明治神宮外苑聖徳記念絵画館内の会議室で対峙していた。

日本シリーズ前恒例の監督会議。先制「口撃」を仕掛けたのは野村だった。

「あくまで噂で聞くのですが、スパイ行為の問題について伺います。日本一を争う日本シリーズという晴れの舞台にそういう疑いがあると、バッテリーのサイン交換に時間がかかってダレてしまい、試合に大きな悪影響を与えかねない。セ・リーグではペナントレース開幕前の監督会議で、そういう行為を行った監督は永久追放にするという通達があり、この通達によって、今シーズンはそれがきちんと守られていると感じました……」

野村の「独白」はさらに続く。

「……だが、あくまでも噂であるけれども、いろいろ情報を集めると、〝西武には気をつけろ〟というパ・リーグチームの言葉がありました。それが本当ならば見過ごすことのできない問題です。この点については、ぜひ事前に確認したいと思います」

翌日にシリーズ本番を控えた監督会議の席上で、野村は「西武のスパイ疑惑」を指摘したのだ。明らかな陽動作戦であり挑発行動だった。

ぼそぼそとしゃべり続ける野村の横で、丸山完二ヘッドコーチは思っていた。

(あぁ、監督の先制パンチが始まった……)

丸山は対面している森の表情を窺う。森は腕を組んだままで、表情に変化は見られなかった。その視線は、真っ直ぐ野村を見据えている。黙して語らぬ森。しばしの沈黙の末に、森の隣に控える黒江透修ヘッド兼打撃コーチが口を開いた。

「うちはそういうことは一切やっていないので心配しないでほしい。昔のスコアボードの球場ならば、〝覗かれているかもしれない〟と気持ち悪いこともあるかもしれない。でも、現在の電光掲示板ならばそんな心配はないでしょう」

黒江の発言を聞きながら、丸山は森の表情を改めて窺う。同時に十数年前の出来事を思い出していた。森は広岡達朗監督の下でヤクルトのバッテリー兼作戦コーチを務めていたことがある。このとき、丸山は走塁コーチだった。かつて、森と丸山は同僚だったのだ。

広岡の下でヤクルトが初優勝を実現した頃のことだった。

試合前に森が球場関係者とともに、広島市民球場のスコアボード裏を子細に検分していたことがあった。スコアボードの内部に忍び込んだ相手球団関係者がサイン盗みをしているのではないかと案じた森が「念のために」と申し出たものだった。

実際にスパイ行為が行われているという確証を得るためではなく、あくまでも相手チームに対する心理的な駆け引きとして行ったものだと、当時の丸山は理解していた。

それから十数年が経過して、まったく同様の意図を持って野村が森を挑発している。しかし、丸山の視線の先に映る森はまったく動じる様子を見せなかった。

黒江の言葉を聞いて、野村はなおも食い下がる。

「いやいや、ベンチ裏にあるテレビモニターもかなり利用できるはず。この場では冷静でも、試合になるとエキサイトして勝ちたい一心でそういうことが起こる可能性もあるので、ここは改めて厳重なチェックをお願いしたいと思います」

それでも、森の表情は変わらない。森はハッキリと自覚していた。

(こちらこそ、おたくのサイン盗みの心配をしているというのに……。しかし、これがノムさんのやり方。ここで反論したら相手の思うつぼだ。ここは黙ってやり過ごすのが得策。言いたいだけ言わせておけばいい……)

ぼそぼそとではあるものの、なおもしゃべり続ける野村と、腕を組んだまま微動だにしない森。このとき、野村は57歳、一方の森は55歳。

対照的な二人の姿が、そこにあった――。

「私には心理戦の才はないのか？」と森祇晶は思った

1935（昭和10）年生まれの野村と、37年早生まれの森とは学年で一つ違いだった。現役時代はともにキャッチャーとして、野村は南海ホークス、森は読売ジャイアンツで扇の要を務めた。リーグは違えども、両者の交流はあった。いや、「交流」という言葉以上に、むしろウマが合う間柄で、ともに相手を尊敬し合う親密な関係だった。

巨人V9時代には優勝が決まるとすぐに森は関西に飛んだ。野村の自宅を訪れ、パ・リーグ優勝チームのデータを求めて夜を徹して話し合うためだった。当時、野村の自宅の洗面台には「M」のイニシャルが刻まれた歯ブラシがあったという。森専用の洗面用具まで準備するほど、互いの野球理論を認め合っていたのだ。

そんな関係性を持つ二人だからこそ、この日の監督会議においても森は理解していた。

（反論すればするほどノムさんの術中にハマるだけ。黙して語らず。ここはただやり過ごすのが最善の方法だ）

その一方で、別の思いも頭をよぎる。

（……いや、待てよ。〝挑発に乗るまい〟というこの思いこそ、すでにノムさんの策略にハマってしまっている証拠なのではないか？　どんな試合であっても必ず心理戦の様相を帯び

るもの。ノムさんには心理戦の才があり、自分にはその才はないのかもしれないな）

野村の狙いは明白だった。苦楽をともにした丸山や、長年の盟友である森の推察通り、「徹底的に挑発して動揺を誘いたい」という思いしかなかった。

（ヤクルトが強いチームならばこんなことはする必要がない。しかし、うちはまだまだ未熟なチーム。使えるものは何でも使わねばならない。少しでも森をイライラさせ、怒らせ、精神状態を乱すことさえできればいい……）

野村をここまで駆り立てていた感情、それは「不安」だった。セ・リーグ覇者として恥ずかしい戦いはできないという意地。○勝四敗で、なす術もなく敗れ去ることへの焦り。こうした思いが野村を突き動かしていた。

この席上で野村は「スパイ疑惑」の前に、「不正球使用疑惑」にも言及している。

「かつて、阪急ブレーブスが飛ぶボール、飛ばないボールを使用していたという噂がありました。神聖な日本シリーズにおいて、ボールの管理も徹底しなければならない。この点についてはどうなっているのか？」

もちろん、これもまた秋山幸二、清原和博、オレステス・デストラーデと連なる「ＡＫＤ砲」、西武の強力クリーンアップに対する牽制だった。

野村発言を聞いて、またしても丸山の脳裏に古い思い出がよみがえる。

70年代初頭のこと。試合終盤、自軍がリードしているケースで冷凍庫に入れたボールを使っていた球団があった。もちろん、手に持ってすぐにわかるほど凍らせるのではなく、ボールの表面は普通のものと何ら変わりないものの、ボールを冷やし、内部を凍らせておくと飛距離に微妙な差が出るのだった。相手の長打を封じるために、使えるものは何でも利用する。かつて、そんな野球が行われていた時代があった。

野村が育ったパ・リーグでは、「不正球問題」はしばしば囁かれていた。野村は森に対して、「不正球使用疑惑」と「スパイ疑惑」を立て続けにぶつけたのである。

表面上は森の動揺は見受けられない。野村の狙い通り、森の心理を揺さぶることができているのかどうかはわからない。それでも、ひたすら挑発的な言葉を吐き続けることに意味があった。これこそ、野村が好んで口にした「弱者の兵法」だった。

野村が呈した疑義に対して、吉國一郎コミッショナーを代表とする日本野球機構側は「お互いにフェアプレーの精神で臨んでほしい」と答えることしかできなかった。

森は憮然とした表情で腕を組んだまま、その言葉を聞いていた。

「はい、ゴメンちゃい」と野村はおどけてみせた

野村が一方的に揺さぶりをかけ続けた監督会議が終わった。終始、主導権を握っていた野村の狙い通りに事は進んでいた。続いて、場所を移して神宮絵画館をバックにマスコミ向け

の写真撮影が始まる。ここでも、野村は執拗にしゃべり続けた。

「おい大監督さんよ、あんまりいじめなさんな。そっちは王者なんだからな」

カメラの放列に向かって、野村は右手で握手を交わしながら、左手はピースサインを出しておどけてみせた。

「弱い方がこういうことをやるんだよ。余裕のある方はこんなことはやらんだろう」

これを受けて、森が答える。

「まったく、神様にはかなわんよ……」

野村は森を「大監督」と言い、森は野村を「神様」と呼んだ。

かつて野村は、福岡から埼玉に本拠地を移転し誕生したばかりの西武ライオンズに在籍し、ここで現役生活を終えた。一方の森は、広岡監督時代にヤクルトスワローズの一員として、チーム初の日本一の栄光をつかみ取っている。

西武ライオンズ・野村克也、ヤクルトスワローズ・森祇晶——。

それからかなりの時間を経て立場が変わり、今度は野村がヤクルトの、森が西武のユニフォームを着て日本一を決める大一番に臨もうとしていた。

大監督と神様の戦い——。

ともに相手を敬う態度を見せつつ、内心では静かなる応酬を繰り広げていた。その姿をマスコミは、「キツネとタヌキの化かし合い」と称した。やがて、写真撮影は終了した。お互いに「対マスコミ用」の発言から解放された瞬間のことだった。

「……ノムさん、ええ加減にしなはれや」

ついに、森がしびれを切らした。二人だけにしか聞こえない何気ないひと言だった。しかし、野村監督付きの一軍マネージャーを務めていた松井優典の耳にはハッキリと届いていた。囁くように吐かれた森の言葉に対して、野村は言った。

「はい、ゴメンちゃい」

悪戯が見つかった子どものように野村は答えた。悪びれない態度を見て、南海ホークス時代から野村と接してきた松井は思った。

（監督も必死なんだな……）

王者西武と挑戦者ヤクルト。世間の見立て以上に、どうしようもない実力差があることは野村自身が痛感していることだった。

少しでも自軍に有利になることであれば、なりふり構っている場合ではなかった。

森の性格は熟知していた。V9時代の巨人に育ち、すでに黄金時代を謳歌していた最強西武の大監督に対して、プライドを傷つける発言を繰り返すことによって少しでもリズムを乱したい。少しでもいつもとは違うよそ行きの野球をやらせることに成功すれば、そこに打開策は生まれるはずだ。

なりふり構っている場合ではない。打てる手はすべて打つしかなかった。

野村は必死だった――。

第一部　1992年——始まりの秋

第一章　王者と挑戦者

好対照な西武とヤクルトの92年

日本シリーズ進出を決めてから、野村克也は早急な「西武対策」の必要に迫られた。阪神タイガースとの過酷なデッドヒートを制してセ・リーグ優勝を決めたのが1992（平成4）年10月10日、シーズン130試合目のことだった。

日本シリーズ第一戦は、一週間後の17日に予定されている。たった七日間で、すでに優勝を決めていた西武の対策を講じなければならない。もちろん、ヤクルトサイドとしても優勝の可能性を見越して西武のデータを集める必要性は重々理解していた。早々に優勝を決めていた西武の映像を収集して分析する手はずは整えていた。

しかし、10月1日の試合終了時点では一位・阪神とは一ゲーム差、二位・巨人とは〇・五ゲーム差の三位にいたヤクルトは目の前の戦いを乗り切ることで精いっぱいだった。10月3日から10日にかけての5試合で五連勝し、何とかペナントレースを制した。死力を尽くした上での薄氷の勝利だった。日本シリーズ対策に時間と労力をかける余裕はまったくなかった。

監督就任三年目を迎えて、優勝への手応えは強くなっていた。「一年目に種を蒔き、二年目に水をやり、三年目に花を咲かす」との自らの言葉をまさに有言実行した。そして、苦難の果てに栄光をつかんだのだ。

しかし、本当の戦いはこれからだった。しかも、相手は90年から三年連続でリーグ優勝を果たし、この時点で二年連続日本一に輝いている王者西武である。

三年連続日本一に向けて、西武に死角はない。スコアラーから上がってくるデータを見ても、欠点らしい欠点は見当たらない。

野村の不安は、ますます大きくなっていった。

一方の西武は、この頃すでに円熟期にさしかかっていた。

広岡達朗の後を継いで、森祇晶がチームを率いて七年目を迎えていた。この間にリーグ優勝は六回、そのうち日本シリーズを五回制覇し、六度目の日本一を目指していた。

一番・辻発彦、二番・平野謙、三番・秋山幸二、四番・清原和博、五番・デストラーデ、六番・石毛宏典は不動だった。七番は吉竹春樹、安部理、笘篠誠治らが務め、八番にはすでに球界を代表するキャッチャーとなっていた伊東勤が入る。伊東はまだ30歳になったばかり。肉体面も、精神面も充実していた働き盛りだった。

不動のレギュラー陣に加えて、西武の強みはパ・リーグナンバーワンの超強力投手陣にあった。渡辺久信、工藤公康、郭泰源、石井丈裕、渡辺智男、新谷博ら、先発投手陣の層の厚さは群を抜いていた。特に渡辺、工藤、郭の三本柱は絶対的で、彼らが投げれば誰かは勝ち、同一カード三連敗がほぼなかったことも強さの秘密だった。

もちろん、中継ぎ以降も鹿取義隆、潮崎哲也を擁する盤石のピッチングスタッフがそろっており、「投手王国」の名に恥じない陣容を誇っていた。

戦前の下馬評は圧倒的に「西武有利」の報道で占められた。それどころか、「ヤクルトは一勝もできないのではないか」という声も多かった。

いくら、「短期決戦は水物だ」「勝負は下駄を履くまでわからない」といっても、両チームの間には圧倒的な戦力差、実力差、そして経験の差があることは否めなかった。

挑戦者ヤクルトは発展途上の伸び盛りの選手がそろっていたが、まだまだ粗削りだった。一方の王者西武には脂の乗り切った実力ある選手がきら星のごとくそろっていた。

長年にわたって日本一に君臨している実力と経験、そして王者のプライドが西武ナインにはあった。

森監督就任一年目に入団したスーパースター

森祇晶が西武の指揮を執るようになったのが1986(昭和61)年のことだった。

79年に埼玉県所沢市に本拠地を移した後、「球界の寝業師」の異名を持つ根本陸夫監督時代に着々と選手を補強し、82年に広岡達朗が監督に就任するとすぐに日本一になり、翌83年は巨人を倒して、新時代の球界の盟主に名乗りを上げた。

その広岡が優勝を置き土産に85年限りで退任すると、広岡の参謀役として活躍した森が監督となった。この頃、西武グループを率いる堤義明オーナーは、当時浪人中だった長嶋茂雄の監督就任を切望していたという。こうした状況を踏まえて、「森は長嶋監督誕生までのつなぎ役だろう」という見方もあった。

また、福岡時代の西鉄、太平洋、クラウンライターライオンズ時代から在籍している東尾修、大田卓司らベテラン勢もすでにピークを過ぎつつあった。新生西武の草創期を担った田淵幸一、山崎裕之はすでに現役を引退していた。森にはチームの新陳代謝の役割も求められていた。

さまざまな思惑が渦巻き、結果を残せなければ早期退任の可能性もある中、森に幸運の女神が微笑んだ。

監督初年度となった86年、球史に残るスーパールーキーが西武に入団した。

清原和博である。

桑田真澄とともに「KKコンビ」として、PL学園高校の全国優勝に大きく貢献。高校一年時から四番を任され、春夏合わせて甲子園出場は五回。優勝二回、準優勝二回を誇り、甲子園記録となる通算13本塁打を放ち、日本中の注目を集めていた。

85年ドラフト会議では南海ホークス、日本ハムファイターズ、中日ドラゴンズ、近鉄バフアローズ、阪神タイガース、そして西武と、当時の最多記録となる六球団から一位指名され、晴れて西武入団を決めていた。監督就任早々、ゴールデンルーキーの入団は森にとって大きな幸運である反面、圧倒的なプレッシャーともなった。

（この若者を育てられなければ、《監督失格》の烙印を押されるかもしれない……）

清原の入団後、その指導方針をめぐって首脳陣の間でも意見は分かれた。

「二軍でじっくりと育てた方がいいのでは？」という声も多かったが、森は一軍に帯同させて、実戦を通じてプロの世界に慣れさせていく方法を選んだ。森の見立てでは「清原はどん底から這い上がってくるようなタイプではない」と思えたからだ。

88年に中日から西武に移籍した平野謙が振り返る。

「鳴り物入りで入団した清原に対して、〝腫れ物に触る〟というわけじゃないけど、どうやって育てたらいいのかをみんなで考えていたし、慎重に扱っている感じはありましたね。僕はよそからやってきた人間だから、そんなことは気にせずに、〝一人ぐらい口うるさいのがいてもええやろ〟って思っていました。のほほんというのか、おっとりしている部分もあって、〝おいキヨ、あいさつがないから、いるのかいないのかわからないぞ〟ってからかうと、慌ててあいさつに来る。おかげでキヨとはいろんなことを話しましたね」

開幕直後はまったく打てなかった。それでも、「せめてこどもの日までは様子を見よう」と決意して指揮官は清原を使い続けた。

そして、森の決断は報われる。

4月後半から5月上旬にかけてようやく清原のバットから快音が聞かれ始め、5月終了時点で打率3割に到達する。森の信念は通じた。清原の実力は本物だった。

この年、清原は126試合に出場して31本塁打、78打点、打率・304という文句のない成績で新人王に輝き、チームの日本一にも大きく貢献した。

球界を代表するスラッガーが西武に誕生した。

背番号《3》が描く豪快な放物線は、黄金時代到来の号砲でもあったのだ。

広岡達朗が残した若き選手たち

広岡監督時代に徹底的に鍛えられた若獅子たちも雄飛のときを迎えていた。

81年に新人王に輝いた石毛宏典は、広岡に面罵される日々を過ごした。

自分では基本に忠実なプレーをしているつもりでも、「それでよく新人王が獲れたな」「他のチームに行けば、お前など試合に出られない」と酷評された。

そのたびに、石毛は闘志を掻き立てられた。「いつか、監督に認められる選手になるんだ」という思いを胸に白球に食らいついた。

また、田淵幸一、大田卓司らベテラン野手が数多く在籍していたにもかかわらず、広岡は常に、「ミーティングを仕切れ」と石毛に命じ、すべての試合において全選手の前での「3分間スピーチ」を求めた。こうして、たまの休みに映画を見ても、気になったセリフを、本を読んでも、印象的だったフレーズをメモする習慣を石毛は身につけていく。後に、「それはリーダーとなるための英才教育だったのだろう」と気がつくことになる。内野の要としてだけでなく、チームリーダーとしても石毛は期待されていた。

広岡監督時代の84年に、日本通運浦和から西武に入団したのが辻発彦だった。佐賀県出身の辻は、西鉄ファンだった父親に連れられて、小さい頃から福岡・平和台球場に通うライオンズファンだった。稲尾和久や中西太の現役時代を知り、社会人時代も埼玉を拠点にしていたため、「プロ入りするなら西武に」と考えていた。

さらに、「自分は厳しい環境の方が伸びるだろう」と思っていたので、厳しいことで定評のある「広岡さんの下で野球をしたい」と切望していた。

83年ドラフト二位で西武に指名されると、翌84年のアメリカ・メサキャンプへの帯同を許された辻は、石毛同様に広岡の洗礼を受けることになる。

プロ入り前から守備の名手として鳴らした辻の守備を見てすぐに、広岡はノックバットを置いた。そして、止まっているボールを指しながら言った。

「もういい、グラブを置け。まずはそのボールを拾ってみろ」

それが何度も何度も繰り返された。社会人時代に名門チームでレギュラーを張り、ドラフト二位でプロに指名される実力を誇りながら、辻に命じられたのは単なる「ボール拾い」だった。プライドを傷つけられたものの、それは自ら望んだ道でもあった。

足の運びを意識しながら、止まっているボールを拾い上げていく。ようやく、広岡の許可がおりると、今度は数メートル先からボールを転がされ、やはり足の運びに注意しながらそのボールを捕球していく。グラブをつけることは許されない、素手のままだ。

やがて、短い距離からのノックが行われ、手がパンパンに腫れた状態を過ぎると、ようやくグラブを手にすることを許された。

その後も、「下手くそ、辞めてしまえ」と罵声を浴びることは日常茶飯事だった。しかし、辻自身も気づいていた。「技術は弁説では伝授できない」を旨とし、自ら手本を示してくれる広岡の指導は実にわかりやすかった。指導通りに練習を続けていると、目に見えて上達していくことを自分でも理解していた。

ダブルプレーのためのバックトスの練習をしているときのことだった。傍らで見ていた広岡は小さな声でつぶやいた。

「人間、誰にでも取り柄はあるものだな……」

決して面と向かって吐かれた言葉ではない。しかし、めったに褒めることのない広岡によるこの言葉は、後年まで辻の記憶に深く刻まれることとなった。

秋山幸二もまた、広岡に鍛えられた一人だった。

広岡が監督に就任して三年目となる84年にプロ初ホームランを放つと、翌85年には23歳で40本塁打、93打点を記録。一気にスターへの階段を駆け上った。

開眼のきっかけは、85年の春のキャンプのことだった。

この年、西武の打撃コーチとなった長池徳士に対して、「秋山を大成させるために日本刀で藁を切る練習をさせろ」と、広岡は命じた。

濡れた藁を切るには反動をつけて刀を振ってはいけない。バットを振る際に反動をつけるクセをつけてしまうと、どうしても速球に振り遅れる。秋山の悪癖を修正するためには、正しく日本刀を振る技術が必要だと考えたのだ。

右打者の場合、利き手であり力の強い右手を左手と同じ程度の力に合わせて真っ直ぐ振り抜くと、濡れた藁でも簡単に切れるのだという。

そしてそれは、広岡の考える理想のバットスイングでもあり、「大きな一発を打とう」という邪心を捨て去るのにも効果的だと秋山に説いたのだった。

石毛や辻、伊東がスムーズに一発で切っていくのに対し、高校時代まで投手を任され、右手首が強くバットをこねる悪癖のあった秋山は、なかなか思うようなスイングができずにいた。本人は「別に藁など切れなくても、野球には関係ない」と開き直っていたものの、しばらくして、濡れた藁をひと太刀で切る技術を秋山も身につける。

このとき、広岡の目には「ようやく理想のスイングを身につけた」と映っていた。そして、その瞬間から打撃は飛躍的に向上していったのだという。


野手では石毛や辻、秋山がそうだったように、投手では名古屋電気（現愛工大名電）高校から81年ドラフト六位で入団した工藤公康にも、広岡は独自のアプローチを心がけた。最初に目を奪われたのは流麗な投球フォームと、落差の大きいカーブだった。「何とか工藤を一人前にしたい」と考えた広岡は「この子は小利口なところがあるから、二軍に置いたら首脳陣の目を盗んで手を抜くだろう」と感じた。

そこで、高卒一年目のキャンプから一軍帯同を命じ、目の届く範囲で徹底的に練習させた。後に工藤自ら、「風呂に入る気力もなく、ユニフォームのまま寝て、気がついたら朝になっていたこともあった」と振り返るほど過酷なものだった。

さらに、三年目の84年には「精神的に甘い部分がある。もっとハングリー精神を身につけろ」という理由で、工藤にアメリカ留学を命じている。技術的には申し分ない。必要なのはプロとして生きていくための覚悟だけだ。それが、広岡の思いだった。

アメリカ留学が奏功したのか、帰国後の85年には34試合に登板して8完投、8勝3敗、防御率2・76を記録し、自身初となる最優秀防御率のタイトルを獲得する。

工藤の才能が開花するときが、ようやく訪れようとしていた——。

苦しみ抜いた末の十四年ぶりのセ・リーグ優勝

92年シーズン、西武とヤクルトのペナントレースは実に対照的だった。

前述したように就任三年目の野村克也監督率いるヤクルトは、ペナントレース終盤まで激しいデッドヒートを繰り広げ、苦難の末に十四年ぶりの優勝をつかみ取った。

その道のりは決して平坦なものではなかった。

4月4日、西村龍次の好投で開幕戦に勝利すると、野村ヤクルトは序盤10試合を七勝三敗で終えスタートダッシュに成功する。さらに、4月30日から5月6日までは七連勝をマークし、6月16日には首位に立つ順調な滑り出しを見せた。

攻撃の中心になったのは関根潤三前監督時代にその才能が開花した「イケトラコンビ」だ。プロ八年目、30歳の広沢克己（現広澤克実）とプロ九年目、26歳の池山隆寛はチームにおける長男と次男のようなものだった。

かつて、関根はこんな言葉を残している。

「私がヤクルト監督に就任した頃、とにかくあのチームは暗かった。かつてチームを日本一に導いた広岡（達朗）君が注入した、いい意味での《管理》が、だんだん歪んで本来の意味を失い、学校の校則みたいに、単に選手を縛るだけの道具になっていたんです」

そこで、関根は思い切った育成方針を採用する。

「ヤクルト監督時代、私は一切の管理をやめて選手たちを自由にさせました。すると、呪縛から解放された彼らはとたんに明るさを取り戻した。池山も広沢もまだまだ粗削りで下手くそだったけれど、のびのびとおおらかに野球をするようになった。管理を外して、あえて野放しにしたことが、結果的に彼らにはよかったんだと思いますね」

関根が監督を務めた三年間で、チームは一気に明るくなった。

そして、広沢と池山は存分にその才能を開花させた。

ともに、「ホームランか、三振か？」という大雑把なバッティングを問題視されることが多かったが、前任者の関根は「三振するものは仕方ない」と自由に打たせることで経験を積ませ、関根の後を引き継いだ野村の下で着実に一流打者へと成長していた。

西武は前監督である広岡達朗の方針を森祇晶がさらに進化、発展させた。

一方のヤクルトは78年にチームを日本一に導いた広岡の「管理野球」を関根潤三が一掃し、地ならしをした上で、野村克也が新たなチームを作り上げたのだ。

攻守の要となったのは野村監督就任と同時にプロ入りした古田敦也だった。「データ重視」を意味する「ＩＤ（Ｉｍｐｏｒｔ　Ｄａｔａ・データ重視）野球の申し子」と称された古田は、何度も野村の叱責を受けながら球界を代表する名捕手への道を歩んでいた。

プロ二年目には首位打者を獲得、三年目となった92年も三番打者として活躍。捕手としては史上三人目となる30本塁打を記録し、まさに攻守のキーマンに成長していた。


7月に入るとオールスターゲームまでの全13試合を四勝九敗と苦戦を強いられ、チームに暗雲が垂れ込めたが、不幸中の幸いだったのはオールスターブレイクの空白期間に、不振の極みにあった主砲のジャック・ハウエルが浮上のきっかけをつかんだことだった。

伊勢孝夫打撃コーチがつきっきりでハウエルの打撃フォームの見直しを図り、球宴明けの16試合で、ハウエルは11本塁打を量産する。その要因となったのは、それまで使っていた35インチのバットを34インチに変更したことだった。それによって、インサイドのストレートに対してバットが遠回りせずにスムーズに出るようになった。

また、この間に伊勢はハウエルに何度も何度も「お前はうちに必要な選手や。焦ることはない。じっくり自分のバッティングをすればいいんや」と繰り返し説いた。ハウエルの不調の原因は、異国での生活によるストレスが大きいと考えたからだった。

こうして、後半戦に向けてハウエルのバットは爆発する。8月9日には貯金を十とし、8日から16日までは七連勝。完全に優勝を射程圏内にとらえていた。

しかし、8月後半から9月にかけて、チームは急激に失速する。

球宴明けから抑えを任されていた内藤尚行に陰りが見え始め、8月21、22日と連続で抑えに失敗。右ひじ痛を発症した内藤はファーム行きを命じられることとなった。

ここで孤軍奮闘したのがプロ二年目の岡林洋一だった。ルーキーイヤーとなった前年はクローザーを任され、この年から先発に転向していた岡林は「抑え不在」という緊急事態の中で、先発に抑えにひたすら投げ続けた。

それでも、チームの失速は止まらない。9月5日から18日までは一引き分けを挟んで、十九年ぶりとなるまさかの九連敗。7月26日以来、守り続けた首位の座をあっけなく失うと、一気に三位にまで落ち込んでしまった。引き分けとなった9月11日の阪神戦は判定をめぐる中断もあって、史上最長となる6時間26分の死闘となった。この試合でも岡林は7回からリリーフ登板。その後、延長15回まで、実に9イニングを投げ抜いた。

頼れるのは岡林しかいなかった。


しかし、92年のヤクルトには見えざるパワーが宿っていた。

このまま一気に失速してしまっても不思議ではない状況下で救世主が現れた。

9月24日の広島戦、実に四年二カ月ぶりに、荒木大輔が神宮のマウンドに上がったのだ。

試合途中、ブルペンで荒木が投げ始めるとともに神宮球場はどよめき、ピンチの場面で荒木の名前がコールされたときには球場が大歓声に包まれた。

二度の右ひじ痛と椎間板ヘルニアを経ての復活劇。早稲田実業学校時代から何度も大舞台を経験してきた荒木の復活は、チームのムードを劇的に変えた。

また、この年のヤクルトは荒木だけでなく、長年故障に苦しみ続けた高野光、伊東昭光も劇的な復活登板を果たしていた。

4月7日には、高野が1076日ぶりの勝利を挙げ、5月16日には伊東が1029日ぶりに勝利。そして、シーズン最終盤の10月3日、神宮球場で行われた対中日ドラゴンズ戦では荒木が実に1611日ぶりの勝利投手となった。

この年のヤクルトのマウンドを支えていたのは、故障から復活したばかりの高野、伊東、荒木。そして、獅子奮迅の活躍を続けた岡林だった。

こうして、シーズン130試合目となる10月10日、ヤクルトは十四年ぶりのセ・リーグ優勝を決めた。わずか七日後には日本シリーズが控えている。しかし、そんなことすら考える余裕がないほど、薄氷の上を駆け抜けて手に入れた優勝だったのである。

王者の貫禄とともに手にした三年連続のペナント

一方の西武はヤクルトとは対照的に、92年もまた堂々たる戦いを見せていた。90年には巨人を、91年には広島を撃破し、「王者西武」は円熟期にさしかかっていた。

広岡達朗が育て、森祇晶が鍛え上げた選手たちはみな、脂の乗り切った時期にあった。森の一年目に入団した清原はプロ七年目の25歳。秋山も伊東も30歳を迎えたばかりだった。辻が34歳、石毛が36歳、平野が37歳と世代交代の波は着実に押し寄せてはいた。それでも、まだまだ彼らは元気だった。彼らは日本シリーズの晴れ舞台を何度も経験している。実力も経験も、そして選手層の厚さも、ヤクルトと比べると一枚も二枚も上だった。

森が監督に就任して七年目。すでに王者の野球は完成されていた。


92年シーズンはスタートダッシュに失敗し、4月は八勝十一敗の五位と低迷した。しかし、王者はやはり王者だった。5月は十七勝三敗と驚異的な白星街道を突っ走り、すぐに優勝争いに加わると、6月2日にはついに首位に立ち、二位・近鉄バファローズとの差をじわりじわりと広げていく。6月7日には九連勝で、リーグ最速で三十勝に到達。14日には球団新記録となる本拠地十五連勝を記録。

さらに、オールスター前最後となった7月15日には、平和台球場で行われた対ダイエーホークス戦を17対3と圧勝。二位の近鉄に九ゲーム差をつけての前半戦終了となった。

強さの理由は明確だった。

打撃陣はすべて役割が確立していた。

一番・辻発彦が出塁して、二番・平野謙が確実に送り、三番・秋山幸二、四番・清原和博、五番・デストラーデの「AKD砲」で点を奪い取る。「カリブの怪人」と称された来日四年目のデストラーデは90年から三年連続ホームラン王を獲得することになる。その後も、石毛宏典、田辺徳雄、伊東勤ら下位打線が粘り強くチャンスを作り、再び上位陣に繋げていく。黄金パターンは揺るがぬものだった。

一方の投手陣も質量ともに豊富だった。

この年、大きく飛躍したのがプロ四年目を迎えていた石井丈裕だ。前年の7勝から、92年は一気に15勝をマーク。工藤公康や渡辺久信ら、他の投手が不調だった4月、5月には先発だけでなく抑えも任された。

27試合に登板して、15勝3敗3セーブ。防御率は1・94という抜群の安定感で最高勝率、MVP、沢村賞に輝き、この年の西武投手陣の大黒柱として活躍した。

もちろん、他の投手陣も万全だった。

来日八年目、30歳となっていた郭泰源は前半戦で早くも10勝をマークした。途中、腰痛に苦しめられて失速するものの、それでも8月末から9月にかけてパ・リーグ二十年ぶりとなる3試合連続完封を記録するなど、「オリエンタルエクスプレス」はこの年も健在だった。

プロ十一年目、29歳となっていた工藤公康は、開幕投手を任されたものの、なかなか調子の上がらないシーズンを送っていた。それでも最終的には11勝5敗と見事に帳尻を合わせてペナントレースを終えていた。

プロ九年目、27歳の渡辺久信も、開幕から三連敗を喫する苦しいスタートとなったが、その後は五連勝を記録。前半戦だけで8勝をマークし、最終的には12勝12敗ときっちりとローテーションを守り抜いた。

中継ぎ陣は35歳の鹿取義隆とプロ三年目、23歳の潮崎哲也によるダブルストッパーが大活躍。先発投手がきちんと試合を作り、リリーフ陣がしっかり抑える。

投手陣の勝ちパターンもまた明確だった。


優勝マジック点灯は8月9日。そして9月30日、東京ドームで行われた対日本ハムファイターズ戦で西武は14対5と完勝。見事に三年連続のリーグ優勝を決めた。

10月17日の日本シリーズ初戦まで、実に二週間以上もの準備期間がもたらされた。

10月2日の対千葉ロッテマリーンズ戦からはデストラーデをレフトでスタメン起用する。明らかにシリーズ対策の一環だった。神宮球場で行われた6日からのヤクルト対阪神戦には、黒江透修ヘッドコーチを筆頭に、野手では石毛、辻、平野、伊東らが、投手では工藤、郭、渡辺久信ら主力選手が大挙して駆けつけた。

対戦相手がヤクルトになるのか、それとも阪神になるのかまだ決まっていなかった8日には、スコアラー陣が二泊三日のミニ合宿を敢行。両チームの対策ビデオの編集作業に取りりかかっている。同じく8日からは西武球場で投手陣のバッティング、バント練習も開始している。そして、10日から選手たちはビデオによる研究を始めている。

それは、もはや「恒例行事」と言ってもいいシリーズ直前の西武の「日常」だった。日本一達成に向けて、裏方を含めた全員が自分のやるべきことを理解していた。

唯一、気がかりだったのは9日の練習中、工藤が左ふくらはぎを故障したことだった。投内連係プレーの練習中、一塁のベースカバーをした際に左ふくらはぎに電気が走った。トレーナーも本人も「肉離れではなく、単なる筋肉痛」とコメントしたものの、シリーズ開幕を直前に控えて不安が残ることとなった。

シーズン半ばに腰痛に苦しめられた郭。そして、シリーズ直前に左足を故障した工藤。両投手が万全な状態ではないこと。これだけが、ヤクルトにとっての光明だった。

下馬評は「西武有利」だらけ

あまりにも対照的な西武とヤクルトの姿を見れば、シリーズ前の下馬評が圧倒的に西武有利だったのも当然のことだろう。

シリーズ直前に発売された公式プログラムの「92日本シリーズの見どころ」の冒頭にはこ

んな一節がある。筆者はスポーツニッポンで評論活動を行っていた有本義明である。

ヤクルトに勝てる要素はあるだろうか？　もし、あるとしたら、ペナントレースを制しただけで十分ではないか……、日本シリーズに出られるだけで儲けものではないか……といった割り切りようと開き直り、そこから生まれる本来このチームの持つこだわりのなさと奔放さが発揮されたときであろう。

西武に勝つための方法は「割り切りようと開き直り」、そして「こだわりのなさと奔放さ」——。もはや、戦力や技術の話ではなく、単なる精神論だった。

ヤクルトに残された手はそれしかない。それが専門家の見立てだった。

世間の見方はさらにシビアだった。

イギリス政府公認のブックメーカー「SSPオーバーシーズ・ベッティング」は現地時間10月14日に日本シリーズの優勝チームを当てる受付を始めた。初日終了時点で西武の配当率は1・2倍、対するヤクルトは3・5倍と西武有利の見方が大勢を占めた。

勝敗別では西武の四勝一敗と四勝二敗がそれぞれ3・0倍と一番人気。以下、西武の四戦全勝が5・0倍、西武の四勝三敗が6・0倍と続いた。ちなみに、ヤクルトの四戦全勝がもっとも高配当の22倍となっている。

スポーツ紙では野球評論家たちのシリーズ展望が繰り広げられた。

シリーズ初戦当日となる10月17日付のサンケイスポーツにおいて、ヤクルトOBの松岡弘は「一方的なら四勝一敗で西武。もつれて七戦までいったら四勝三敗でヤクルト」と予想し、当時国会議員の江本孟紀は「四勝三敗で西武」、かつてヤクルトの監督を務めた経験もある武上四郎は「四勝三敗、西武」と、いずれも「西武優勝」の予想が並んだ。

また、同紙面には「各界V予想」と題して、著名人の予想も掲載されている。

尾崎将司さん（プロゴルファー）①4－1で西武。②力から見たら西武。ヤクルトが先手をとればもつれるだろうが、乗っても西武の4－2か4－3だろう。

尾崎健夫さん（プロゴルファー）①4－1で西武。②投手、打者、守備面…どこから見ても西武が有利。5回やってヤクルトが1回勝てるかどうかだろう。

鈴木亜久里さん（F1ドライバー）①4－1で西武。②鹿取選手を個人的に知っていることもありますが、ボクが育った所沢のライオンズの実力が1枚も2枚も上ですよ。

舞の海　①４勝２敗で西武。②人材豊富だし大舞台に慣れてるから余裕がある。

若花田　①４戦全勝で西武。②ピッチャーもバッティングも西武がナンバーワンだよ。

貴花田　①４勝３敗で西武。②最終戦までもつれて、あとは気力の勝負でしょう。伊東さんと秦さんに活躍してもらいたいな。

小錦　①４勝２敗で西武。②西武のピッチャーをヤクルトは打てないでしょう。ヤクルトはピッチャーも荒木しかいないじゃない。

武田修宏さん（サッカー読売日本ＳＣ）　①４勝３敗で西武。②15日に同じホテルに泊まっていたのがライオンズ。前から親しかった清原選手とは、シリーズ後に食事の約束もしたし、ホームラン３発打ってＭＶＰで決まりですね。

はほすべて「西武有利」のコメントが並ぶ中で、貴闘力だけが「四勝二敗でヤクルト」とコメントしているのが目立つ程度だった。

もちろん、野村自身も内心では「圧倒的に西武が有利だ」と考えていた。だからこそ、少しでも森を攪乱すべく、マスコミに向けて徹底的に強気な発言を繰り返した。

決戦前日の監督会議の席上、シリーズの展望を問われた野村は言った。

「短期決戦ですから、たとえ力が劣っていてもうまく流れに乗ればひょっとしたらいけるかもしれない。できることなら四勝〇敗でいきたい。うちは一つ負けたらズルズルいく可能性があるから。とにかく第一戦は全力を挙げていきますよ。うちは連勝もすれば連敗もするチームだからな。向こうも連敗するとズルズルいくかもしれないから……」

野村の発言を伝えられた森は、淡々と言う。

「あぁ、そうですか。じゃあ、そうなるんじゃないですか」

野村の挑発的な言葉を冷静に受け流す。それが森なりの対抗手段だった。

「世評通り、甘く見ていたら足をすくわれる。日本シリーズというのは七戦のうち四つ勝てばいい。つまり三つ負けられる。うちは七戦までやるつもりで臨みますよ」

森はこともなげに言った。

ついに決戦が始まる。「知将対決」とも謳われ、「キツネとタヌキの化かし合い」とも呼ばれている日本シリーズが、いよいよ始まる——。

第一章

激戦の幕開け

——10月17日　第一戦

ドリマトーン奏者の晴れ舞台

（いよいよ、始まるんだなぁ……）

神宮球場の片隅で森下弥生は眼下に広がるダイヤモンドを見つめていた。

１９７７（昭和52）年のシーズン途中に神宮球場のドリマトーン演奏を命じられてから、すでに十六年目を迎えていた。

一般的な電子オルガンは、ヤマハ製ならばエレクトーン、ビクター（現ＪＶＣケンウッド）製ならばビクトロン、松下電器（現パナソニック）製ならテクニトーン、そして河合楽器製のものはドリマトーンと呼ばれている。河合楽器の専属プレーヤーだった森下は、野球好きだったこと、そしてその演奏が力強さにあふれていたこともあって、神宮球場に設えられた演奏室で選手たちの登場時やピッチャー交代時、イニング間にその音色を響かせていた。

初めてフルシーズンを担当した78年、森下が担当した試合は一試合も負けなかった。当時は数名いたドリマトーン奏者の中で、彼女の勝率は圧倒的だった。

当初は「大杉（勝男）、杉浦（享）、杉村（繁）」が並び、「やけに《杉》が多いな」と困惑する程度の知識しかなかったものの、のびのびとプレーしている選手たちに、すぐに魅せられた。ドリマトーンを演奏しながら大声で選手たちに声援を送っていたため、試合終了後には声が嗄れていたこともしばしばだった。

チーム創設二十九年目にして初めての優勝を迎えた瞬間も、森下は選手たちを鼓舞するべく鍵盤を叩き、優勝の瞬間には隣接するオーナー室から配られた大量の紙吹雪をグラウンドめがけて撒きながら、歓喜の雄叫びを上げた。ツバメ軍団の名物団長・岡田正泰がグラウンドに駆け下りて東京音頭をリードしている姿を見て、「私もグラウンドに下りたいな」と感じたことは何年経っても、ハッキリと覚えている。


しかし、その後チームは一度も優勝を経験することはなかった。

翌79年には優勝の立役者である広岡達朗監督がシーズン途中で解任され、屈辱の最下位となった。そして、武上四郎監督を迎えた80年こそ二位となったものの、それ以降、80年代のヤクルトは一度もAクラスに浮上することはなかった。

試合中はトイレに行くこともできず、演奏室にはガラスもなかったためファールボールが飛び込んでくることもあった。寒い夜には手がかじかんで思うように弾くことができない。

それでも、仕事は楽しかった。大好きな若松勉は、いつも自分のためだけに打ってくれるような気がした。毎日、見ているうちに選手への愛着も湧いてくる。敗戦が続くと、選手たちの気持ちを思って、自分までも気分が沈み込んでいく。連敗中には、球場に着ていく服や持ち物を変えるゲン担ぎをしたものの、あまり効果はなかった。

やがて、森下の中に「ある思い」が芽生えてくる。

（もう一度、優勝の感激を味わうまでは辞めたくない……）

そんな思いで、来る日も来る日も、注意深くグラウンドを見つめながらドリマトーンに向かっていた。

そして、1992（平成4）年、ついにヤクルトは優勝した。

長年、故障に苦しんでいた高野光、伊東昭光、そして荒木大輔の復活劇に胸を熱くした。関根潤三監督時代にその才能が開花した池山隆寛、広沢克己が、野村克也が監督に就任すると、たくましい選手へと成長したのが嬉しかった。

待ちに待った優勝。すべてのヤクルトナインが誇らしく思えた。

前回の初優勝時には大学野球の予定がすでに入っていたため、神宮球場で日本シリーズを行うことはできなかった。ヤクルトのホームゲームはすべて後楽園球場で行われ、森下の奏でるメロディが球場中に響き渡ることはなかった。

しかし、今回の舞台は神宮球場だ。

ヤクルトナインにとって、そして森下にとってのホームグラウンドで日本シリーズが行われる。ついに晴れ舞台がやってきた。試合前のグラウンドでは太陽の光を浴びながら、選手たちがウォーミングアップを続けている。

一塁側ブルペンで投球練習を続けているのは、背番号《15》をつけた岡林洋一だった。

その姿を見つめながら、「頑張れ、岡林」と、森下は小さくつぶやいた——。

名参謀・伊原春樹、司令塔・伊東勤の目算

シリーズ前の直前合宿において、スコアラー陣からもたらされた「ヤクルト対策」を見て、守備走塁コーチの伊原春樹は安堵していた。

子細に検分するまでもなく、投手陣は質量ともに西武の方がはるかに充実していた。打撃陣に目を転じてみても、一番・飯田哲也と辻発彦、二番・荒井幸雄と平野謙の比較から始まり、クリーンアップの古田敦也、広沢克己、ジャック・ハウエルと、西武の誇る「AKD砲」を比較しても、ヤクルトはまだまだ粗削りで、西武の方が完成度に勝っていた。司令塔を務める古田敦也は確かに驚異的な成長を遂げている。けれども、長年にわたって日本シリーズの大舞台を経験してきた伊東勤の経験値は、やはり揺るぎないものだった。

90年の読売ジャイアンツ、91年の広島東洋カープと比べて、この年のヤクルトは明らかに戦力が劣っていた。首脳陣の気の緩みは選手に伝播する。だから、選手たちには「油断大敵だ」と口にはしていたものの、本音を言えば「ヤクルト、恐れるに足らず」と、伊原は感じていた。

クセ盗みの名人である伊原は、この時点ですでにヤクルト投手陣のクセを見抜いていた。たとえば、日本シリーズでもローテーションの主軸を担うことが予想された岡林洋一は、一塁に牽制球を投げる場合、キャッチャーのサインをのぞき込むときに普段よりも左足が数ミリ程度開くクセがあった。この場合は百発百中で牽制球を投じることをつかんでいた。スコアラーからもたらされた情報、そして神宮で行われたヤクルト戦を視察した際に自分の目で見たこと、それらを総合して気になったことを次々とメモを取る。

岡林、長く持つとケン制、それ以外はホーム
荒木、体の丸みでゆっくりケン制
西村、その場で屈伸するとホーム100%。少しでも前に出るとケン制注意
高野、足の幅がそのままで右足ウエイト、そのままホーム
広沢、バントと決めつけたとき、一度前に出てベースに戻りダッシュする

さらに伊原は、ヤクルトのサードコーチを務める水谷新太郎のクセまで見抜いていた。水谷の顔の向きで、相手投手陣がホームに投げるのか、牽制するのかを打者や走者に指示しているのではないか、と伊原は気づいたのだ。

水谷、ホームに投球の時は顔がレフトに向く

いつものように、自分たちの野球をすれば何も問題はない。「平常心」という言葉を改めてかみしめながら、伊原は初戦に臨んでいた。

西武の司令塔を託された伊東勤もまた、シリーズ前の「ヤクルト対策」において光明を見つけていた。マスコミは、ひたすら「伊東対古田」というフレーズを多用していた。知将同士の対決ということもあり、両キャッチャーを称して「森と野村の代理戦争」と言われることも多かった。

それでも、伊東は「別に古田と対戦するわけではない」と冷静だった。

野村は両捕手を比較して、こんな発言を残している。

「古田は自分の個性を前面に押し出していくキャッチャーで、伊東は自分の個性を消すようなキャッチャーだ」

野村の言葉を受けて、伊東は言う。

「何年かぶりに優勝するようなチームであれば、キャッチャーの個性でぐいぐいピッチャーを引っ張っていく必要もあるでしょう。でも、何年も連覇を果たし、勝つのが宿命づけられたうちのようなチームの場合、キャッチャーがぐいぐい引っ張る必要はないんです」

アマチュア時代は、「自らぐいぐい前に出る性格だった」という伊東も、西武に入団し、黄金時代を支える司令塔となったことで「自分が前に出てはいけない」と考えるようになり、やがては表に出ない性格へと変わっていった。いくらマスコミが古田と比較して煽ろうとも、「自分の戦う相手は古田ではない」と自分に言い聞かせていた。

幸いにして、西武には優秀なピッチングスタッフがそろっていた。

「キャッチャー本位ではピッチャーの魅力を削いでしまう。自分がやるべきことは、何事においてもピッチャー本位で進めていくことなんです」

これが、プロ十一年目、30歳を迎えていた伊東の矜持だった。

パ・リーグ優勝を決めてから、神宮球場でヤクルト戦を視察した。数試合観戦した程度では、詳細な分析はできない。けれども、ヤクルトというチームの雰囲気は体感できた。同時にスコアラーからもたらされる膨大なデータを検証しながら、各バッターの長所、短所を確認していく。自軍の強力投手陣への信頼は絶大だった。

その結果、伊東は一つの結論を得る。

今年も大丈夫だろう――。

伊原が「ヤクルト、恐れるに足らず」と感じていたことを伊東は知らない。しかし、伊東もまた同様の手応えを得ていた。これまでに対戦した巨人、あるいは広島と比べると、十四年ぶりに日本シリーズ進出を決めたヤクルトの印象は薄かった。

ペナントレースと同様に自分たちの野球をしていれば、自然と結果はついてくる。やはり、伊東もまた「平常心」を胸に、神宮球場入りしていた。

一方、チームリーダーだった石毛宏典は、伊原や伊東の言葉を真っ向から否定した。

「伊原さんがどういう思いだったのか僕らは知らなかったけど、選手たちの中に〝あぁ、今年はヤクルトか、楽勝だな〟という思いは決してなかったと思いますよ。僕らは何度も日本シリーズに出て日本一になってきた。けれども、一分け三連敗からの日本一もあったし、二勝三敗のピンチから逆転したこともあった。僕らは〝日本シリーズは簡単に勝てるものじゃない〟と理解していましたから、浮ついた気持ちなど何もなかったですよ。ヤクルトだってセ・リーグの覇者ですから、覇者同士として戦うだけ。そんな気持ちでしたね」

中日ドラゴンズ在籍時にヤクルトと何度も対戦していた平野謙は「まったく別のチームになっていた」ヤクルトに対する警戒感を強めていた。

「僕がドラゴンズにいた頃のヤクルトは、ランナーが出たときのクイックモーションなど、細かいプレーは徹底されていませんでした。でも、僕が西武に移籍した後、野村さんがヤクルトの監督に就任した。そして、この日本シリーズで対決することになって改めてビデオを見たら、緻密なプレーはしっかりできていました。攻撃時には走塁の意識も高かった。かつて僕が知っていた頃とは、まったく別のチームになっていました。だから、この年のヤクルトについては〝かなり変わったな〟と意識していましたね」

主力選手として、日本シリーズに何度も出場していた秋山幸二は言う。

「選手の立場で言うと、初めて日本シリーズに出場するときは、〝勝たなきゃ、打たなきゃ、抑えなきゃ〟って、ものすごく緊張するものなんです。でも、当時の西武の選手たちはみんな日本シリーズに慣れていたので、〝どうやって、自分をアピールするか〟を考えるんです。オレなんかは、〝どうすればシリーズMVPが獲れるか〟なんてことを考えていたぐらいだったから。日本シリーズだからといって、緊張したり、汲々とプレーしたりするような選手は西武にはいなかったんじゃないのかな？」

それは、王者の余裕を感じさせる発言だった。

対照的だった広沢克己と古田敦也の思い

一方のヤクルトナインは緊張の極致にあった。

十四年ぶりの日本シリーズ。前回を経験していたのは、当時若手、中堅だった杉浦享、八重樫幸雄、角富士夫だけで、今回はほとんどの選手が初めての大舞台だった。経験のなさが「怖いもの知らず」と転じればよかった。しかし、実際のところは誰もが極度の緊張に包まれていた。

チームリーダーを託されていた広沢克己は震え上がっていた。

プロ八年目、30歳となっていた広沢のことを、世間は「チームリーダー」と称し、西武の石毛宏典との比較をしていた。しかし、本人にはその自覚はなかった。なぜなら、ヤクルトには不動のリーダーが控えていたからだ。

うちのチームリーダーは野村監督だ——。

それが広沢の考えだった。「オレたちには知恵はない。知恵は監督が授けてくれる。オレたちはそれを忠実に実行するだけだ」と考えていた。それは、石毛が「オレがチームを引っ張るんだ」と明確に意識していたのとは好対照だった。

その広沢は、緊張に震えていた。

マスコミ報道を見るまでもなく、郭泰源、石井丈裕、工藤公康、渡辺久信……、相手投手陣の顔を思い浮かべるだけで気持ちが萎えてくる。シリーズ前のミーティングではスコアラーから「西武投手陣攻略法」が伝授される。

「郭泰源は、ほぼフォアボールがないから積極的に打っていこう。石井丈裕は、ほぼデッドボールがないので恐れずに踏み込んでいこう……」

スコアラーの言葉を聞いて、ヤクルトナインが悟ったのは「西武投手陣には隙がない」という厳然たる現実だった。弱点の少ない投手の分析はかえって戦意を喪失させた。ビデオ映像を見ながら説明を受けるたびに、「どうやって打てばいいのか？」「こんな好投手を打てるバッターはいるのか？」と、ますます疑心暗鬼になるばかりだった。

「ライオンズブルー」と称された西武のビジターユニフォームを見ると足がすくんだ。松崎しげるが歌う球団歌『地平を駈ける獅子を見た』のサビの部分、「アアア　ライオンズ　ライオンズ」の部分を聞くだけで、すでに足が震えているのが自分でもわかった。

日本シリーズ第一戦、広沢はハッキリと自覚していた。

――オレは呑まれている。

彼の緊張はピークに達しようとしていた。

「イケトラコンビ」として、広沢とともにブレイクしたのがプロ九年目、26歳の池山隆寛だった。池山は広沢とは正反対の考えだった。

「僕はまったく緊張はしなかったですね。それまで、日本シリーズ中継のゲスト解説に呼ばれることが多かったんです。当時は西武の黄金時代だったから、常にパ・リーグは西武が優勝していました。試合前のグラウンドで、仲のよかった清原にあいさつしたり、試合後には一緒に食事をしたりしました。そのときに清原にはいつも〝池山さんは日本シリーズ向き。出場したら必ず活躍できる〟って言われていました。だから、セ・リーグで優勝して、相手が西武だったので、〝ようやく清原と対戦できる〟ととても嬉しかったですね」

当時の西武の強さをどう見ていたのか？　池山に質問を重ねる。

「当時の西武相手に、〝勝てる〟とは思っていなかったですね。〝せめて一つは勝とう〟という思いだったんじゃないかな？　トータルで西武に勝てるとは思わなかったけど、〝目の前の試合は絶対に勝ちたい〟と思ってプレーしていました」

チームの主軸である広沢、そして池山がそれぞれの思いで本番を迎えていた頃、ヤクルトの司令塔・古田敦也は彼らとは異なる心境にあった。

世間が「西武の四勝〇敗」と予想していることは、もちろん知っていた。それでも、「強いのは確かだろうけど、〇勝四敗だろうが、一勝四敗だろうが、二勝四敗だろうが、結果はやってみないとわからない」と古田は考えていた。

たとえ大敗を喫しても、野球というスポーツは翌日になれば投手も代わる、出場メンバーも代わる。次の日になれば異なる試合展開が必ず待ち構えている。事前の準備はもちろん大切だが、皮算用をすることに意味はない。そんなものはファンやマスコミ、評論家たちに任せておけばいい。そう考えていた。

冷静な戦力分析を試みれば、ヤクルトの方が手薄であることは否めなかった。「オレたちは勝てるだろう」と楽観視することは、もちろんない。しかし、「大敗を喫するだろう」とも微塵も思っていなかった。短期決戦はやってみなければわからない。

――あの西武と戦えるのか。よし、いっちょやったろう！

その思いだけだった。それは「緊張感」と表現するものではなく、強いて言葉にするならば「高揚感」というものだった。

古田の「西武対策」は明確だった。一番・辻が出塁すれば、二番・平野は確実に送りバントを決めにくる。難しい作戦はない。投手陣に自信があるチームの戦い方だ。ならば、一つずつ確実にアウトを積み重ねていくしかない。

注意すべきは五番・デストラーデだ。右腕の多いヤクルト投手陣。三番・秋山、四番・清原と右打者が続く中で、スイッチヒッターのデストラーデが厄介だった。

三番、四番のどちらか、あるいは両者を塁に出して、走者がたまったところで左バッターのデストラーデに長打を打たれると一気に大量失点を喫してしまう。ヤクルトが西武に勝つにはロースコアの投手戦に持ち込むしかない。これが、古田の目算だった。

シリーズ初戦を託された岡林洋一が丁寧なピッチングを心がければ西武打線といえども、そう簡単に打ち崩せるものではない。そうなれば、こちらにも勝ち目は出てくる。

古田の闘志は燃え盛っていた。

渡辺久信と岡林洋一、それぞれの心境

92年日本シリーズは10月17日土曜日、神宮球場で幕を開けた。

本拠地での開幕となるヤクルトは満を持して、この年のチーム勝ち頭である15勝（10敗）を挙げた岡林洋一を指名した。一方の西武は88年の対中日戦、90年の対巨人戦に続いて、渡辺久信が三度目のシリーズ開幕戦を託されていた。

「えっ、僕が初戦の先発だったんですか？」

当時の思い出を聞くと、渡辺は驚きの声を上げた。

「全然、覚えていないです。……うーん、やっぱり覚えていないなぁ。思えばこの年は、あまり調子がよくなかったんです。ハッキリ言えば、この頃にはすでに全盛期は過ぎていたんです。92年は12勝12敗でしたよね。そして、この年が僕にとっては最後に二ケタ勝利を記録した年になりましたからね。それまでは何回も15勝以上を記録していたけど、92年当時にはすでに自分の思うようなストレートは投げられていませんでした」

当時の映像や資料を振り返るうちに、少しずつ渡辺の記憶がよみがえってくる。

「この試合、ほとんど緊張はしていなかったですね。うちは毎年優勝して、毎年日本シリーズに出ていたけど、僕らにとっては、ペナントレースを勝ち上がることが大切で、その後の日本シリーズはお祭りのようなものでした。だから、ペナントレース開幕戦の方がずっと緊張しましたよ。逆にシリーズの開幕先発はそうでもなかった。理由は簡単ですよ。ペナントの開幕は、〝今年は大丈夫かな？　思い通りのボールが投げられるかな？〟という不安だらけのスタートだけど、シリーズ開幕の場合は、一年間試合をした後だから、自分の感覚をきちんと把握しているわけです。同じ《開幕投手》といっても、ペナントと日本シリーズでは、全然重みが違うんです。もちろん、ペナントレースの方が大切です」

十四年ぶりのリーグ優勝を経て、プロ二年目で「日本シリーズ開幕」を託されたのが岡林洋一だった。岡林の場合もまた渡辺と同様の感想を抱いていた。

「シリーズの開幕先発を告げられたのはいつのことだったかは覚えていません。記憶にあるのは、〝セ・リーグ代表として恥ずかしくないピッチングをしよう〟という思いだけですね。緊張はまったくしませんでした。プレッシャーよりも、楽しみの方が勝っていましたね。〝西武相手に勝てるはずがない〟とは思わなかったけど、〝まともに勝負しても勝てないだろう〟とは思っていました。考えていたのは、〝初戦でできるだけ西武のデータをつかんで、後に繋ごう〟という思いでしたね」

西武・渡辺、ヤクルト・岡林。いずれも「緊張はしなかった」と振り返った。

【西武ライオンズ】（先攻）
（二）辻発彦
（右）平野謙
（中）秋山幸二

（一）清原和博
（左）オレステス・デストラーデ
（三）石毛宏典
（遊）田辺徳雄
（捕）伊東勤
（投）渡辺久信

【ヤクルトスワローズ】（後攻）
（中）飯田哲也
（左）荒井幸雄
（捕）古田敦也
（三）ジャック・ハウエル
（一）広沢克己
（遊）池山隆寛
（右）秦真司
（二）笘篠賢治
（投）岡林洋一

12時33分、試合が始まった。

両先発はそれぞれ初回を無失点に切り抜けた。しかし、2回表、早くも試合は動き出す。この回の先頭打者は来日四年目を迎えていたデストラーデだった。三塁側ベンチから打席に向かう間、デストラーデの胸の内には「ある思い」があった。

90年、巨人との日本シリーズ初戦、デストラーデは第一打席でホームランを打った。翌91年、広島とのシリーズ初戦の第一打席、このときもホームランを放った。そしてヤクルトとのシリーズ初戦、第一打席を迎えるときに考えていたのは、「ここで打てば三年連続の初戦初打席ホームランだ」ということだった。

当然、デストラーデはホームランを狙っていた。

試合前は「意外にも緊張していないな」と感じていた岡林は、いざ試合が始まるとマウンド上で足が震えているのが自分でもわかった。それは、「みんなに気づかれるんじゃないか?」というほどのものだった。

この日は決して調子がよかったわけではなかった。そこで、ストレート勝負はせずに変化球主体のピッチングを心がけた。デストラーデに対しての初球もスライダーを投じた。岡林が投じた一球は、自ら「そんなに甘いボールじゃなかった」と語るものの、デストラーデは軽々とライトスタンドに運んだ。

三年連続日本シリーズ初戦、初打席ホームランという珍しい記録が生まれた瞬間だ。デストラーデにとっては、「まさにイメージ通りの一発」だった。一方の岡林は、マウンド上で呆然としていた。自分としては決して甘いボールではなかった。「えっ、あのボールをあんなに簡単に打っちゃうの？」と驚き、同時に「あれを打たれたら、もう投げるボールなんかないよ」と感じていた。

2回表、西武が先制した。少しずつ試合が動き始めていた。

絶対王者・西武に対する幻影からの解放

3回裏にヤクルトは、八番・笘篠賢治のライト前ヒットを皮切りに、一番・飯田哲也がレフトにツーベースヒットを放って同点に追いついた。

なおも一死二塁のチャンスで打席に入ったのは二番・荒井幸雄だった。荒井は渡辺久信の二球目をとらえてライト前ヒットを放った。

セカンドランナーの飯田は躊躇なくサードベースを蹴り、ホームへ突入した。ライトの平野謙は無駄のない動きでバックホームしたものの、飯田の巧みなスライディングでキャッチャー・伊東勤のタッチをかいくぐって、ヤクルトは2対1と逆転に成功した。

このとき、サードベースコーチを務めていた水谷新太郎は、飯田に対して「止まれ」の指示を出している。しかし、飯田はこれに従わなかった。飯田は言う。

「二塁走者としては、〝ヒット一本でホームインしよう〟と考えるのは当然のことです。荒井さんの打球が一、二塁間を抜けたとき、自分でも納得がいくいいスタートを切れました。水谷さんが〝止まれ〟の指示を出しているのはもちろんわかりました。でも、勢いがつきすぎて、止まれなかったというのが正直なところです。ホームインの瞬間には、すでに伊東さんがボールを持って待ち構えていました。もちろん、〝ヤバい〟って心境です。だから、足からではなく、伊東さんを避ける形でとっさに右手でベースにタッチしました。会心のスライディングでしたね。結果セーフになったのだから、いい判断だったんじゃないですか」

試合はまだ3回裏だった。しかし、「はたして王者西武に勝てるのか？」という思いを抱いていたヤクルトナインに「あの西武を相手にリードしている」という現実は大きな勇気を与えていた。デストラーデに先制ホームランを喫したとはいえ、マウンド上で全身を使って躍動する岡林の姿は、西武に対する不安を払拭するのに十分だった。

それまでは「絶対王者」という幻影にとらわれ、恐れを抱いていたヤクルトナインだが、わずか1点ではあるものの、試合の主導権を握ったことで、西武は決して手の届かない完全無欠の難敵ではなく、凡打も打てば、ミスもする自分たちと同じ人間、同じプロ野球選手であることに気がついたのだ。

しかし、それでも西武は強かった。

6回裏に古田敦也のシリーズ一号で、3対1とリードしていたヤクルトだったが、7回表、またしてもデストラーデが岡林に襲いかかる。渾身の3球目を、今度は左中間スタンドに運んだのである。身振りを交えながら、デストラーデは言う。

「この打席では、スプリット（フォーク）を狙っていました。落ちてくるところをレフト方向に運ぼう。そんなイメージで打席に立って、そのイメージ通りのバッティングができました」

一方の岡林は、「一体、どこに投げればいいのだろう？」とますます困惑する。

「試合途中から、徐々にストレートの勢いは戻ってきたんですけど、デストラーデの二発目はフォークでした。結局、ストレートに自信がないから変化球で勝負して打たれる。どうやったら、デストラーデを抑えることができるのか？　まったくイメージが湧かないままマウンドに立っていました」

この言葉通り、岡林は次の打席でもデストラーデにセンター前ヒットを喫することになる。

3対2と1点リードで9回表を迎え、一死後、清原、デストラーデに連続ヒットを浴び、六番・石毛の犠牲フライで、西武はあっさりと追いついた。

土壇場からの同点劇。ヤクルトナインの中には「やっぱり、西武は強い」という思いが強くなってくる。「絶対王者」という幻影が再び、顔をのぞかせようとしていた。

しかし、ヤクルトナインは迫りくる幻影を振り払うかのように奮闘する。

延長戦突入後も、岡林は力投を続けた。延長10回表には、途中からレフトの守備固めに入っていた土橋勝征が、秋山の小飛球を懸命にダッシュして好捕。マウンド上の岡林を元気づけた。90年代半ば以降には、セカンドの名手としてチームの主力となる土橋は、この頃は外野での起用が多かった。

この場面について尋ねようと、「初戦の9回からはレフトで守備固めとして出場しましたね」と水を向けると、土橋は間髪入れずに言った。

「あぁ、秋山さん（の飛球）でしょ。守備固めとして試合に出場していてエラーをすることはできないですからね。でも、この場面で、僕はミスをしているんです。秋山さんがバットを振った瞬間、僕はバックしてしまっているんです。で、慌てて前進して、最後はボールを抱きかかえるかのようにダイビングキャッチをしました。あれは僕が、元々は内野手だったから、ああやって体を張ったプレーができたんです。あのときは、〝あぁ、やっちゃった〟と思いながら懸命にダッシュしました。でも、アウトになったんだから、結果オーライでいいでしょう」

息詰まる展開のまま、両チーム一歩も引かずに試合は続く。

延長12回表も岡林はピンチを切り抜けた。球数はすでに161球となっていた。

プロ二十二年目、杉浦享の登場

延長12回裏を迎えた。12時33分に始まった試合もすでに4時間に迫り、秋の夕暮れが神宮球場を包み込み始めていた。

西武のマウンドには10回裏から投げ続けている鹿取義隆が上がっていた。プロ十四年目を迎えていた大ベテランは老獪なピッチングを続けていた。シーズン中にもロングリリーフは何度も経験していた。35歳となっても、まったく衰える気配はなかった。

マウンド上の鹿取はネット裏観客席に目をやった。そこには岡林の両親の姿があった。鹿取と岡林は、母親同士がいとこで両者は又従兄弟同士の関係に当たる。鹿取が言う。

「洋一がパラグアイから日本に戻ってきて、高知商業に入学したんです。その頃にいろんな用具をお下がりであげたりしていたし、うちにも何回も来ているし、アイツがプロに入ってからは一緒に北海道で自主トレもしたしね」

北海道と河口湖で行われた自主トレの費用を全額負担したのは鹿取だった。自主トレ最終日、岡林は鹿取に言ったという。

「日本シリーズで対戦して、必ず恩返しをします」

まさか、それがこんなに早く実現するとは思わなかった。

一塁側ベンチ裏では、杉浦享がバットを振っていた。シーズン終盤に「今季限りでユニフォームを脱ごう」と決意し、すでに新聞報道もされていた。その後、広沢や池山ら若い選手の活躍により、チームは十四年ぶりのセ・リーグ制覇を実現した。

まさか、現役最終年に日本シリーズという大舞台が待っているとは思わなかった。この年は右足肉離れや慢性的な腰痛の影響もあって、わずかシーズン2安打に終わっていた。シーズン終了とともにユニフォームを脱ぐつもりだったが、野村監督からは「代打の切り札として、日本シリーズでもベンチ入りしてほしい」と言われていた。現役生活二十二年目、その集大成を見せるときがやってきた。最後の意地を見せるべきときが訪れていた。

この日、杉浦は長男を神宮球場に招いている。一塁側スタンドには中学生になった長男が座っている。現役時代の姿を息子に見せられるのはこれが最後だろう。そんな思いを抱きつつ、一塁側ベンチ裏で杉浦はバットを振り続けていた。

グラウンドからは歓声が聞こえる。この回、先頭の秦真司がレフトにツーベースヒットを放ち、ライトスタンドのボルテージが一気に上がった。ここで、杉浦がバットを持ったままグラウンドに登場する。続く、八番・笘篠は敬遠で一塁に進み、無死一、二塁のチャンスを迎えた。

九番・岡林のところで野村監督が動いた。好投する岡林に代わって、代打・角富士夫の名前が告げられた。角が登場すると、すかさず三塁側ベンチからは監督の森が自らマウンドへ。両軍のベンチワークが慌ただしくなってくる。

12回を一人で投げ抜いた岡林は161球を投じていた。デストラーデには完璧に打たれたものの、秋山も清原も1安打ずつで切り抜け、西武打線を3失点に抑えていた。

「序盤はストレートがまったく走っていなかったんですけど、試合中盤くらいからはストレートの勢いが戻ってきました。12回を投げ終えたときには、もういっぱいいっぱいの状態でした。ただ、試合前に考えていたように、〝セ・リーグ代表として恥ずかしくない試合はできたな〟という安堵感はあったと思いますね」

岡林の代わりに登場したベテランの角は送りバントを決めることができず、サードへのファールフライに倒れたが、一番・飯田がショートへの内野安打で出塁して、一死満塁の大チャンスを作り出していた。

野村がゆっくりと立ち上がり、球審に代打を告げた。

ここで登場したのが杉浦だった。盛り上がる神宮球場。勝敗のカギを握る場面で当人は何を考えていたのか？　真っ白なあごひげをたくわえた杉浦が振り返る。

「最初は、〝えっ、オレ？〟という思いでした。同時に、〝いちばん目立つ場面じゃねぇかよ〟とも思いましたね。決して〝よっしゃ、やってやる！〟という意気込みだったわけじゃない。むしろ、〝イヤだな〟という思いの方が強かった。身体は緊張でガチガチでしたから……」

打席に入る際に、杉浦は鹿取・伊東バッテリーの配球を予想していた。

「まずは、ダブルプレー狙いでゴロを打たせるために、アウトコース低めにシンカーを投げてくるだろう。そして2球目は見せ球として、インコースにボール気味のストレートを投げてくるんじゃないか？　あるいは、初球と同じアウトコースにシンカーか？」

こんな思いを胸に杉浦は左打席に入ったのだった――。

史上初の代打サヨナラ満塁ホームラン

ヤクルトが初めて優勝した78年の日本シリーズ。

その初戦でも、このときと似たような場面があった。5対6と1点のビハインドで迎えた9回裏、二死満塁の場面で打席に入ったのは、当時売り出し中の26歳・杉浦だった。マウンドには王者・阪急ブレーブスの大エース・山田久志が君臨している。山田は初回から投げ続け、投球は150を超えていた。

杉浦は粘った。フルカウントになってからもファールを連発して、甘いボールが来るのを待ち続けた。それでも、山田はやっぱりエースだった。杉浦に対する11球目、杉浦が放った打球は力なく、セカンドのマルカーノへのフライとなり、ヤクルトは初戦を落とした。

若き日の杉浦にとって、その後も忘れることのできない悔しい場面となった——。

山田の前に散ったあの日から、十四年が経過していた。

杉浦は引退間近の大ベテランとなり、一死満塁のチャンスで打席に入った。

「山田さんと対戦した78年の日本シリーズのことは、このときはすっかり忘れていました。後になって、〝あぁ、そういうこともあったな〟と思い出した程度です。鹿取・伊東バッテリーの配球を考えながら、〝とにかくリラックスしよう〟、そんな思いだったはずです」

杉浦への初球は、シュート回転しながら外に逃げていくストレートだった。杉浦は見逃したが、判定はストライクとなった。アウトコースのボールをイメージしていた杉浦は（やはり、外から攻めてきたか）と考えていた。

鹿取の投球テンポは速い。すぐに2球目が投じられた。このボールも、杉浦は平然と見逃した。ボールは真ん中付近の甘いストレートだった。いや、手が出なかったのだ。

「2球目にインサイドから真ん中辺りのストレートが来て、〝えーっ〟と思いましたね。おそらく指にかかりすぎたんだと思います。それで、ひとまずバッターボックスを外しました。自分の頭の中を整理するためです。と同時に、〝このまま何も振らずに終わったらみっともないな〟とも考えていました。そしてこのとき、ジャイアンツ時代の鹿取君のことを思い出しました」

79年から89年まで、鹿取は巨人に在籍している。当然、その間、杉浦は何度も対戦していた。その当時のことを思い返していたのだ。

杉浦にとって、巨人時代の鹿取は精緻なコントロールを誇る投手ではなかった。テンポよく、ポンポンとストライクを奪って打者を追い込み、その後は「とにかく低めなら低め、高めなら高めに徹底的に投げ続ける投手」だった。

「ジャイアンツ時代にはポンポンとストライクで追い込んで、ストライクゾーンから落とした球でセカンドゴロ、ショートゴロに打ち取られていたことを思い出しました。カウントはツーストライクなので、まだ低めでの勝負はないだろう。それで、高めのボールに意識を置いて、再び打席に入ったんです」

こうして投じられた3球目。高めに外すはずのボールが真ん中付近の絶好球となった。

鹿取が振り返る。

「巨人時代、杉浦さんとは相性はよくなかったので、この場面でも決して油断はしていませんでした。まずストレート二球でツーナッシングと追い込むことができた。それで、3球目はインハイに釣り球を投げるつもりでした。そこで身体を起こした上で、最後はアウトコースのシュート、あるいはもう一度、インコースで詰まらせる。そこまでイメージはできていたんですけど……」

杉浦の読み通り、「3球目は高め」だった。しかし、それは当の杉浦も、そしてマウンド上の鹿取自身も予期しなかった真ん中付近の絶好球となってしまった。

杉浦の放った弾丸ライナーは一瞬でヤクルトファンで埋まるライトスタンドに突き刺さった。あっという間のサヨナラホームランだった。

「打った瞬間、〝オレ、何てことをしたんだろう?〟って思っていました。セカンドを回る頃にはじわじわ感激してきて、半分泣いていました。〝こんなすごいことをしてしまっていいのかな?〟と首をかしげながら泣いていました」

ベンチからは力投を続けた岡林が、子どものように無邪気にジャンプを繰り返しながら飛び出してきた。同時に、他の選手たちもホームインする杉浦を迎えていた。みんなに揉みくちゃにされながら、杉浦は感動していた。

改めて、78年日本シリーズのことを振り返る。

「あのときは〝山田さんはストレートを投げてくるに違いない〟とわかっていたのに、そのボールをとらえることができなかった。途中、あわやホームランかというライトポール際の特大ファールを打ちましたが、結果はセカンドへのファールフライでした。でも、このときは鹿取君の投球をきちんと読んで打ち返すことができました。〝何でオレって、こういう巡り合わせなんだろう?〟って、思いましたよ」

26歳のときの失敗を、40歳の杉浦は見事に取り返したのだった。

一方の鹿取は打球の行方を見届けると、三塁側ベンチに向けて静かに歩を進めた。その瞬間、三塁ベースを蹴った杉浦が目の前を通り過ぎようとした。

鹿取は静かに立ち止まる。ふと、背後に視線を向ける。このときの光景は今でも目に焼きついている。

味方の野手陣がみなグラウンド上に座り込んでしまっていたのだ。

（あぁ、やってしまった……）

鹿取は自らの失投を悔いた。と同時に、（次は絶対に取り返してやる）という思いを強くしていた。

歓喜の瞬間を球場ブースから見守っていたドリマトーン奏者・森下弥生は興奮していた。十四年ぶりの興奮の中、演奏を続ける。その音色がヤクルトファンの歓喜の渦に沁み渡っていく。78年の日本シリーズは出番がなかった。しかし、今回は自分の奏でる音色が神宮球場に響き渡る。誰もが喜んでいる。森下の興奮は収まりそうもなかった。

同様に、勝利監督インタビューを受ける野村の声も弾んでいた。

アナウンサーに「これが四勝〇敗の第一歩ですか？」と水を向けられると、野村は満面の笑みで、「あれは冗談ですから」と白い歯をこぼした。

一方の森監督は冷静だった。

「今年は最初から第七戦までを覚悟しているから、初戦を落としても別にショックはないよ。最後はたまたまコントロールミスが出て打たれてしまった。誰も責められないよ」

マスコミに対して向けられた森の言葉は、決して強がりでも負け惜しみでもなかった。日本一になるには、「相手よりも先に四勝すればいい」と考えている森にとって、言い換えれば「三敗まではしてもいい」のだ。短期決戦の戦いを熟知していた森にとって、この日の敗戦はある意味では想定内の出来事だった。

初戦は負けても仕方がない。大切なのは「最後に勝つ」ことなのだ。

劇的なサヨナラ負けを喫したものの、西武にも収穫はあった。

左打者に対して、鹿取を起用するのはリスクが伴うこと、潮崎哲也のシンカーはヤクルト打線に有効であること、デストラーデは好調のままシリーズを迎えたこと、ハウエルは事前のデータ通りにストレートでぐいぐい攻めていけばいいこと、想像以上に岡林がタフであること、同時に延長12回を一人で投げさせたこと……。

こうしたことが確認できただけでも大きな収穫だった。

しかし、第二戦はしっかりと勝利したい。しばしば「第二戦至上主義」を口にしていた森にとって、本当の勝負は翌18日に行われる第二戦だ。

この大事な試合で、森が先発に指名したのが郭泰源だった。

そこには、森なりの緻密な計算があった——。

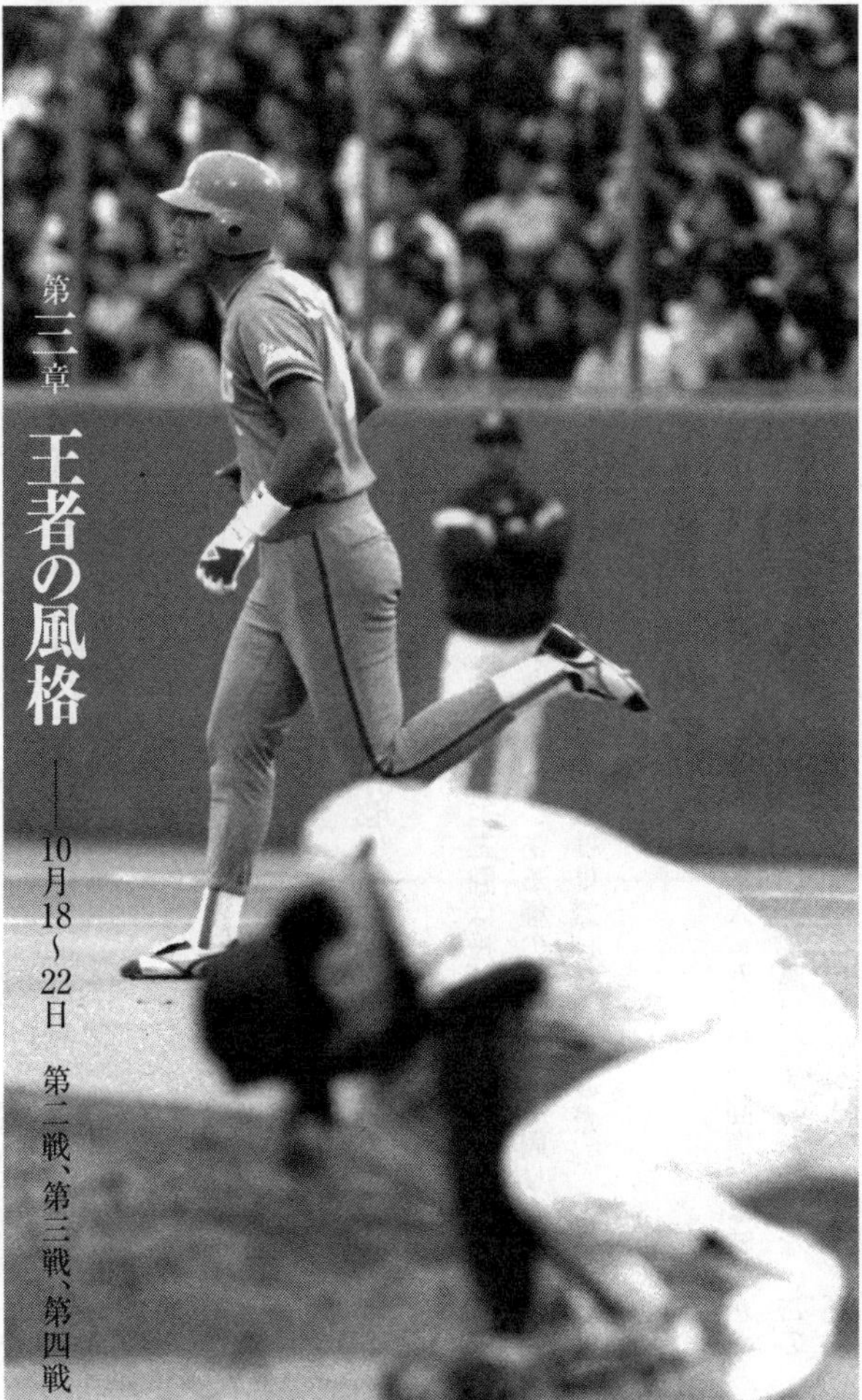

第三章 王者の風格

——10月18〜22日 第二戦、第三戦、第四戦

初戦重視の野村克也、第二戦重視の森祇晶

現役時代、コーチ時代、そして西武の監督になってから、森祇晶は何度も日本シリーズに出場し、そのたびに日本一という栄光を勝ち取っていた。そんな森には、「日本シリーズ必勝法」とでもいうべき、先発ローテーション決定におけるルールがあった。

森の著書『監督の条件 決断の法則』(講談社+α文庫)から、自ら1992(平成4)年日本シリーズのローテーションを解説した一節を引用したい。

①緒戦のピッチャーは、シリーズの中で二回ないし、三回は投げられる早い回復力が要求される。それと、たとえ負けてもショックが残らないある種の図太さと、周りもあまり傷つかない準エースが望ましい(なにしろ緒戦での負けは織り込み済みだ)。それが渡辺(久信)だった。渡辺は第5戦でも登板する予定だ。

②第2戦は、何としてでも勝ちにいく。そこでエースを投入した。肩の回復には時間がかかるが、その年、ナインの信頼を得ていることが望ましい。工藤(公康)が使えないこの年の西武では、郭(泰源)がその位置にいた。第2戦で投げても、中五日で第6戦で使え

る。

③第３戦を投げるピッチャーはローテーション繰りから言えば、最終戦の第７戦にも登板し、シリーズの決着をつけるピッチャーでなくてはならない。第１戦のピッチャー同様、中四日で投げられる肩の回復力の強さも要求された。短期決戦の中では、このピッチャーの出来不出来が鍵を握る。これは石井しかいなかった。

④以上のように考えると、第４戦に穴があく。この試合は継投策でいくしかない。

以上の考えからすると、シリーズ開始前に抱いていた森監督の構想は次の通りだと推察される。

10月17日（土）……第一戦・渡辺久信
10月18日（日）……第二戦・郭泰源
10月19日（月）……移動日
10月20日（火）……第三戦・石井丈裕
10月21日（水）……第四戦・継投策（実際は渡辺智男）

10月22日（木）……第五戦・渡辺久信（中四日）
10月23日（金）……移動日
10月24日（土）……第六戦・郭泰源（中五日）
10月25日（日）……第七戦・石井丈裕（中四日）

引用文中にあるように、この年の日本シリーズでは工藤が故障のために離脱していた。シリーズ直前の全体練習において、左ふくらはぎの肉離れを起こしていたのだ。マスコミ報道では「日本シリーズ出場は問題ない」とされていたが、実際は重傷だった。したがって、初戦を落としていた森監督の胸の内では「エース・郭泰源」を第二戦に登板させ、何としてでも対戦成績を五分に持ち込みたいという思惑があった。

ちなみに、森が監督に就任した1986（昭和61）年以降、西武はこの年を含めて実に六度の日本シリーズ進出を果たしている。この間、86、87、90年は工藤、88、91年は郭が第二戦の先発を託されている。

西武黄金時代の不動の正捕手だった伊東勤が、森のローテーション構想を解説する。

「当時の西武は、確かにピッチングスタッフはそろっていました。誰が投げてもいい状態にあったのは間違いないです。森さんが本当にすごいのは、常に〝物事を逆算から考えられる〟ということなんです。長いペナントレースにもかかわらず、シーズンが始まるときには、すでに最終戦までのローテーションを考えているんです。ローテーションの谷間でピッチャーがいないときもあります。でも、そういうときには決して無理をしないんです。ローテーションを崩してまで勝ちにいかない。もちろん、日本シリーズだって同じ考え方でした。森さんが、第二戦を重視しているということは知っています。そこで、泰源を起用するというのも、よく理解できます」

ここまで言うと、伊東は補足するように口を開いた。

「ちなみに、僕が受けてきた投手の中で歴代ナンバーワンは郭泰源です。僕は今でもそう思っています。その後も松坂大輔などいろいろなピッチャーを見てきましたけど、間違いなく泰源がナンバーワンです。彼以上のピッチャーは見たことがないです」

代走や守備固めとして、試合終盤に出場することが多かった笘篠誠治も、伊東と同様の感想を口にする。

「ベンチで見ていても、グラウンドから見ていても、〝泰源のボールは誰も打てないだろう〟と思っていました。どの球種も一級品でしたから。一度、〝たまには150キロのストレートを投げてみてよ〟と頼んだことがあります。すると泰源は〝150キロを投げなくても抑えられるから投げない〟と言いました。それでもさらに頼んだんですけど、〝疲れるからイヤだ〟と断られました」

抜群のコントロールとそれぞれ精度の高い変化球があるからこそ、郭には150キロのストレートは不要だった。

第二戦の先発マウンドを託された「エース」郭泰源が満を持して登場する。

一方のヤクルト・野村克也監督は、マスコミを前に「一つ負ければズルズルといってしまう可能性が高いので、何としてでも初戦をものにしたい」と公言していた。

日本シリーズにおける「第二戦至上主義」について、野村が解説する。

「第一戦はどんなに経験を積んでいようとも、誰でも緊張するものですよ。監督が〝第二戦を重視する〟と言えば、選手たちはリラックスできる。また、初戦は勝負を度外視してもいいから、事前に集めたデータと実際に戦って得た感触を照合することも必要でしょう。第二戦にエースを持ってくれれば、連敗の心配もない。それに第二戦は日曜日に行われるから、勝って移動日を迎えた方が心理的にもメリットはありますよ。でも……」

ひと呼吸おいてから、野村は続ける。

「……でも、それは圧倒的な戦力を誇り、がっぷり四つに組んだら絶対に負けないチームの戦い方ですよ。かつてのＶ９時代の川上（哲治）さんがそうだった。そして、川上さんの下で野球を学んだ森もそう。だけど、うちの場合はそんなことはできないでしょ。事前の下馬評も低い中で初戦を落とせば、選手たちは〝やっぱりダメか……〟と意気消沈しますよ。でも、第一戦を取れば、〝オレたちでもやれるぞ〟と士気が上がる。この差は大きい。何が何でも初戦を取らないといかんのですよ」

このとき、野村が採ったのは「奇数戦重視」という戦略だった。

「南海のプレイングマネージャー時代もそうだったけど、戦力に劣るチームはあえて《捨てゲーム》を作る必要があるんだね。もちろん、どの試合も勝つために全力で戦いますよ。でも、足りない戦力を最大限に有効利用するには、負け試合をうまく使いながら戦力を効果的に投入して戦うことも大切なんです。だから私は第一戦、三戦、五戦、七戦を勝ちにいく戦略で臨んだ」

初戦を託した岡林洋一は期待以上の好投を見せ、大ベテランの杉浦享の満塁ホームランで劇的なサヨナラ勝利を収めていた。

これで〇勝四敗はなくなった。この勢いのまま第二戦ものにしたい。

野村が託したのは、大舞台の経験豊富なあの男だった――。

復活の夜、石井丈裕は荒木大輔に電話をかけた

ヤクルトの先発は、この年、二度の右ひじ手術と椎間板ヘルニアからよみがえり、四年二カ月ぶりにマウンドに戻ってきた荒木大輔だった。

早稲田実業学校時代に甲子園に出場し、「大ちゃんフィーバー」を巻き起こしていた荒木

も、すでにプロ十年目の28歳となっていた。

「第二戦の先発は、シーズンが終わってすぐの練習中に告げられました。一応、直前に行われたホテルニューオータニでの合宿で西武打線対策はするんですけど、あれだけの選手がずらーっと並んでいるわけだからね……。〝勝てるわけがない〟とは言わないけど、〝力からいえば向こうの方が上だな〟とは思っていました。とにかく、〝クリーンアップだけは出さないように〟、そんなことを意識していたように思いますね」

荒木を指名した野村は「二つの可能性」を見出していた。

一つは高校時代から甲子園で活躍し、大舞台の経験豊富な荒木の強心臓、スターだけがまとうことのできる「運」。そしてもう一つは、西武打線が日本ハム・柴田保光、オリックス・伊藤敦規を苦手としているということだった。ヤクルトでは荒木こそ、柴田、伊藤タイプだと野村は考えたのだ。

野村に対して、「西武は柴田、伊藤を苦手にしている」という情報をもたらしたのが、このとき近鉄バファローズ監督を退任したばかりの仰木彬だった。セ・リーグ優勝を決め、日本シリーズまでのわずか一週間。この間に仰木は上京し、野村に「西武攻略」のデータを授けている。

打撃コーチを務めていた伊勢孝夫は、かつて近鉄バファローズに在籍しており、仰木とは懇意の間柄にあった。野村と仰木が熱心に話し込んでいる姿を伊勢は目撃している。

故障のためにずっとグラウンドから離れていた荒木が日本シリーズの大舞台に立つ。ファンが待ちわびた瞬間が訪れようとしていた。

ファン同様に荒木の復活を喜んでいた男がいた。西武のローテーションの中心として、この年沢村賞を獲得する石井丈裕だ。石井と荒木は早稲田実業学校の同級生だった。甲子園で活躍し、日本中の注目を集めていた荒木に対して、控え投手だった石井は、当時はさほど注目されていなかった。

社会現象となるほどの「大ちゃんフィーバー」を巻き起こして、高校卒業後すぐにプロの世界に飛び込んだ荒木に対して、石井は法政大学、プリンスホテルを経て、88年のドラフト二位で西武入りしていた。

石井がプロの世界に飛び込んだ頃、荒木はすでに長いリハビリ生活の渦中にあった。

「このシリーズが始まるとき、マスコミでは《同級生対決》と騒がれました。もちろん、意識しないと言えばウソになるし、やはり、自分が投げる以上は、〝大輔にいいところを見せたい〟という思いはありました。高校時代は彼がエースで、僕が二番手だったので、周りは《因縁》という感じでいろいろと騒いでいましたけど、そんなものは何もなかったです。高校時代も、僕らはみんな、〝大輔のおかげで甲子園に行けた。大輔に甲子園に連れていってもらった〟って思っていたんです。僕が遅れてプロに入った頃、先にプロに入った大輔はずっとリハビリ生活を続けていました。その間、僕は少しずつ成績を残していきました。そういう頃って、やっぱり連絡は取りづらいものなんです……」

高校時代の同級生として、かつてのようなつき合いをしたかった。リハビリに苦しむ仲間に激励の声をかけたかった。けれども、自分は順調にプロの世界で実績を残す中、明日をも見えぬリハビリを続けている荒木に連絡をすることははばかられた。

しかし、92年9月24日、石井はかつての同級生に電話をかけている。四年二カ月ぶりに、荒木が一軍マウンドに上がった日の夜のことだった。

「大輔が上（一軍）で投げたことを夜中のスポーツニュースで知りました。その瞬間、鳥肌が立ち、どうしても彼に声をかけたくなったんです。彼の連絡先はわかりませんでした。だから、高校時代の住所録を引っ張り出して、大輔の実家に電話をしました。そして連絡先を聞いて、電話をかけたんです……」

この日のことは、荒木も克明に記憶していた。

「僕が一軍で登板した日の夜、石井から電話がありました。〝電話番号がわからなくて苦労したぞ〟から始まって、〝ニュース見たよ。よかったな、本当によかったな〟って。そうしたら、彼は声を詰まらせて……。石井には昔から人の心を思う優しさがありました。まさか彼から電話がかかってくるとは思っていなかったから、僕も本当に嬉しくて……」

この夜のことを石井は次のように振り返る。

「高校時代の同級生が長いリハビリを経て、マウンドに戻ってきたということが本当に嬉しかったんです。そして、同じピッチャーとして、ひじや肩を故障したのに、四年もかけてきちんと戻ってきたということが本当に嬉しかった。だから、電話をかけずにはいられなかったんです」

石井も荒木も、「シリーズでの対戦が決まった瞬間は嬉しかった」と口をそろえた。しかし、この時点の両者の立場はまったく異なっていた。荒木が言う。

「ぜひ石井と投げ合いたかったです。でも、向こうはすでにエース格のピッチャーでした。だって、あの年は（15勝）3敗しかしていないんでしょ？　パームも、スライダーもよくて、ストレートも当然よくて、コントロールも抜群で……。一方の僕は、ようやくケガから復帰したばかりで、よくてもローテーションの谷間に投げるようなピッチャーでした。だから、同じ試合で投げ合うことはないと思っていました」

第三戦に先発予定の石井に先駆けて、二戦目のマウンドに上がったのは荒木だった。

清原和博にとっての憧れのヒーロー

石井同様、荒木との対戦を心待ちにしていた男がいた。清原和博だ。遠い日の記憶の糸をたどりながら、清原はゆっくりと口を開いた。

「荒木さんとの対戦は本当に楽しみでした。自分が中学生だった頃の甲子園のヒーローが荒木さんでした。自分のお母さんも荒木さんのファンでしたし、〝自分もああいうふうに甲子園で活躍したいな〟と思わせてくれた存在でした。自分が子どもの頃にスターだった方と対戦する。このときの日本シリーズは本当に楽しみでした」

ＰＬ学園時代には、桑田真澄とともに「ＫＫコンビ」として日本中の注目を集めていた清原にとっても、甲子園のヒーローである荒木の存在はまばゆかった。

前日に行われた初戦のテレビ視聴率は28・6％と発表されていた。これは、石田ひかり主演のＮＨＫの連続テレビ小説『ひらり』の36・7％に次いで二位の好記録だった。前年の西武と広島が激突したシリーズ初戦視聴率は20％に届かなかっただけに、西武とヤクルトの「知将対決」に対する世間の関心の高さが証明されることとなった。

そして、第二戦では、かつて甲子園を沸かせた荒木と清原の夢の対決が実現する。世間の注目度はさらに高まることだろう。

「第二戦至上主義」の西武・森祇晶監督が満を持して送り出したエース・郭泰源。そして、感動の復活を果たしたばかりで、先発登板に関しては未知数の荒木大輔。両投手の先発による第二戦は10月18日、12時33分にプレーボールが宣告された。

森監督から圧倒的な信頼を得ている郭は、やはり「エース」の称号にふさわしい内容だった。5回裏終了時点で、ヤクルト打線に許したのは初回先頭の飯田哲也に許したショートへの内野安打だけだった。女房役を務めた伊東は言う。

「この日の泰源は絶好調でした。まったく打たれる気がしませんでした」

一方の荒木も、自身の持ち味を存分に発揮していた。走者は許すものの、大胆なスローカーブや打者の内角をえぐる力強いストレート、あるいはシュートを巧みに織り交ぜ、得点を許さなかった。

10月10日のリーグ優勝を決めた試合でも荒木は先発をしているが、このときと比べると初めてのシリーズ先発は自分でも驚くほど緊張を感じていなかった。

荒木の奮闘を見ていて、ファーストを守る広沢克己は勇気を得ていた。

「シリーズが始まる前は、〝王者西武を相手にどう戦えばいいのか?〟という気持ちで、不安が大きかったけど、初戦の岡林、そして二戦目の荒木が頑張る姿を見ていて勇気が出てきました。この日も、〝えっ、荒木のボールが、あの西武打線に通用するんだ〟と驚きながら守っていました」

スタンドには母の姿があった。第二戦での先発が決まってすぐ、荒木は母に電話をかけている。この年の8月に、荒木は父を亡くしていた。家を出る際に、母は仏壇に向かって、「あなたの分も大輔を応援してきます」と手を合わせていた。

荒木の奮闘を複雑な心境で見守っていたのが、第三戦に先発予定だった西武・石井丈裕だ。石井はこの日、神宮球場にはやってきたものの、軽い調整をしただけで、トレーナールームでマッサージを受けていた。

「僕はこの日は上がりだったので、神宮のトレーナールームでマッサージを受けながらテレビ中継を見ていました。正直言って、大輔のストレートは全盛時のものではありませんでしたが、シュート系のボールの後にカーブを上手に使って打者を抑えていました。あの当時の西武打線はパ・リーグ一のバッターがそろっていました。それをきちんと抑えていたんで、〝あぁ、いろいろ考えながら、丁寧に投げているな〟って感心していました」

西武の一員ではあっても、やはり、同級生は同級生だった。

両投手とも得点を許さないまま、試合は6回表に入った。少しずつ、少しずつ、荒木の疲労は蓄積されていた。一死後、三番・秋山幸二に不運なショートへの内野安打を許してしまった。一死一塁の場面で打席に入ったのは、四番・清原だった。

「あの打席、僕はずっと荒木さんのストレートを待っていました」

かつて憧れていた甲子園のスターとの対決。清原は燃えていた。しかし、荒木と古田のバッテリーはこの打席ではカーブを生かす配球で臨んでいた。荒木は言う。

「配球に関しては、完全に古田任せでした。事前に西武打線のミーティングはもちろんしています。〝彼はセ・リーグでいえば、○○タイプだ〟などと事前に頭には入っています。でも、実際はほぼキャッチャー任せ、古田任せでした。だから、古田がいちばん大変なんです。シリーズ直前に行われたホテルニューオータニでの合宿でも、古田の部屋にはビデオデッキがセッティングされていて、山のようにビデオテープが積まれていました。それを見て、〝あぁ、大変そうだな〟って思っていました。完全に古田任せでした」

清原に対して、初球から4球目まではシュートとストレートを中心に組み立てた。こうして追い込んでから、荒木が投じたのはカーブだった。ストレート待ちの清原であったが、何とかボールに食らいつき、ファールで粘った。

こうして迎えた7球目。外角低めの絶妙な位置にカーブが投じられた。それは、この日荒木が投じた102球目だった。

清原は体勢を崩しながらも、アウトコースへのカーブを見事にとらえた。完全に泳がされたスイングだったが、かろうじてバットに当てた白球は弾道の低い飛球となった。そして、最後まで勢いを失うことなく、神宮球場の左中間最前列に飛び込んだ。

この一発で西武は先制。2対0と試合の主導権を握ることとなった。

打たれた荒木に非はない。打った清原が上手だった。荒木が振り返る。

「古田のサインもそうだし、自分でもカーブでいきたかった。ただ、外を狙ったのに、ボール一個分だけ中に入ってしまった。〝やっぱり清原はすごいな〟とは思ったけど、打球が低かったから、まさか入るとは思いませんでした」

憧れのヒーローから放った一発。四半世紀を過ぎてもなお、その感触は清原の手に残っている。

「あのボールは荒木さんの失投ではないです。元々、僕はローボールヒッターなんです。あのときはずっとカーブが続いたけど、当てるのが精いっぱいのボールでした。でも、カーブが続いたことで、何とかバットに当てることができた。そんな一発でした」

一方、打たれた荒木も、このホームランのことを鮮明に覚えていた。

「結果的に打たれたわけだから、〝満足だ〟とは言えないですけど、自分では〝しっかりと投げ切れた〟という感覚はありました。でも、試合後のミーティングでは、延々とこのカーブについて、野村さんに叱られました」

試合後のミーティングにおいて、野村は古田と荒木に対して、「なぜ、あの場面でカーブなのだ?」と問い詰めたという。荒木は言う。

「野村さんには、〝どうして、あれだけの強打者にカーブを続けたんだ?〟と延々と言われました。でも僕の感覚では、清原は僕のカーブにタイミングは合っていませんでした。だって、あれだけ泳いでスイングしているわけですから。古田もそれを感じたから、カーブのサインを出した。野村さんには、そう反論しました。今から思えば、〝よくも野村さんにそんなことを言えるな〟と、自分でも思いますけどね。結局、打たれてしまったわけだから、何を言っても無駄なんですけどね。正直言えば、内心では〝じゃあ、何を投げればよかったんですか？〟という思いで、野村さんの言葉を聞いていました。その後も古田はいろいろ言われていたけど、あれは古田に申し訳ないことをしたと思っています」

郭泰源は相変わらず、完封ペースで危な気のないピッチングを披露している。清原がもたらした「2点」は、実に重くヤクルトナインにのしかかっていた。

郭泰源を襲ったアクシデント

7回からは、荒木に代わる二番手として伊東昭光がマウンドに上がった。荒木は6回11球を投じて、被安打は5、清原に打たれたホームランの2失点という見事なピッチングで野村の期待に応えた。

一方、西武のマウンドには依然として郭が立ちはだかっていた。古田は言う。

「軽く投げているのに、ピュッと鋭く曲がるんです。〝あれ、消えた！〟って感じで。〝これは打てないな〟って思いましたよね」

しかし、ここで思いもよらぬアクシデントが起こる。

7回裏、ヤクルト四番・ハウエルの放った痛烈な打球が、郭の右手親指のつけ根を直撃したのだ。ここまで打たれたヒットはわずか1本。三塁を踏ませぬ完璧なピッチングを披露していた。右打者へはインコースをえぐるシュート、そしてアウトコースのボールゾーンに流れていくスライダーが面白いように決まっていた。

シリーズ開幕前に、「エースは郭だ」と判断し、第二戦に登板させたのは間違いではなかった。しかし、予期せぬアクシデントにより、郭はここで降板を余儀なくされた。この時点ではどの程度の負傷なのかはわからなかった。当初の森の構想では、二戦目に続いて、中五日で第六戦にも登板させる腹積もりだった。

軽傷なのか、それとも……。西武に暗雲が垂れ込み始めていた。

郭に代わって、二番手で登板したのが潮崎哲也だった。

郭の負傷による緊急登板ではあったが、前日に続いてプロ三年目のサイドスロー投手は堂々たるピッチングを見せた。

「2回ぐらいに一度投げて、その後はキャッチボールもしていませんでした。突然のことだったし、出方が出方だったので不安はあったけど、何とかなりましたね」

前日の初戦でも潮崎は二番手で登場し、2イニングを投げてヤクルト打線に得点を与えなかった。そして、この日も7回途中からマウンドに上がり、試合終了まで投げ切った。

試合は2対0のまま、西武の勝利で幕を閉じた。これで、対戦成績は一勝一敗の五分となった。郭と荒木で始まった試合は、清原の見事なツーランホームランで決着がついた。ヤクルト投手陣も、先発の荒木、二番手の伊東、そして金沢次男が必死の投球を続けて西武打線を見事に封じ込めた。「清原へのあの一球」だけが、唯一の失投だった。

この日、プロ十二年目、33歳にして日本シリーズのマウンドに立ったのが、ヤクルト三番手として登板した金沢次男だ。

三菱自動車川崎から82年ドラフト五位で横浜大洋ホエールズに指名され、日本ハムファイターズを経て、90年にヤクルトに移籍した。この年は40試合に登板し、3勝2敗、防御率は3・42を記録している。読売ジャイアンツ、日本ハムを渡り歩き、92年にヤクルト入りした角盈男同様、貴重な中継ぎとして優勝に貢献していた。

2点ビハインドで迎えた9回表、金沢はシリーズ初マウンドを踏んだ。マウンド上で金沢は狼狽していた。これまで経験したことのない緊張感に見舞われていたからである。

「いや、あれは《緊張》ではないです。単にアガっていただけでした。それは、プロ生活で初めてのことで、あんな感覚はその後もありませんでした。足が地についていないんです。マウンドに上がってみると、古田がとても小さく見えました。〝ストライクが入るかな？〟という不安以前に、〝あそこまで届くだろうか？〟という思いでした……」

しかし、石毛にレフト前ヒットを打たれたものの、金沢は無失点で無事にマウンドを降りた。四半世紀前の出来事を笑顔で振り返る。

「……でも、いざ試合が始まったらきちんと投げることができた。狙い通りのボールが投げられました。そのときに〝やっぱり、日頃の練習って大切なんだな〟ってしみじみ感じましたね（笑）。後に角さんにそのことを告げると、〝当たり前だろ。あの場面で緊張しないようなヤツはダメなんだ〟って叱られました」

シリーズ初登板を無事に終えた。そして、金沢は第六戦でも「プロ人生で最高のピッチング」を披露する。一世一代の投球については、第四章で詳述したい。


勝利監督インタビューを受ける森は、相変わらず淡々としていた。

「昨日、取られたものですから、今日も落とせば野村監督の思うように、相手に四連勝されてしまいますからね。やはり、何とか一つは取りたいと……」

さらに、アナウンサーが「野村監督の手の内は読めましたか?」と水を向ける。

「いや、あの人はわかりません」

勝利の余韻を味わいながらも、複雑な感情を抱いていたのが石井丈裕だった。笑顔を浮かべながら、石井が当時の心境を述懐する。

「もちろん、チームの勝利は嬉しいんですよ。清原もよく打ったと思います。でも、打たれたのが大輔でしたから、複雑な思いでした。ただ、打たれはしましたけど、彼のピッチングを見て、〝大輔は本当に復活したんだな〟って確信を持てました。嬉しかったですね」

これで一勝一敗のタイとなり、舞台は西武球場に移ることとなった。この日のテレビ視聴率は、前日よりは数字を落としたものの、それでも26・3%を記録していた。世間からの注目度は依然として高かった。

勝利の女神はどちらに微笑むのか、それは誰にもわからなかった。


ハウエルの打球が直撃した郭は、そのまますぐに日大駿河台病院へ直行した。レントゲン検査による診察の結果は「右手親指打撲」で、「骨には異常なし」と診断された。

「4回を過ぎた頃には、〝今日は完封できるのでは?〟と思っていました。そのくらい調子がよかったし、昨日は負けていただけに、〝絶対に勝ってやる〟という気持ちで臨んでいたのに……」

診察を終えた郭は悔しそうに語った。この時点ではまだ、その後の日本シリーズに投げられるのか、それともこれ以上出場できないのかは判明していなかった。

しかし、森監督はすでに覚悟を決めていた。

「郭はもう、日本シリーズでは使えんぞ……」

事前にイメージしていたローテーションの再編を余儀なくされる覚悟はできていた。これで、郭の二度目の登板を予定していた第六戦の先発投手が空白となった。

短期決戦を知り抜く男の本領が発揮されようとしていた。

それは、「恵みの雨」となったのか?

神宮球場での二連戦を終え、翌19日の月曜日は移動日となっていた。東京を本拠地とするヤクルトと、埼玉を拠点とする西武による「首都圏決戦」では、長距離移動の必要はなかったが、両チームとも二日間にわたる息詰まる試合を終え、肉体的、精神的な疲労は大きく、この日は休息日としての意味合いも兼ねていた。

この日の両チームは好対照だった。西武・森監督は前日の試合で勝利した直後、「明日はベテラン組は休んでいい」と完全休養を認めた。しかし、19日の調整練習には石毛宏典、辻発彦、平野謙らベテラン選手を含め、ほとんどの選手がグラウンドに現れた。こうなることを見越した上での森の発言だった。この日、グラウンドに登場しなかったのはデストラーデと「少し風邪気味だ」という秋山幸二だけだった。

森の「完全休養発言」を聞いて、野村監督は得意の「口撃」が止まらない。

「休養指令? 余裕やなぁ。一流やなぁ。二流は一流の倍の練習をしなければならない。だから、うちは普段通りの練習ですよ」

この発言通り、敵地・西武球場で2時間15分、ヤクルトナインはみっちりと投内連係を行った。シリーズ開幕前には「四連敗もあるかも?」と不安を募らせていたヤクルトナインだったが、完全無欠のチームだと思っていた西武相手に互角の戦いを演じ、一勝一敗で第三戦を迎えることとなった。

広沢、池山をはじめとして笑顔と活気に満ちた練習となった。

この日、西武ナインに吉報が届いた。東京・千代田区内のホテルで行われていた選考会において、石井丈裕の沢村賞受賞が決まったという知らせだった。

これを受けて、翌日の第三戦の先発を控えていた石井は「これで自信がつきました。雰囲気に呑まれずに、沢村賞投手らしいピッチングをしたい」と意気込みを語った。

第三戦の先発が予想されていた石井丈裕はシーズン中と変わらぬ余裕の調整だった。一方のヤクルトについて、報道陣は「第三戦は石井一久が登板するのでは?」と考えていた。

91年のドラフト一位で東京学館浦安高校からヤクルト入りしていたルーキーの石井は、6月初旬に一軍昇格するものの、結果を残すことはできずファームで研鑽を積んだ。そして、優勝争いが混沌とする9月に再び一軍に昇格。結局、この年は5試合に先発したものの、プロ初勝利をマークすることはできなかった。

その石井が日本シリーズという晴れ舞台で先発することになれば、前代未聞の「レギュラーシーズン未勝利の高卒ルーキーによる日本シリーズ先発登板」ということになる。

安田猛投手コーチが見守る中、この日の石井はブルペンで30球投げ込んだ。石井を見守る報道陣に対して、広沢は言った。

「石井を見ていたって無駄ですよ。だって、明日の先発は高野（光）さんだよーん」

広沢の冗談に報道陣からは小さな笑いが起きた。


シリーズ三戦目が行われるはずだった10月20日、西から東へ発達中の低気圧の影響で、関東地方は夜半から大雨となっていた。それでも、西武球場前には約７００人が徹夜で並び、朝5時38分、西武球場前駅着の始発電車で50人が駆けつけ、午前8時にはすでに１０００人以上の熱心なファンが列をなしていた。

しかし、雨脚はその後も弱まることはなく、午前10時に雨天中止が決定した。19日の移動日、20日の雨天中止と、期せずして二日間の空白が生じることとなった。

その結果、当初のスケジュールが一日ずつ順送りされた。

10月21日（水）……第三戦（西武球場）
10月22日（木）……第四戦（西武球場）
10月23日（金）……第五戦（西武球場）

10月24日（土）……移動日
10月25日（日）……第六戦（神宮球場）
10月26日（月）……第七戦（神宮球場）

当初の予定から一日ずつずれることで、当然、両チームの先発ローテーションも影響を受けることになった。シリーズ直前の練習で左ふくらはぎを故障していた工藤公康、第二戦の試合中に負傷した郭泰源と、先発投手陣に故障者が続出した西武。

一方、新たに移動日となった24日の土曜日は、すでに東京六大学リーグが神宮球場を使用することが決まっており、第六戦以降にもつれた場合、新たに別の練習場を確保する必要性に迫られることとなったヤクルト。

雨天順延の結果、それぞれ対応を迫られることとなった。

この雨を「恵みの雨だ」と明言したのがヤクルト・野村克也監督だった。

右ひじを故障していた川崎憲次郎はシリーズでの登板が絶望的だった。さらに、この年、14勝13敗とローテーションの軸となっていた西村龍次が右ひじ痛に苦しみ、荒木大輔、高野光、伊東昭光はいずれも故障明けで、頼れる投手は岡林ただ一人だった。

野村は元々、「今シリーズは岡林をフル回転させよう」と考えていた。一日、日程がずれたことで、「岡林を初戦、四戦、七戦で使うことが可能になる」と目論んでいた。

石岡康三投手コーチは報道陣に対して、次のように述べている。

「今日は試合をしてもしなくてもチームには関係ないけど、岡林に限って言えばありがたい。あと二つ使えるめどがたったからね。初戦は決していい出来じゃなかった。今度に期待しているよ」

17日の初戦では延長12回を一人で投げ抜き、161球を投じていた岡林。当初は第五戦の先発登板が予定されていたという。

「初戦で投げた次の日（18日）の練習中に、〝次は中四日で第五戦だ〟と言われました。でも、第三戦が順延されたことで第四戦に先発することになりました。中四日は変わらずに、第五戦が第四戦に変わっただけのことなので、調整方法も気持ちの持ち方も、特に変化はなかったですけどね」

一勝一敗の両チームの対決は、翌21日に西武球場で仕切り直しとなった。

この後、岡林は球史に残る力投を演じることになる。それを生み出したのがこの日の大雨だった。後に伝説となる西武とヤクルトによる日本シリーズが、少しずつ熱を帯び始め、大きなうねりを巻き起こそうとしていた——。

森は確信する。「石井丈裕は通用する」と

日本シリーズ第三戦、ついにこの年の沢村賞投手、石井丈裕がマウンドに上がる。対するヤクルトはプロ未勝利のルーキー・石井一久に命運が託された。西武サイドは西村龍次か石井一久か、先発投手を読み切れず「七番・渡辺久信」を当て馬としてスタメン起用し、左の石井だとわかると、すぐに笘篠誠治に交代する。古田は言う。

「一勝一敗で迎えた三戦目に高卒一年目のルーキーが投げるわけだから、やっぱり、実際のところ、うちの投手陣は苦しいですよ。でも、短期決戦はやってみないとわからない部分があるわけですから、別に何とも思っていませんでしたよ」

古田の言葉通り、ルーキー・石井は3回までで被安打は1、与えた四球も一つで、西武打線を無失点に抑える好投を見せた。一方の石井丈裕は3回を投げてヤクルト打線をパーフェクトに抑え、沢村賞投手の実力を存分に見せつけていた。

試合が動いたのは4回裏だった。

この回先頭の秋山がフルカウントから、詰まった当たりでライト前に運ぶと、続く清原は抑えたものの、秋山が盗塁を決めた後に五番・デストラーデ、六番・石毛に連続ツーベースヒットを喫して2点を奪われてしまった。ここで石井一久は降板する。9月に19歳になった

ばかりの高卒ルーキーのシリーズ初登板は67球で幕を閉じた。

「秋山さんからの打順だったので、何とか抑えたかったけど……。打ち取ったと思った当たりがヒットになって、あれで集中力が途切れてしまいました。デストラーデは歩かせてもいいと思ったんですけど、シュートが甘く入りました。西武のバッターはやっぱり、気を許してしまうと打たれてしまいますね」

試合直後には無念のコメントを残した石井だが、日本シリーズでプロ初勝利という快挙は逃したものの、150キロのストレートをけれんみなく投げ込む高卒ルーキーのピッチングは強い印象を残すこととなった。

現役引退後に出版された『ゆるキャラのすすめ。』（幻冬舎）において、石井は当時の心境を次のように述べている。

日本シリーズでの登板を聞かされたのは、シリーズが始まる前のこと。そのときの感想は「あ、そうっすか」という程度だった。正直、何の気負いも、恐怖心も感じなかった。選んでくれたことに喜びもあったが、完調で投げられるピッチャーが少ない、というチーム事情も影響しているんだろうなと冷静に考えていたことは、いまでも憶えている。

日本シリーズとなると、普段はあまり野球を見ていない人でも結果が気になったりするくらい、日本中から注目が集まる。普通はプレッシャーを感じたりするものらしいが、僕はそうした場面で、ほとんどプレッシャーを感じなかった。目立つ場面で投げるのが好きだったし、またそうしたときほど自分の力が発揮される自覚もあった。まあ結果としては1対6で試合に負けてしまい、僕は敗戦投手になったわけだけど。

一方の石井丈裕はイニングを重ねるごとに調子を上げていった。7回表に広沢にライトにソロホームランを打たれたものの、失点はそれだけだった。9回を投げて被安打は5。広沢の一発以外は、得点差がついた9回にピンチを迎えただけでヤクルト打線を見事に封じ込めた。特にハウエルは石井にまったく歯が立たずに4打数4三振を喫した。

得点は6対1。西武の完勝で対戦成績は西武の二勝一敗となった。

この日の試合を受けて、森は決断する。

当初のプラン通り、第七戦までもつれた場合、中四日で再び石井を登板させる。工藤と郭が本調子でない以上、石井を軸に回していくしかない。

森は確信していた。

ヤクルト打線に石井は通用する――。

「ペナントレースが山なら、日本シリーズは川のようなもの」

翌22日、再び西武球場で行われる日本シリーズ第四戦の先発マウンドは西武・渡辺智男、ヤクルト・岡林洋一に託された。

事前の思惑では「第四戦は継投策でいく」と考えていた森祇晶。一方、一勝二敗とリードされてしまったヤクルトは「恵みの雨」によって、当初は第五戦での先発起用を考えていた岡林を、中四日のまま第四戦で使うことが可能になった。

岡林としては、前述したようにそもそも中四日で投げるつもりでいた。調整に関しては何も問題はない。前回登板によって、シリーズ特有の雰囲気もすでに経験している。

第一戦の登板より、はるかにプレッシャーは少なかった。

「第一戦と比べると、この日は調子がよかったですね。相手が同じ高知県出身で一つ先輩の渡辺智男さんだというのも楽しみでした。いいピッチャーと対戦するときというのは自分の結果もいいんです。普段のペナントレースでも、巨人だったら斎藤（雅樹）さん、桑田（真澄）さん、槙原（寛己）さんよりも、少しでも長くマウンドにいたい。そんな思いで頑張れるんです。いいピッチャーと投げ合うのはすごく好きでしたね」

この言葉通り、この日の岡林は絶好調だった。初回を三者凡退で切り抜けると、3回までわずか1安打、無失点に抑えていた。

一方のヤクルト打線はチャンスを作るものの、渡辺智男を攻めあぐねていた。ジャック・ハウエルは絶不調の極みにあった。試合開始前まで13打数1安打、打率・077。前日対戦した石井丈裕には手も足も出ずに4三振を喫していた。この日、野村は決断する。ハウエルを五番に下げ、代わりに広沢を四番とすることに決めた。

2回表、極度の不振から五番に降格していたハウエル、続く六番・杉浦享が連続フォアボールで無死一、二塁のチャンスを作り出した。

ここで打席に入ったのが七番の池山隆寛だ。右打席の池山は投球前からバントの構えをしている。野村が選んだ作戦は犠牲バントだった。このシリーズ、池山の成績は12打数2安打、打率・167でホームランは1本もなかった。この日の岡林の出来、そして池山の調子を考慮すれば、「一点勝負」だと野村は考えたのだ。

しかし、池山は2球目をバントするものの、強めの打球はピッチャー・渡辺の正面に転がり、投手から三塁、そして一塁へ送られる最悪のダブルプレーとなった。

前日の第三戦では8回裏、どうしても追加点がほしい場面で、西武の三番・秋山幸二が見事なバントを決めていた。その姿はこの日の池山とは好対照だった。

「確かに池山はバントが得意ではなかったですよ。経験もほとんどなかっただろうね。でも、この場面は、どんな形でもいいからランナーを三塁に進めればいいんです。三塁側に転がして三塁手に取らせればいい。極端なことを言えばサードゴロだっていい。ところが池山は〝ボールの勢いを殺さねば〟と思い込みすぎて真正面に転がしてしまった。目的を達成するための手段をきちんと理解していなかったんです」

野村の言葉は厳しかった。

続く3回表は、九番・笘篠賢治が相手のエラーで出塁するものの盗塁失敗。続く一番・飯田哲也がフォアボール、二番・荒井幸雄がヒットを放って一死一、二塁のチャンスを作った。ここで森は早々に渡辺智男を見切って、二番手で鹿取義隆を起用する。

シリーズ前に、「第四戦は継投勝負だ」と考えていた通りの手堅すぎる作戦だった。

そして、この回も後続は続かずにヤクルトは無得点。一死一、二塁のピンチで登場した鹿取はさすがだった。古田を一塁ファールフライ、広沢をセカンドゴロに仕留めた。これで、3回までに残塁は五つ。ちぐはぐな攻撃ばかりで岡林を援護できずにいた。

圧倒的に岡林のピッチングが勝っていたものの、4回裏に岡林は手痛い一発を喫する。西武の三番・秋山はツーボールからの3球目、肩口から甘く入ったカーブを完璧にとらえてレフトスタンドへ運ぶシリーズ第一号を放った。岡林が振り返る。

「ツーボールとなったことで、ストライクをほしがった。それで、簡単にストライクを取りにいってしまいました。はい、完全な僕の失投です」

しかし、それでも岡林は絶好調だった。初戦では「どこに投げても打たれる」と感じていたデストラーデ対策を、この試合でようやくつかんでいた。

「ポイントはインコースをどれだけ使えるかだったんです。初戦はストレートの走りがよくなかったので、思い切ってインサイドを突くことができませんでした。でも、この日は思い切って内角を攻めたらデストラーデといえどもそうそう打たれることはない。特にインハイを攻めればいい。ようやく糸口が見つかったんです」

この日、第一打席こそレフト前ヒットを打たれたが、第二打席は三振、第三打席は一塁ゴロに仕留めている。

「フィニッシュをインハイのストレートと決めて、そこに持っていくためにどうやってエサを撒きながら組み立てていくか。それを考えればいい。そう気づいたんです」

また、岡林はこの日の試合中に不思議な感覚を味わっている。

「この日は調子もよかったし、肩も痛くなかったんです。でも、〝どうもしっくりこないな〟っていうボールが何球かありました。そのとき、急に不安になったんです。〝あれ？　もしかしたら、来年は投げられないかもしれないな〟って……。何も理由はないんですけど、なぜだか、そんな気持ちになったんです」

まさか、このときの思いが現実のものとなり、その後も長く暗い影をもたらすことになるとは誰も思ってもいなかった。「1993年の岡林」については、改めて詳述したい。

この日、岡林が許したのは秋山のソロホームランの1点だけだった。

対するヤクルト打線は、本調子ではない渡辺智男を打ち崩すことができないまま、二番手の鹿取、9回から登板した三番手の潮崎哲也の前に攻撃陣が完全に沈黙した。最終回は潮崎の前にハウエル、杉浦、池山が三者連続三振を喫する完敗だった。

こうして2時間38分の試合が終わった。得点は1対0、対戦成績は西武の三勝一敗となった。勝利監督インタビューでも、森の表情は変わらない。

「今日はベンチに入っているピッチャーも少なかったので、何とかやり繰りしないといけないなと思っていました。早めの継投はもちろん考えていましたけど、いちばんいい形で鹿取が打ち取ってくれました。あの場面がポイントだったと思います。8回まで身体を振り絞って投げてくれた。それがいちばんの勝因だと思いますね」

3回途中からマウンドに上がり、5回2/3イニングを投げて勝利投手となったのが、森監督のコメントにあった鹿取だった。

「えっ、そんなに投げていましたか（笑）。（渡辺）智男があんなに早く交代するとは思わなかったですけどね。ただ、ロングで投げることはそれまでもあったんでね、〝そうなるんじやないか〟という思いはあったと思いますよ。この試合は洋一が完投していますよね。それも不思議な縁ですよね。いずれにしても、今度は僕が勝つことができてホッとしましたよ」

やはり、西武は強い。

ヤクルト打線の沈黙ぶりは深刻だった。初戦こそ、杉浦の満塁ホームランでサヨナラ勝ちを収めたものの、二戦目は郭泰源と潮崎の前に1点も奪えず、第三戦は広沢克己のソロホームランの1点のみ。そしてこの日の第四戦も、西武の繰り出す三投手の前に零封された。ここ3試合で奪った得点はわずか1点。「打撃のチーム」と目されていた自慢の打線がそろって沈黙してしまっていては、勝利を手繰り寄せることなど到底不可能だった。

野村は言う。

「ペナントレースが山なら、日本シリーズは川のようなものだな……」

登山ならば、苦しいときに休めばいい。しかし、川の中ではいくら苦しくとも、じっとしたままでは流されてしまう。何か手を打たねば、向こう岸はどんどん遠ざかっていく。

このまま手をこまねいているわけにはいかない。

しかし、何をすればいいのか？

野村の眉間のしわは、ますます深くなる一方だった――。

第四章 弱者の兵法

――10月23～25日　第五戦、第六戦

なりふり構わぬ野村克也と泰然自若の森祇晶

「ID（Import Data・データ重視）野球」を標榜しながらも、一方で野村克也がゲン担ぎにも熱心だったのは有名な話だ。

勝っている間は球場までの道のりは絶対に変えず、下着を替えることもなく、負けが続くと自宅までのルートを変更し、衣装も上から下まですべて着替えた。

シーズン中、神宮球場へ通う行程は四通りもあったという。今回の日本シリーズでは、西武球場に舞台を移した第三戦、四戦と連敗した。そのためヤクルトナインは、この第五戦当日を含めて三種類のルートで球場入りしている。

試合前に名刺をもらうことを極端に嫌った。試合前に用便することを選手たちにも本気で禁じたのは「試合前に運が落ちるから」という理由だった。

この日本シリーズでも、西武球場で試合する際に宿泊するホテルの変更を求めていた。これまで数多くのセ・リーグ優勝チームがこのホテルに泊まり、敗れ去っていった。もちろん、シリーズ敗退と宿泊ホテルとの因果関係はない。実現には至らなかったものの、それでも野村は「何とかならんのか？」と周囲にこぼしていた。

先勝したものの、第二戦から三連敗を喫して一勝三敗と追い詰められた。もう後がない状況だった。西武球場にバスが到着すると、野村はナインから離れて、西武ナインが勝利した後に上る「ビクトリーロード」をあえて上から下りて、監督室へ向かった。

下馬評通りの強さを示していた西武に対して、「何か手を打たねばならない」と野村が行ったのは、このゲン担ぎと大幅なスタメン変更だった。

前日まで指名打者としてスタメン起用していたベテランの杉浦享を「代打の一打席に懸けた方がいい」との理由でベンチに下げ、代わりに右ひじに不安を抱えていた秦真司をライトから指名打者に変更した。

そのライトにはプロ九年目を迎えていた橋上秀樹を抜擢し、初戦からスタメン出場していた笘篠賢治に代わって、シーズン途中から加入したジョニー・パリデスにセカンドを託すことを決めた。「橋上とパリデスなら、たとえ打てなくとも守備の心配はない」と野村は言った。これに伴い、池山隆寛の打順も七番から六番に変更された。

【ヤクルトスワローズ】(先攻)

(中) 飯田哲也

(左) 荒井幸雄

(捕) 古田敦也

(一) 広沢克己

（三）ジャック・ハウエル
（遊）池山隆寛
（指）秦真司
（右）橋上秀樹
（二）ジョニー・パリデス

橋上は初戦に代走で出場しているものの、パリデスは日本シリーズ初出場だ。両者とも、一度も打席には立っていない。負ければ終わりとなるこの試合。野村は橋上とパリデスに賭けたのだ。

そして、第五戦の先発マウンドを託したのは右ひじ違和感のために9月8日の対中日ドラゴンズ戦以来、一カ月半も戦線離脱していた高野光だ。

回復程度は未知数だった。シリーズ前の野村の思惑では、高野は第三戦に先発登板の予定だった。しかし、10月20日が雨天順延となったことで、野村はローテーションを再編。第三戦には石井一久を起用し、ひじに不安の残る高野を第五戦に振り替えることとした。

故障を抱えたままベンチ入りを続ける西村龍次、先発に抑えと経験豊富な伊東昭光をスタンバイさせ、さらには前日109球を投げ抜いた岡林洋一の登板も視野に入れた「超スクランブル態勢」で挑むことを決めていた。

「確かに一勝三敗にはなっていたけど、負けた試合でも接戦だったので〝明日は勝つぞ！〟という思いの方が強かったですね。まだみんな若かったし。僕も、ベンチには入っていたし、〝行け〟と言われれば、いつでも行くつもりでいました」（岡林）

もはや、なりふり構っている場合ではなかった。

三勝一敗と一気にヤクルトを土俵際まで追い詰めたものの、森祇晶は冷静だった。

いくら周囲に「ぜひ第五戦も勝って本拠地で胴上げを！」とけしかけられようとも、「三連勝もあれば三連敗もある。まだまだわからんよ」と慎重な姿勢を決して崩さなかった。短期決戦ではわずかな気の緩みが流れを大きく変えてしまうことを知り抜いていた。

あまり知られていなかったものの、実は野村同様に森もゲン担ぎを行っていた。1985（昭和60）年オフの監督就任時には、それまでの「昌彦」から「祇晶」に改名を行っている。また、方位学にも凝っており、監督として唯一優勝を逃した1989（平成元）年オフには「方角が悪い」という理由で、住み替えてわずか一年の埼玉・所沢から、東京・港区へ引っ越しもした。シーズン中には二種類の球場駐車場を使い分け、勝負の大一番には好んでカチ栗を食べるように努めていたという。

しかし、こうしたことが野村のようにマスコミで取り上げられることを極端に嫌ったのが森だ。「野球以外のことで話題になりたくない」というのが、その理由だった。

第五戦の先発マウンドには、当初の目論見通り渡辺久信を指名した。初戦は7回を投げて3失点。しっかりと試合を作った。124球を投じていたのが気がかりではあったが、予定通りの中五日で、きちんと調整はできていた。郭泰源、工藤公康を欠いていた西武投手陣において、彼の存在感はひときわ増していた。

第七戦には、万全の状態で臨む石井丈裕が控えている。しかし、郭が投げる予定だった第六戦の先発投手は不確定だった。

マスコミに対しては「行けと言われればいつでも行く」と公言している工藤が行くのか、それとも、この年4勝8敗ながら、ローテーションの一角を担うこともあったルーキーの新谷博を登板させるのか、マスコミの間では情報が錯綜していた。

できることなら、この第五戦で一気にケリをつけたかった。

【西武ライオンズ】(後攻)
(二) 辻発彦
(右) 平野謙
(中) 秋山幸二
(一) 清原和博

（指）オレステス・デストラーデ
（三）石毛宏典
（左）大塚光二
（捕）伊東勤
（遊）田辺徳雄

ヤクルトとは正反対に、前日の第四戦とまったく変わらないオーダーだった。

「一つも負けられない」一勝三敗のヤクルト、「あと二つは負けられる」三勝一敗の西武。なりふり構わぬ野村克也と、泰然自若の森祇晶。

勝負の第五戦が始まる——。

ベテラン高野光の粘り強いピッチング

この日の注目はヤクルト先発の高野光だった。

この年、荒木大輔、伊東昭光とともに「涙の復活」を遂げた高野は、およそ一カ月半ぶりの実戦マウンドとなった。古田が振り返る。

「第五戦は高野さんでしたね。9月に一度離脱したけど、ペナントレース終盤にはもう投げられる状態だったんです。自ら、〝オレはもう投げられるけど、日本シリーズの用意をしておくから〟って、僕らにはっぱをかけていました。僕としては、〝いえいえ、ピッチャーいないんですから、今投げてくださいよ〟って思いでしたけど」

マスコミに対して、高野は「これまでずっと長い間投げられなかったんだから、一カ月半のブランクなんかどうってことない」と平静を装った。

もう後がない野村は総力戦の覚悟で臨んでいた。当然、継投策の勝負になる。だからこそ、高野には「力の出し惜しみはするな」と命じていた。このときプロ二十三年目を迎えていた大ベテランの八重樫幸雄が「高野評」を披露する。

「それまでに僕が受けてきたピッチャーの中で高野のポテンシャルは群を抜いていました。ストレートは速いし、フォークボールの落差もすごいから、キャッチャーはいつも青あざだらけ。でも、優しすぎる性格のせいか、エンジンがかかるのが打たれ始めてからのことが多かった。点を失ってからようやく本気になるんだけど、味方の援護がなくてそのまま負けることも多かった。〝もったいないな〟という印象が強いですね」

こうした反省があったからなのか、この日の高野は飛ばしに飛ばした。

初回から140キロ台後半のストレートをビシビシと古田のミットに投げ込んだ。球数は多い、ヒットも打たれる、フォアボールも出す。

それでも、要所を締めるピッチングで西武打線を5回まで0点に封じ込めた。

前日の第四戦ではベンチ入りメンバーから外れ、グラウンドレベルの記者席から戦況を見つめていた。事前のデータでは西武打線の手強さばかりが指摘されていたが、マウンド上の岡林はインコースのストレートとアウトコースの緩いボールによるコンビネーションで、秋山、清原、デストラーデのいわゆる「AKD砲」の三人から合計5三振を奪っていた。

岡林のピッチングを参考に粘り強い投球を続けながら、高野は自軍の援護を待った。

西武先発の渡辺久信も序盤3回を無失点に切り抜けていた。この日、テレビ解説を務めていた東尾修が「普段よりもストレートが速い」と驚嘆していたように、日本一の懸かった大一番、シーズン最後となる試合で力をセーブするつもりは毛頭なかった。

しかし4回表、不振を極めていたヤクルトの大砲に待望のシリーズ一号が飛び出した。一死二、三塁の場面で打席に入ったハウエルはツーボールワンストライクからの4球目、真ん中に入った146キロのストレートをライトに弾き返した。一塁ベースを回るときに、思わず大きなガッツポーズが飛び出した会心の一撃だった。この打席まで17打数1安打と不振の極みにあったハウエルが生み出した待望の先制点。しかも3点だ。

「おぉ、僕はなんて若いんだ！」

当時の映像を見て、驚嘆の声を上げたハウエルが解説する。

「日本シリーズ前にライオンズの映像を見て、〝あぁ、これはかなり手強いチームだな〟と感じましたね。実際に対戦してみると、本当に信じられないほど強いチームで、シリーズ前半はとにかく胸元のストレートに悩まされました。ストレート、ストレート、ストレート……と、本当に苦しめられました。この場面ではストレートを狙っていたわけではないけど、いい反応でスイングができました」

92年のペナントレースでは、オールスター戦以降の61試合で30本塁打を記録し、MVPに輝いたハウエル。日本シリーズ時に極度の不振だったのはどうしてだったのか？

「ペナントレース前半に僕がまったく打てなかったのは日本の投手の変化球に全然対応できていなかったからですが、それを克服したことで結果を残せました。でも、日本シリーズの西武投手陣はストレート主体に攻めてきました。それで、自分自身のタイミングがずれてしまっていたのだと思います」

対応に苦労していたストレートを弾き返した。

チームにとってはもちろん、ハウエル自身にとっても復調の兆しを感じさせる一打で、秋晴れの西武球場にこの日最初の東京音頭が鳴り響いた。

西武打線の容赦のない攻撃

ハウエルの一打によって、第二戦から前日の第四戦までの3試合でわずか1点しか取れなかったヤクルト打線の重苦しかったムードが一変した。

5回表には、この日スタメンに抜擢された八番・橋上、九番・パリデスの連打でチャンスを作ると、二死二、三塁の場面で西武二番手の新谷から、三番の古田がセンターにラッキーな2点タイムリーヒットを放ち、6回にも一番・飯田によるライト前へのポテンヒットで1点を奪った。

指揮官による数々のゲン担ぎの成果なのか、ツキは完全にヤクルトの味方をしていた。

6回表終了時点で6対0と大量リード。6回裏には早くもレフトの荒井に代わって、土橋勝征を守備固めに起用する。ようやく、試合の主導権を野村が握った。

しかし、疲れの見え始めた高野の自滅によって、西武は驚異的な追い上げを見せる。

二つのフォアボールと一つのデッドボールで一死満塁のピンチを作ると、ここで高野は降板。二番手に金沢次男がマウンドに上がると、大塚、森博幸、田辺と下位打線に連打が続き、あっという間に6対4となり、なおも西武のチャンスは続いた。

不動の正捕手である伊東に代打・森博幸を送る執念の采配が見事に実った。森はこの日、教育リーグから合流したばかりだった
ヤクルトのブルペンでは右ひじを故障している西村龍次が早くから準備している。

それでも、野村は動かない。いや、動けなかった。ブルペンでは西村が再度右ひじの異変

を訴えていたからだ。

（ここは何とか金沢に踏ん張ってほしい……）

野村の偽らざる思いだった。しかし、西武は本当に強かった。二死一、二塁の場面で二番・平野がレフトにタイムリーヒット。6対5、あっという間に1点差となった。ここでようやく野村は動く。三番手に伊東昭光を起用。完全に後手に回った継投だった。

この回は何とか伊東が後続を断ち切ったものの、一塁側の西武ベンチは沸きに沸く一方、三塁側ヤクルトベンチは沈痛の面持ちとなった。

6対5と1点差となったことで、西武の継投策にも変化が訪れる。

7回表ヤクルトの攻撃、一死一、二塁というピンチの場面で、森はシリーズ四度目の登板となる潮崎哲也をマウンドに上げたのだ。

このとき、打席に入ったのが池山だった。潮崎のストレートの前に結果はレフトライナーに倒れたものの、いかにも池山らしい痛烈な打球となった。そして、この打球は次へと繋がる伏線の一打でもあった。

ヤクルト打線に圧倒的な自信を持っている潮崎はこのピンチも何とか切り抜けた。この日も潮崎は絶好調だった。

1点のリードは許していたが、すでに西武ナインが球場全体を支配していた。

西武打線はなおも容赦がない。7回裏にはこの回先頭打者のデストラーデがライトに完璧な一発をぶちかました。シリーズ第三号の同点ホームラン。本人が振り返る。

「私たちはホーム球場で本当に強かったし、圧倒的な自信を持っていました。だから、0対6となろうとも、まったくギブアップするつもりはありませんでした。6回裏に5点を取って1点差。その時点で、〝今日は勝てるな〟って感じていました。7回裏に私のホームランで同点に追いついた。ますます、〝これで、もういけるな〟って思いましたね」

その後、西武・潮崎、ヤクルト・伊東はお互いに粘り強いピッチングを披露する。8回、9回は両軍とも無得点。初戦に続いて、シリーズ二度目の延長戦へ突入する。

球場全体が西武の胴上げを強くイメージし始めていたとき、ヤクルトベンチで唯一、「まだまだオレたちには運がある」と感じていたのが池山だった。

「6点差を同点に追いつかれるイヤな展開だったけど、負ける気はしなかったです。シーズン中も高野さんが投げるときは、こんな展開の試合が多かったし、あれだけの猛攻を受けたのに逆転は許さなかった。〝まだまだ運はあるな〟って思っていました」

第三戦ではチャンスの場面でバントを失敗した。この日の試合前までの成績は16打数2安打、打率は・125だった。それでも、池山は決してあきらめてはいなかった。

そして、その池山が起死回生のヒーローとなる場面がやってくる——。

打った池山隆寛、打たれた潮崎哲也の述懐

池山隆寛の母・広子は神宮球場で行われた初戦から、前日の第四戦まで連日スタンドで息子に声援を送っていた。しかしこの日、彼女の姿は球場にはなかった。

「もうこれ以上、息子が悩んでいる姿は見たくない……」

そんな理由で、埼玉県内の息子の自宅からテレビ観戦をしていた。しかし、テレビでさえも正視することはできず、スイッチをつけたり、消したりの繰り返しだった。

池山宅の電話が鳴る。受話器を取ると、上気した声が聞こえてくる。

「おめでとう、ナイスホームラン!」

一瞬、何のことだかわからなかった。しかし、すぐに状況を理解する。やったのだ。ついに息子がやったのだ。興奮を隠せぬまま、母は慌ててテレビのスイッチを入れた——。

延長10回表、この回の先頭打者は池山だった。マウンドにはこの日で4試合目の登板となる潮崎。7回途中から登板して、すでに4イニング目を迎えようとしていた。

「疲れ? 全然なかったです。延長戦になった段階で、〝よし行くぞ〟っていう気持ちだったので、精神的なストレスもなかったです。実はこの日はとても調子がよかったんです。だ

から4イニング目を迎えて、ちょっと慢心があったのかもしれないです……」

ここまで、池山のシリーズ成績は20打数3安打。それはすべてシングルヒットだった。しかし、前の打席では手応えのあるレフトライナーを放っていた。とにかく、持ち味であるフルスイングをすること。それだけを考えて打席に入っていた。

「初球、内角ストレートを空振りしました。でも、結果的にそれがよかったんだと思うんです」

勝負を決するこの場面、打たれた潮崎も打った池山も、ともに記憶は鮮明だった。

初球のインハイのストレート、池山は豪快なスイングで空振りする。

この瞬間、マウンド上の潮崎は「よし、もらった」と思った。一方の池山は「きちんと振れた」と手応えを得ていた。

こうして投じられた2球目は、初球と同じインハイのストレートだった。潮崎は言う。

「きっと、池山さんはこのボールを狙っていたんでしょう。もしもこの回からの登板であれば細心の注意を払って、あんなボールは投げませんでした。でも、この日はなまじ調子がよかったものだからつい慢心があって、〝ここに投げておけば大丈夫〟って、初球の空振りと同じボールを続けてしまったんです。後で映像を見てみると、池山さんは最初からアウトステップ気味にスイングしていますね。少し外に開くことで、インハイのボールを真ん中にしてハエ叩きの要領でバンと打たれた。完全な僕の失投です」

対する池山は言う。

「実はこのシリーズはずっと風邪気味で体調が優れなかったんです。正直言えば、何のボールを打ったのか、打球がどこに飛んだのか、よくわからないままベースを一周していました」

ついに均衡が破れた。延長10回、再びヤクルトがリードした。そして、ヤクルト三番手の伊東はこの1点を見事に守り抜いた。6回途中から10回まで4回1／3を投げ抜き、見事に逃げ切った。7対6、ヤクルトの勝利——。

対戦成績はヤクルトの二勝三敗となった。これで、再び神宮球場に戻れる。勝利の瞬間、ベンチに戻る池山と野村は抱き合った。日頃の野村には見られない珍しい光景だった。勝利監督インタビューでは開口一番、野村は言った。

「今日は選手に助けてもらいました……」

野村は、自身の継投ミスを痛感していた。先発・高野は5回終了時点ですっぱりと交代すべきだった。苦しい投手事情が交代の判断を狂わせていた。

続いて池山がお立ち台に上がる。

「あの一発は何も考えんと自然に（打席に）入れたんで、自分でもとまどっています。でも、これで何とかスッキリ行けそうです。日本シリーズは初めての経験だし、結果は後からついてくるので一生懸命頑張ります」

一勝三敗と追い詰められた前夜、野村は「今日はミーティングを中止する」と選手たちに休養を与えた。第四戦のバント失敗を引きずっていた池山は宿泊先の立川で食事に繰り出すナインを横目に、古田、広沢を誘って都心に息抜きに出かけた。

あてもなく街を歩きながら、目に留まったのはトンカツ屋だった。

「カツでも食いますか！」

三人の声がそろい、自然と笑いが起こる。「カツ」と「勝つ」、選手たちもまたゲンを担いだ。この夜は期せずして主力三人による決起集会となった。

シリーズ前から引いていた風邪に悩まされ続け、相変わらず体調は優れなかったが、それでもようやく結果が出た。これで神宮に帰れる。池山の心からの笑顔が弾けていた。

今もなお、この試合を悔やむ二人の男

勝利に沸くヤクルトとは対照的に、この一戦をその後も悔やみ続けている二人の男がいる。その一人が西武の主砲、デストラーデだった。三十年近い時間が経過してもなお、この場面を振り返って、デストラーデは表情をゆがめた。

「この第五戦は僕にとって、もっとも忘れられない試合です。それは7回の同点ホームラン

ではなく、その次の9回の第五打席です……」

6対6で迎えた9回裏、清原が倒れた一死後のことだった。

「このとき私はイトウのチェンジアップを狙っていました。そして、ワンボールからの2球目、そのチェンジアップが投げられました……」

当時の試合映像を確認する。伊東が投じた2球目、球種を紹介するテレビ画面の左下には確かに「チェンジアップ」と記されていた。

「……あれは完全なミスショットです。タイミングミスです。あとちょっと待つことができれば間違いなくホームランでした。ほんのわずかの差でホームランがレフトフライになったんです。殊勲のヒーローになり損ねたんです」

デストラーデは悔しそうに語った。


そしてもう一人、この試合を深く悔いている男がいる。指揮官の森祇晶だ。

「この試合、序盤に0対6と大量リードを許しました。ところが、一気に5点を奪って追い上げを見せた。しかも、まだ6回でした。十分、逆転の可能性はある。そこで私は新谷に代え潮崎を起用しました。このシリーズ、五戦目で4試合目の登板です。そして潮崎は延長10回まで見事に投げ切ってくれた。でも、後から思えば、この試合は彼を投入するべきではなかった。あと二つ負けられる状況なのに、〝どうしても勝ちたい〟という欲が出てしまった。

第六戦、七戦のことを考えれば、この日は潮崎を休ませるべきだったんです」

それは、「本拠地で日本一を決めたいという欲だった」と森は振り返る。

泰然自若と見える森にも、焦りがあり、動揺があった。さまざまなゲン担ぎが実を結んだ野村克也との読み合いはまだまだ続く。

両者の決戦は移動日を挟んだ翌々日の25日、神宮球場で行われる——。

翌24日は学生野球のために神宮球場は使用できず、12時からヤクルト、14時から西武の練習が東京ドームで行われた。

神宮で行われる第六戦、ヤクルトは二戦目に続いて荒木大輔の先発が予想されていた。対する西武は評論家の間でも意見が割れていた。前日の第五戦中継の際に、試合中にもかかわらず、森が投手コーチの森繁和と熱心に話し込む場面が全国に放送された。

この話し合いが終わり、自らの定位置に戻る際に森は、すでに降板してベンチに座っていた渡辺久信に声をかけ、ポンポンと肩を叩いている。もちろん、この場面もカメラはしっかりととらえていた。これを受けて、解説を務めていた東尾修、若松勉、そしてゲストの仰木彬はいずれも、「第六戦は中一日で渡辺だろう」とコメントしている。

工藤については「投球に問題はないが、フィールディングに難がある」と報道されていた。

郭の負傷は想像以上に深刻だった。

渡辺か、工藤か、それとも郭か、あるいは新谷か？

はたして西武の先発は誰なのか？

負傷をおして工藤公康が第六戦のマウンドに

10月25日、超満員の神宮球場、西武の先発は工藤公康だった。

ヤクルト・野村監督は、この日の先発投手を読み切れずに当て馬として「七番・内藤尚行」をスタメンに起用し、左投手の工藤だとわかるとすぐに、シーズン中も「左キラー」として活躍した橋上秀樹を前日に続いて出場させている。野村は言う。

「シリーズ前に、森はしきりに〝工藤は使えない〟と言っていた。我々が集めた情報でも、〝工藤の登板はない〟と踏んでいた。ところが、第六戦にいきなり工藤が先発した。このときの動揺と驚きは今でも覚えていますよ」

この日、工藤の調子はどうだったのか？　本人の言葉を聞こう。

「シリーズ前の練習中に軸足である左足ふくらはぎの肉離れを起こしました。この日は投げられる状態だったか？　いえ、全然投げられる状態ではなかったです。そもそも、肉離れを起こしていて投げられるわけないですから。でも、監督に〝行け〟と言われれば行くしかないですよね。あの頃は肉離れを起こしたら、ひとまずトレーナーさんにしごいてもらうんです。大の男が口にタオルを詰めて、〝オーッ〟ってうめきながらテーピングをして投げていました。そういう時代ですから、自分だけ〝無理です〟とは言えないですよね。この日も、神宮のクラブハウスで痛み止めの注射を打ってもらってからマウンドに上がりました」

決して万全な状態ではなかった。それでも、工藤に頼らざるを得なかった。第二戦における郭泰源の負傷は、西武投手陣全体に暗く大きな影を落としていた。


12時33分、試合が始まる。

ヤクルトの先発は、第二戦に続いて荒木大輔。シリーズ二度目の登板で、前回よりもさらに落ち着いていた。しかし、この日の荒木は本調子ではなかった。

初回こそ走者を出しながらも0点に抑えた。しかし、2回表には一死満塁のピンチを作ってしまう。この場面で打席に入ったのが九番・工藤だった。

「この打席のこと？　ええ、よく覚えていますよ。ショートゴロを打ったんですよね」

ワンボールツーストライクからの4球目。工藤の放った当たりはショート・池山隆寛の正面に転がる緩いゴロとなった。打った瞬間、工藤の足を考えれば、誰もが「6－4－3のダブルプレーだ」と思ったはずだ。

しかし、結果はそうはならなかった。一塁を全力で駆け抜けた工藤の足が一瞬速かった。ゲッツー崩れで西武が先取点を奪った。工藤が言う。

「一塁に向かうまでの間、走りながら、〝ブチ、ブチ、ブチ〟って、小さな筋が切れていくのが、自分でもわかりました。注射を打っているので痛みはないです。だから、とりあえず投げることはできましたけど……」

何とか騙し騙しマウンドに上がっていた工藤だったが、3回裏につかまった。この日、当て馬の内藤の代わりに七番に入った橋上がレフトに同点ホームランを放った。

さらに八番のパリデスがヒットで続く。第五戦から起用した下位打線コンビはこの日もラッキーボーイとなっていた。

ここから西武のブルペンが慌ただしくなる。前の試合で先発した渡辺久信が肩を作り始める。続く荒木がバントで送り、一死二塁のチャンスで一番の飯田が右中間を破るスリーベースヒットを放って2点目を奪い逆転に成功する。44球を投げていた工藤はここで降板。満身創痍の中での執念のピッチングは実らなかった。

「あの状態で、よく投げたと思いますよ。痛み止めのおかげで痛みはなかったけど、薬が切れた試合後はもう痛くて、痛くて大変でしたね」

二番手には中一日で渡辺久信が登場する。序盤から目まぐるしく試合は動いていた。

野村克也と森祇晶、両軍ベンチの頭脳戦

1対2とリードを許したものの、4回表に西武は石毛のツーランホームランであっさりと逆転に成功する。しかし、その裏には池山がシリーズ第二号となるツーランホームランで再びヤクルトがリード。これで得点は4対3。

二転三転する激しい展開で試合は進んでいく。

4回裏、ヤクルトの攻撃時には野村、森が目まぐるしく策略をめぐらせた。

一死一、二塁の場面、まず野村は荒木をあきらめて左の君波隆祥を代打に送ると、森はすかさず渡辺久信から、三番手として左の小田真也にスイッチ。すると野村は「代打の代打」として右の八重樫幸雄を指名する。

それを受けて、今度はベンチから再び森が出てくる。ショートの田辺徳雄をベンチに下げて、サードの石毛がショートへ。さらにファーストの清原がサード、レフトのデストラーデがファーストに守備位置を大きく変更。キャッチャーの伊東、セカンドの辻以外の内野手をすべて入れ替える大胆な手に打って出た。

さらに、レフトにはライトを守っていた大塚が入り、新たにライトにはベンチスタートだった平野謙が入った。試合は早くも総力戦の様相を呈していた。

三番手の小田が八重樫をセカンドフライに打ち取ると、西武は四番手に新谷を起用。新谷は後続を打ち取り、何とか1点差でこの回を終えた。

ピンチの後にチャンスあり——。

昔からの格言にあるように、4回裏のピンチを乗り切った西武は、5回表に同点、そして逆転のチャンスを迎えていた。

ヤクルト二番手のルーキー・石井一久が一死一、二塁のピンチを作ると、続いてマウンドに上がったのが金沢次男。西武打線は清原、デストラーデと続く。ヤクルトにとっては絶体絶命のピンチだった。

「ベンチからの指示は〝一球たりとも前に打たすな〟でした。つまり、〝三振を取れ〟ということですよ。でも、清原からは三振を取れる自信はありましたね」

この言葉通り、金沢はインコースから落ちるシンカーとアウトコースへのフォークのコンビネーションで清原から三振を奪った。ウイニングショットとなった外角へのフォークは失投気味ではあったが、清原は手を出すことができなかった。

これで二死一、二塁。まだまだ油断はできない。金沢が述懐する。

「これで、僕の出番は終わり。次のデストラーデで交代だと思いました。でも、ベンチはまったく動く気配がない。〝えっ、ウソだろ?〟って思いました。正直、デストラーデを抑える自信はなかったですね」

当人の思いとは裏腹に、野村は金沢に託すことを決めた。金沢が続ける。

「こうなったらもう抑えるしかない。腹を括りました。そこで、古田を呼んで、〝フォークを続けてノースリーにするから……〟と言いました。古田は驚いていました」

実際にこの場面を振り返ってみると、金沢は3球連続でボールを投げている。カウントはスリーボール。その真意を聞こう。

「大洋時代にコーチだった小谷正勝さんから、〝ノースリーからの勝負もあるんだぞ〟と教わったことを思い出しました。いいバッターであればあるほど、バッティングカウントになると打ち気にはやる。僕はデストラーデを信じたんです」

打者有利のカウントとなった。デストラーデは打ちたくて仕方がないはずだ。

「打ちたくて仕方がない打者にとって、いちばん手を出しづらいボールは何だろう？　まずはそう考えて、アウトコースのボールゾーンから中に入るスライダーを投げました」

近年では「バックドア」と呼ばれる、アウトコースのボールゾーンからストライクゾーンに変化するボールでストライクを取った。これで、スリーボールワンストライクだ。

「あとはもうフォークボールです。古田には〝ワンバウンドのフォークを投げるから、死んでも止めろよ〟と言いました。デストラーデは必ず振ってくる。そう信じて、フォークを続けました」

この言葉通り、5球目はフォークを投じて空振りを奪う。フルカウントになった。こうして投じられた6球目、アウトコースに沈むフォークボールが見事に決まった。デストラーデのバットが空を切る。見事な三振奪取だった。マウンド上の金沢はグラブをポンと叩き、小さく叫んだ。

「あれが、プロ人生で最高のピッチングでした。いいバッターは必ず打ちにいく。僕はデストラーデを信じたんです」

ベテランの読みが冴えわたっていた。

次に試合が動いたのは6回表、西武の攻撃だった。前のイニングに一世一代のピッチングを見せた金沢がつかまった。代打の鈴木健が逆転のスリーランをレフトスタンドに叩き込んだ。これで6対4。レフトスタンドを中心に神宮球場は歓喜の渦に包まれる。

しかし、ヤクルトもまだまだ食らいついていく。小雨が降り始めた6回裏には、五番手の鹿取から、この日3本目となる橋上のセンター前ヒットをきっかけに、代打の秦、一番・飯田の連打でチャンスを広げると、野村は初戦で満塁弾を放った杉浦を代打に送る。ここで杉浦は四球を選び、押し出しで1点を追加。6対5と1点差に詰め寄った。

雨が上がり、西日が差し始めていた7回裏には第五戦でようやくシリーズ一号を放っていた五番・ハウエルに同点弾が飛び出した。続けて、橋上がヒットを放ち、二塁への盗塁を決める。これで橋上は4打数4安打。見事なラッキーボーイだった。このチャンスで、続くパリデスがセンター前にタイムリーヒット。ヤクルトが7対6と逆転に成功する。ラッキーボーイの橋上が華麗なスライディングでホームイン。橋上は言う。

「シリーズが始まったときはすごく緊張していたんですけど、試合が進むにつれて緊張もほぐれていました。この日は、いわゆる《ゾーン》に入った試合でした。〝ボールが止まって見える〟とは言わないけど、次にどんなボールがどの辺のコースに来るのか、何となくイメージが湧いていました。一打席目にホームランを放ったことですごく気持ちに余裕が生まれていました」

しかし、この大活躍にはきちんとした根拠があった。たとえば、4回裏に放ったツーベースヒットは、完全に西武バッテリーの配球を読んで打ったものだった。

「僕の打席の直前に池山がホームランを打ちました。あれはカーブだったはずです。試合前のミーティングで、キャッチャーの伊東さんの傾向として、〝変化球を打たれたケースでは同じボールを投げてくる〟というデータがありました。だから、このときはカーブにヤマを張ってヒットを打ちました」

セカンドへの盗塁にも、やはり根拠があった。

「あの場面はワンボールからの2球目で走ったはずです。あのときは初球を投げる前に牽制が来ました。それで、〝もう牽制はない〟と思いました。そして、バッターはパリデスで、ピッチャーは鹿取さん。〝次はシンカーを投げるだろう〟と確信しました。右バッターへのシンカーというのはキャッチャーとしてはものすごく投げづらいボールです。〝走るならこのボールだろう〟と迷いなくスタートを切れました。今思えば、やっぱり《ゾーン》に入っていたんだと思いますね」

三年目を迎えていた野村ID野球は着実に実を結ぼうとしていた——。

「あと一人」から見せた、西武の怒濤の攻撃

7対6とヤクルトリードのまま最終回を迎えた。

9回表、西武の攻撃は二死走者なし。このときライトを守っていたのが秦真司だ。

「確かに、〝あと一人〟という状況だったけど、ホームランで同点の場面だからまったく油断はしていませんでした。打席の大塚が何球も粘っていましたけど、カウントや球種によって、一球一球、念入りに守備位置を変えて用心していました」

左打席に入った大塚は追い込まれながらも、粘りに粘ってフォアボールで出塁する。二死一塁。打席に入ったのは三番・秋山だった。秦が述懐する。

「ランナーが一人出た。しかも、足の速い大塚です。当然、頭の中は〝一塁ランナーは絶対に返してはいけない〟という思いです。定位置よりも深めに守り、絶対に間を抜けさせない

守備位置を取りました」

ベンチの首脳陣も、秦自身も、いずれも「ここは深めに守る」と判断した。セオリー通りだった。一方、一塁走者の大塚は言う。

「9回ツーアウトで1点負けていましたから、一気にホームインするつもりでした。まず外野手の位置を確認します。レフトの橋上さん、センターの飯田は強肩です。対して、ライトの秦さんは右ひじを故障しているという情報を思い出していました」

大塚の言うように、秦が右ひじの遊離軟骨に苦しんでいるという情報は西武ナインの誰もが事前のミーティングで共有していた。三塁コーチの伊原春樹が振り返る。

「もちろん、秦のひじの状態がよくないということは知っていましたし、このとき私はヤクルト外野陣の位置を再度確認しています。当然、外野手はみな深めの位置で〝1点もやらないぞ〟という守備体形でした。でも、深めの当たりであれば私はホームインさせるつもりでいました」

そして、ツーストライクからヤクルト四番手の伊東が投じた3球目。秋山の打球はセカンドを守るパリデスの頭上を越える低いライナーとなった。

右中間に飛んだライナーが、人工芝の上で小さく弾む。あらかじめ深めに守っていた秦はかろうじて回り込んで捕球した。

「定位置で守っていたらフェンスにまで到達していたと思います。でも、深めに守っていたので抜かれずに済んだ。とにかく一塁走者をホームインさせてはいけないから、僕はワンステップですぐにセカンドに返球しました。元々、守備は得意ではないけど僕なりのベストのプレーでした」

打球の行方を確認しながら、三塁コーチの伊原は「行ける！」と確信していた。大塚が二塁ベースを蹴ったときにはすでに大きく右手を回していた。大塚は言う。

「打球が目の前のパリデス選手の頭上を抜けていくのが見えました。この場面で、僕が自分の目で打球を見たのはこの瞬間だけで、その後は伊原さんの右手だけを見ていました。打球方向から考えて、当然サードに向かうつもりでした。その一方で、〝ひょっとしたら、ホームインできるかも？〟という思いもありました」

スタートを切るのが苦手で俊足ながら盗塁の少ない大塚だったが、中間走の加速スピードはチーム内でも群を抜いていた。

「大塚の足の速さと打球の行方、秦のひじ。すべてを考慮すれば答えは一つ。もう何も迷わずに〝ゴー〟ですよ」（伊原）

セカンドのパリデスにすばやく返球した秦は、大塚がサードベースを蹴った瞬間をハッキリと記憶している。

「大塚がサードを回った瞬間、僕は〝やったアウトだ〟と思いました。でも、セカンドのパリデスの返球がワンテンポ、いやツーテンポ遅れたんです……」

秦からの返球を受けたパリデスはひと呼吸おいてからホームベースを死守する古田に返球する。本来ならば悠々とアウトにできるはずの打球だった。しかし、パリデスの一瞬の気の緩みによってクロスプレーとなった。大塚は言う。

「クロスプレーの場合、〝とにかくキャッチャーに体当たりをしろ〟というのがこの当時のライオンズの約束事でした。もちろん僕も、古田さんめがけて体当たりをするつもりでいました」

コリジョンルールが採用されるはるか以前の話だ。本塁上でのラフプレーは当たり前だった。しかし、ここで西武にとって思わぬ幸運が訪れる。

「僕の場合、走り始めてしばらくしてからトップスピードに達するため、三塁ベースを回るときには最高潮のスピードでした。そのため、三塁を鋭角に回ることができずに、最短距離ではなく、大きく膨らんでしまったんです。でも、膨らみを持ってしまったことで、古田さんのお尻の後ろにハッキリと白いものが見えたんです」

大塚の言う「白いもの」とは、もちろんホームベースの一角だった。

「……そうなれば話は別です。体当たりをするのではなく、古田さんのタッチをかいくぐって回り込むことに決めました」

ライト・秦、セカンド・パリデスを経て、白球が古田のミットに収まった瞬間、大塚は身をよじるようにして、左手でホームベースにしっかりと触れた。

9回表、「あと一人」、いや「あと一球」という場面からのあっという間の同点劇となった。土壇場まで追い詰められても、一瞬で試合を振り出しに戻してしまう驚異の集中力。まさに、西武の底力を見せつけた瞬間だった。

しかし、西武の凄みはそれだけではなかった。伊原が振り返る。

「この場面、大塚がよく走って同点に追いつきました。でも、打者走者の秋山が二塁に進まずに一塁にとどまったままだった。ボールはホームに投げられています。当然、打者走者は二塁に進んでいなければならない。私はもちろん、ベンチからも秋山の走塁に対して不満の声が上がっていました」

映像を確認すると、二死走者なしから同点に追いつき、レフトスタンドの西武ファンが盛り上がる中で、三塁コーチの伊原は一塁の秋山を指さして大声で何事かを叫んでいる。このとき、一塁ベース上で秋山は何を思っていたのか？　四半世紀以上も昔の出来事について尋ねると、秋山は「これは間違いなく、オレのミスだね」と白い歯をこぼした。

「自分の目の前をボールが通過していったから止まっちゃったんだと思います。〝やった、ヒットを打った〟っていう喜びで終わっているんです。でも、本来ならば一、二塁間でおとりになって挟殺プレーを誘う準備をしなければいけなかった。だけど、そこまで気が回っていなかったんでしょうね。強いて言えば、僕に指示を出さなかった一塁コーチが悪いんでしょう（笑）」

この場面を尋ねると、秋山同様、大塚の表情も緩んだ。

「僕がホームインしたのに、三塁コーチの伊原さんが大声で怒鳴っていました。三塁ベンチにいるナインたちも文句を言っていましたし、当の秋山さんも悔しそうにしていました。誰一人、同点になったことを喜んでいない。むしろ、〝どうして逆転のランナーがセカンドに進んでいないんだ〟と怒っている。これこそがあの頃の西武の強さの象徴だったんだと思います」

目の前から勝利がこぼれ落ちた瞬間、ライトを守っていた秦は茫然としていた。

「確かに僕は守備が得意なタイプではありませんでしたが、自分なりにきちんと準備をして、できうる限りのプレーをしました。だけど、一瞬の隙をつかれてあっという間に同点に追いつかれました。あの場面こそ、ヤクルトと西武の差、勝利に対する意識の違いが出てしまったんだと思います」

マウンド上の伊東は後続を断って、同点のまま試合は延長戦に突入する。実にシリーズ三度目の延長戦だった。勝利の女神はどちらに微笑むのか、誰にもわからなかった。

伊東勤の配球を完璧に読み切った秦真司

延長10回表、西武の攻撃は三者凡退で終わった。

ヤクルトの攻撃は八番のパリデスからだった。時刻は16時半を過ぎている。夕日は西に傾き、太陽はスタンドの向こうに姿を消そうとしていた。このとき、ネクストバッターズサークルに控えていたのが、代打出場から九番に入っていた秦だった。

マウンド上の潮崎は相変わらずテンポよく投げ続けている。秦にとって潮崎は鳴門高校の後輩だった。後輩相手に期するものがあった。

パリデスはセカンドゴロに終わった。秦はヘルメットを目深にかぶり直す。その額には真一文字のテーピングが施されていた。負傷ではない。別の理由があった。

「おでこのテーピング？　はいはい、していましたね。王（貞治）さんがホームランを打ったときの写真を見ると、どれも眼球がガッと開いているんですよ。人間っていうのはガッと目を見開くと集中力が増すらしいんです。それで、おでこにしわを寄せてテーピングで固定して、目を見開いた状態のまま打席に向かったんです」

さらに、秦は西武の女房役・伊東の配球パターンも頭の中で整理して、頭脳がクリアな状態で潮崎と対峙していた。

「基本的には真っ直ぐ狙いで打席に入りました。で、初球はボール。2球目はボールだと思って見逃したらストライクとなりました。そして3球目、4球目は完全なボール。カウントはスリーボールワンストライクです。ボール先行カウントだと伊東のリードは変化球中心になるんです。でも、シンカーはストライク先行のときにしか投げてこない。そうなると狙いはスライダーしかありません。基本的にはストレートをイメージしつつ、頭の一方ではスライダーの軌道も描いておく。こうして5球目を待ちました」

秦の読みは完璧だった。ここで潮崎が投じた5球目は真ん中に甘く入るスライダーだった。バットが一閃すると、白球はあっという間にライトスタンドに飛び込んだ。

打たれた潮崎が、この場面を振り返る。

「秦さんについては結局、自分で勝負にいけなかったのがああいう結果になったんだと思うんですよ。心から、〝打てるものなら打ってみろ！〟と投げたボールじゃなくて、カウントが悪くなったので、〝とりあえずストライクを取らなくちゃ〟って投げた甘いスライダーでした。前の試合で池山さんに打たれたときは〝もっと他の攻め方があったな〟って反省もできたんですけど、秦さんの一発に関しては反省のしようがない。完璧に打たれました。この日も調子は悪くなかったんです。でも、秦さんのときだけは全然、思ったところに投げられなかった。……どうしてなのかな？　高校の先輩だからかな？」

歓喜に沸くライトスタンド、そして一塁側ベンチ。勝利監督インタビューに備えて、野村は慌ててジャンパーを脱ぐ。その表情は柔らかい。

「継投策の難しさを改めて認識しましたね。今日は二番、三番、四番を除いてはよく打ってくれました。ここまでくれば、選手たちには最後の試合ですから、今日は帰ったら、〝楽しめ〟と、〝結果はどうであれ一年の集大成、とにかく楽しくいこう〟と言うつもりです。《日本一》だとか、《優勝》だとか考えずに、それぞれが〝野球をやっていてよかった〟というような、そういう試合をしたいですね」

続けて、秦のヒーローインタビューが始まる。秦はヘルメットをかぶったままだ。インタビュー中も何度もヘルメットのつばを気にしている。おでこに貼ったテーピングがテレビに映るのではないかと気になっていたからだ。

「本当は9回で終わってほしかったです。大塚にうまい走塁をやられたんで……。僕のところで点を取られた感じだったんで、〝何とか繋げて点が取れたらいいな〟と思っていました。〝とにかく甘い球を思い切り叩いたら、後は結果がついてくるだろう〟とボールを強く叩くことだけを考えて打席に立ちました。明日はチャレンジ精神で思い切ってやるだけです」

報道陣に囲まれながら森が球場を後にする。その口調はやはり淡々としたものだった。

「鹿取にしても、潮崎にしても、本当によく投げた。こちらとしても、打てる手はすべて打って負けただけ。ただ、勝ち運がこちらになかっただけのこと。これで三勝三敗、戦前に私が予想した通りの結果になった」

二転三転したゲームは劇的な幕切れを迎えた。ここまで三度の延長戦、すべてヤクルトが勝利していた。対戦成績は三勝三敗。勢いは完全にヤクルトにあった。

運命の第七戦は西武・石井丈裕、ヤクルト・岡林洋一が満を持して登場する。

森祇晶と野村克也の熾烈な戦いは、ついに最終章を迎えることとなった——。

第五章
詰むや、詰まざるや
――10月26日　第七戦

岡林洋一、石井丈裕、それぞれの朝

（はたして、今日は誰が投げるんだろう？）

決戦の日の朝、岡林洋一はそんな思いとともに目覚めた。

前日の試合前はもちろん、第七戦開催が決まった試合後も「明日はお前だ。頼むぞ」という言葉は誰からも聞かれなかった。新聞紙上でも、夜のスポーツニュースでも、「第七戦は岡林」と報じられている。しかし、当の本人にその通達はない。

チーム事情を考えると、もはや投げられるのは自分しかいない。それでも、野村克也監督からも、石岡康三投手コーチからも何も言われていない。

（オレは今日、投げるのだろうか……）

そんな思いで神宮球場に着くと、石岡がやってきた。

「今日は頼むぞ」

マスコミ報道通り、やっぱり自分が投げるのだ。意気に感じた。しかし、身体は思うように動かない。はたして本当に投げられるのだろうか？

……いや、泣いても笑ってもこれが最後の試合だ。

戦前には「○勝四敗で敗れ去るのではないか」と不安を抱き、「せめてセ・リーグ覇者としての意地を見せたい」と考えていた。

しかし、三勝三敗と五分の成績で最終戦までもつれ込んだ。投げられるのかどうかではない。投げねばならぬのだ。他に誰もいない以上、自分が投げるしかないのだ。

ペナントレースでともにローテーションを守り続けた西村龍次はまったく投げられない。シーズン終盤まで奮闘した内藤尚行もひじの痛みに苦しんでいる。年齢は下だが、先にプロ入りして実績を上げていた川崎憲次郎は故障のためにベンチ入りすらかなわなかった。

投げたくても投げられない仲間たちの無念は痛いほどわかる。

どこまで投げられるのかはわからない。それでも、全力を尽くしてマウンドに上がるしかないのだ。誰かが投げねばならない。期待の人が自分ならば、古田敦也のミットめがけて、全力投球を続けるしかないのだ。

「先発を告げられたのは当日の朝でした。たぶん、首脳陣も迷っていたんじゃないですかね。もしも投げられるのならば西村が行くべきだったと思います。でも、西村はまったく投げられない。第七戦の先発は当日の朝に告げられたけど、〝自分が投げるしかないだろう〟という思いはあったから、驚きはしなかったです。短期決戦でここまで来て、〝心の準備がどうのこうの〟と言っている場合じゃなかったですし……。でも、身体はもう限界でした。ふくらはぎはパンパンで走ることもできない。いや、足も、腰も、腕も、全部が悲鳴を上げている状態です。ろくにウォーミングアップすらできないんですから仕方ありません。でもね、こんな状況であろうと何であろうと〝ダメです、投げられません〟って言うピッチャーなんていないですよ。嬉しい？　……いや、嬉しかったかどうかはわからないです。でも、〝自分が行くしかない、オレがやるしかないんだ〟、そんな思いが強かったことは覚えていますね」

シリーズ三度目の先発登板だった。

初戦は延長12回を一人で投げ切った。二度目の登板となったのは中四日で迎えた第四戦。このときも8回を一人で投げ抜いたが、味方の援護がなく秋山幸二のソロホームランの1点で敗れ去った。そして、中三日で迎えた第七戦。三度目の指名を受けた。

すべての人の期待を背負って、岡林がマウンドに上がる。

＊

石井丈裕はほとんど眠れずに朝を迎えていた。

第七戦の先発を言い渡されたのは、前日の第六戦の試合前のことだった。ちょうど28歳の誕生日を迎えたこの日、石井は重要な任務を託された。

予期していたこととはいえ、その瞬間から石井の気持ちは昂っていく。

普段から先発前夜は興奮のために寝つけなかった。だから、先発前々日はあえて一睡もせずに過ごし、先発前日は強制的に眠れるようにしていた。しかし、短期決戦においては、いつ自分が投げるのかは明確ではなかった。

スポーツ新聞紙上では「第七戦は石井」という文字が躍ってはいたが、状況によってはいつ投げるのかまったく予断を許さなかった。そして、ついに第七戦の先発が告げられた。もはやるしかなかった。この日も「明日に備えて」と布団に入ったものの、やはり寝つきは悪かった。

外出禁止だったにもかかわらず、直前合宿の舞台となった東京プリンスホテルから抜け出しパチンコ店に足を延ばした。しかし、パチンコ玉をはじいていてもプレッシャーは少しも軽くはならない。もはや、開き直るしかなかった。

この年のペナントレースは自分が中心となってローテーションが回っていたという自負があった。15勝3敗という文句のない成績で沢村賞にも輝いていた。

こうして迎えた日本シリーズ。三勝一敗と有利な展開となったものの、気がつけば三勝三敗の五分となっていた。日本一の懸かった第七戦、そのマウンドに自分が指名された。一勝三敗の土壇場から、劇的な勝利で対戦成績をタイに持ち込んだヤクルトには勢いがあった。けれども、10点奪って大勝した翌日に打線が沈黙するようなことはよくあることだった。「明日の試合は明日になってみなければわからない」、そんな思いを抱いていた。

早稲田実業学校時代には荒木大輔の控えだった。法政大学時代には阪神タイガースに入団した猪俣隆がエースの座に君臨していた。マスコミ上では常に「二番手の男」と称されていた。周りがどう言おうが別に気にしていなかったけれど、プロに入り、常勝西武の一員となった今、最後の最後の大一番に自分が指名された。

石井はこれまで、山本浩二監督率いる広島東洋カープと対戦した1991（平成3）年の第二戦、そして第六戦の二度、日本シリーズのマウンドに上がっていたが、いずれもリリーフ登板だった。しかし、今回は堂々の主軸としてシリーズに臨んでいた。ずっと抱いていた、「日本シリーズで先発したい」という思いがようやく叶った。

故障のために郭泰源、工藤公康を欠いていた。投げられるのは自分しかいなかった。

意気に感じないはずがなかった。

（寝られないのなら、別に寝なくてもいいだろう……）

ある種の開き直りとともに、石井は朝を迎えた。

「本当はゆっくり寝て、スッキリ起きたかったんですけど、寝られなかったですね、緊張して。前夜は宿舎の周りを一時間ほど散歩してから床に就きました。あの頃は中五日、あるいは中六日で投げるのが普通でした。もちろん、シーズン中にも何度か中四日で投げたことはあります。でも、やっぱり疲労度は全然違います。中四日だと、何て言うのか、時差ボケの中で投げているような感覚なんです。身体が全然動かないんです。何か一日中、ボーッとしているような感じなんです。この日、ヤクルトは岡林君が中三日で投げるだろうと言われていました。中四日でこんな感覚なのだから、中三日だともっと身体は動かなかったはずです。ただ気力だけで投げるしかない。そんな状態だったんじゃないのかな？　僕としては、とにかく自分のピッチングをするだけ。そんな思いでした」

ヤクルト・岡林は中三日、対する西武・石井は中四日。総力戦で迎えた第七戦は、両軍ともに頼れる右腕にチームの命運が託された。

先攻の西武も、後攻のヤクルトも、ともに第六戦とはオーダーを変えてきていた。

西武・森祇晶監督は、前日の第六戦でまずい守備を見せたデストラーデをレフトからファーストへ変更し、それに伴って清原をサードに、石毛をショートに起用していた。さらに、それまではすべて代打出場だった安部理を初めてスタメン起用している。

【西武ライオンズ】（先攻）

（二）辻発彦

（右）大塚光二

（中）秋山幸二
（三）清原和博
（一）オレステス・デストラーデ
（遊）石毛宏典
（左）安部理
（捕）伊東勤
（投）石井丈裕

相手は岡林だ。そう簡単に点は取れないだろう。確実に一点勝負になる。ならば、守備のミスは絶対に避けねばならない。その一方では攻撃型のオーダーも組まねばならない。森の苦悩が透けて見えるようなスターティングオーダーだった。

【ヤクルトスワローズ】（後攻）
（中）飯田哲也
（左）荒井幸雄
（捕）古田敦也
（一）広沢克己

(三)ジャック・ハウエル
(遊)池山隆寛
(右)秦真司
(二)ジョニー・パリデス
(投)岡林洋一

ヤクルト・野村監督は、第五戦から出場してラッキーボーイとなっていた橋上秀樹をベンチスタートとし、前日のヒーロー、秦をライトでスタメン出場させた。

開場と同時に詰めかけた熱心なファンが試合開始を待ちわびている。両軍ファンの期待感が神宮球場に満ちあふれている。

ドリマトーン奏者・森下弥生の高揚が、そのまま音色となって場内に響き渡る。

一塁側ブルペンでは岡林が、三塁側ブルペンでは石井が、黙々と投げ続けている。

センターからホームベースにかけて時折、強い風が吹いている。

抜けるように澄み渡った青空が神宮球場の上空に広がっている。

12時33分、ついに最終決戦が始まった——。

森祇晶と野村克也が抱いた共通の思い

神宮球場のマウンドに立った背番号《15》は無心だった。

試合前にはまったく身体が動かなかったのに、球審・谷博による「プレーボール」の声を聞くと同時に、まるで何事もなかったかのように身体が動き出す。

初回は二番・大塚に詰まった当たりでライト前ヒットを打たれたものの、三番・秋山、四番・清原を簡単に打ち取った。まるで疲れを感じさせない、上々の立ち上がりだった。対する石井も、ストレートを中心に初回を三者凡退で切り抜けた。こちらも、ほぼ一睡もしていないとは思えない上々の出来だった。

両投手は3回を終えて無失点。試合が動いたのは4回裏、ヤクルトの攻撃だった。この回先頭の一番・飯田がレフトへツーベースヒットを放つ。この試合で初めてスタメン起用されたレフト・安部のまずい守備に助けられたが、これがヤクルトの初ヒットとなる。野村もまた「この試合は一点勝負だ」と考えていた。ノーアウトでの出塁。しかも、ランナーは俊足の飯田だ。作戦は一つしかなかった。

左打席に入った二番の荒井は、最初からバントの構えをしている。カウントワンボールワンストライクからの3球目、荒井の打球は三塁前に転がった。定石通りのナイスバントだった。マウンドから石井がすばやく駆け降りる。三塁は間に合わない。キャッチャー伊東の指示に従い、石井は一塁に送球する。

しかし、この送球が打者走者の荒井と交錯する。一塁カバーに入ったセカンドの辻は捕球できない。白球は一塁側ファールグラウンドを転々とする。これを見て、三塁ベースに到達していた飯田が悠々とホームイン。待望の先制点は相手のミスから献上された。緑色のメガホンを持って、必死に声援を送るヤクルトファンの歓喜が爆発する。石井は言う。

「僕は元々、バント処理がうまくないんです。むしろ、普通よりもちょっと下手なぐらい。この場面は焦ってしまった僕のミスです……」

ついに、試合が動き出した。この1点が岡林に、そして石井にどう影響するのか？

リードをもらった岡林は、この1点をさらなる力に変えた。5回表には安部にセカンド内野安打を打たれたものの、後続を断ち切った。続く6回表は二番・大塚、三番・秋山、四番・清原と上位打線が立ちはだかった。

しかし岡林は、大塚にはスライダーで、続く秋山には力のこもったストレートで連続して空振り三振を奪った。そして、四番の清原にはアウトコースのカーブで見逃し三振。

三者連続三振――。

中三日での登板とは思えない、気迫のこもった見事なピッチングだった。

一塁側ベンチの野村から白い歯がこぼれる。対する三塁側の森の表情はまったく変わらず、腕を組んだままじっと戦況を見つめている。このとき森は何を考えていたのか？

「ある程度の戦いを続けてきた短期決戦の最終戦というのは、相手ピッチャーが代わるということほど大きな喜びはないんだね。リリーフ陣にも第六戦までの疲れは当然溜まっている。試合が続けば続くほど、継投策は難しくなるんです。投手が代われば、当然、隙ができるからつけ込みやすくなる。ということは、相手だってこちらのピッチャーに対して〝早く代えてほしい〟と思っている。私だって、〝早く岡林を代えてほしい〟と思っていた。当然、野村さんは〝石井を代えてほしい〟と思っていたはずですよ」

このとき、野村は何を考えていたのか？

「投手の代えどきですよ。岡林が必死の状態で投げ続けている。監督としては、〝このまま最後まで投げ切ってほしい〟と思っていますよ、当然。でも、もしもの場合に備えて次の投手のことも同時に考えている。だけど、岡林以上の投手はうちにはいない。ならば、打線にもっと点を取ってもらいたい。でも、相手のマウンドには石井丈裕がいる。〝早く石井を代えてほしい〟、そんな思いで見ていましたよ」

森も、野村も同じことを考えていた。

――早く投手を代えてほしい。

もちろん、相手監督の思いも、それぞれが痛いほど理解していた。だからこそ、やはり、同じことを考えていた。

——うちの投手は絶対に代えられない。

ヤクルトのブルペンでは早くから伊東昭光が投げ続け、西武のブルペンでは鹿取義隆と潮崎哲也が急ピッチで肩を作っている。まるで剣の達人同士、あるいは名人同士の王将戦のような、じりじりとした読み合いが続く中、試合は進んでいく。

野村と森、岡林と石井、そして石毛の執念

膠着した試合が動くのは、大抵の場合がミスが生まれたときだ。

7回表、西武の先頭打者、デストラーデの強烈なセカンドゴロをパリデスがはじいた。続く石毛が丁寧に送って一死二塁。スコアリングポジションに走者が進んだ。

ここで、森が動く。代走からレフトに就いていた笘篠誠治に代わって、前日の第六戦でスリーランホームランを放っている鈴木健を代打に送った。

もちろん、野村は動かない。岡林は動ぜず、鈴木をショートフライに打ち取る。そして、ヤクルトベンチは八番・伊東を敬遠する。これで二死一、二塁。バッターは石井だった。

野村は思う。

(石井に代打を送ってくれ……)

森は思う。

(石井に代打は送れない……)

野村にとって、石井が降板しさえすれば代打は誰でもよかった。

しかし、森は動かない。森にとって、ここはどうしても同点に追いつきたい場面だった。

そのためには代打を送るしかない。森が振り返る。

「このとき打席に入った石井は、西武投手陣の中でもバッティングが得意な方ではありませんでした。1点負けている場面、ここは代打を送るべきケースかもしれない。でも、うちはもう石井以上の投手はいなかった。石井を代えるわけにはいかなかった。ここで点を取れなくても、次の回は一番の辻から始まる。そんな思いもありました。同時に、〝もしもこの試合に負けたら、なぜ石井に代打を出さなかったのか、と大いに叩かれるだろう〟という思いもありました。それでも、ここは動けない。動くべきではない。それが私の判断でした」

岡林が投じた初球はアウトコースへの緩いカーブだった。石井は空振りする。まったくタイミングが合っていない。続く2球目も緩いカーブ。再び石井は空振りする。

このとき、バッターボックスの石井は何を考えていたのか?

「最初、〝ここは代打が出るだろう〟と思っていました。大輔はよく知っていると思うけど、僕は高校時代からバッティングは全然ダメでした。自分でも打てるとはまったく思っていませんでした。でも、代打は出ない。自分が打席に立つことになったときに、ベンチにいた石毛さんに呼び止められました。〝バッティングもピッチングと一緒だからな。気持ちでいけよ〟って言われたんです」

この場面について、石毛が述懐する。

「あぁ、言いましたね。〝お前はバットを振ってもどうせ当たらない。だから、当てにいくな。バットをぶつけろ〟って言いました。そして、〝最後は気持ちだ！〟とも言いました。僕には〝ＩＤ野球何するものぞ〟の思いがありましたから、〝気持ちで打て、気持ちで投げろ〟という思いだったんです」

マウンド上の岡林は、このとき石毛と石井の間でどんな会話がなされていたのかは、当然知らない。しかし、石井をツーストライクまで追い込んだとき、三塁側ベンチで必死の形相で叫び続ける「石毛の存在が気になった」と振り返る。

「この場面、僕は〝代打を出してくれたらありがたいな〟と思っていました。たとえ代打が出てきても、僕がきっちり抑えればその後には味方のチャンスが訪れると思ったからです。でも、石井さんがそのまま打席に入りました。簡単にツーストライクまで追い込んだんですけど、三塁側ベンチで石毛さんが必死に叫んでいる姿が目に入りました。それはもうすごかったです。あの場面、両軍でいちばん必死だったのは僕らではなく石毛さんでした。僕はあのとき石毛さんの圧をマウンドで感じていました……」

石毛の存在を意識しながら、岡林はひたすらカーブを続ける。

そして、ワンボールツーストライクからの6球目、マウンド上の背番号《15》が投じたのは真ん中に入った甘いカーブだった。石毛の指示通り、石井は「当てる」のではなく、「ぶつける」スイングで白球をとらえた。

このとき、神宮球場ではセンターからホーム、レフトからライトへと風が舞っていた。打者は打撃に自信のない石井だ。センターの飯田は俊足で守備範囲が広い。飯田は極端な前進守備を敷いていた。打球はぐんぐん伸びていく。しかし、名手飯田は確実にボールをとらえていた。左手を大きく伸ばす。白球が落ちてくる。

その瞬間――。

両軍ベンチ、そして3万4101人の大観衆は信じられないプレーを目撃する。飯田が差し伸べたグラブから白球がこぼれ落ちた。本当に信じられないプレーだった。

野村克也の指示によって、セカンド、そしてセンターに

拓大紅陵高校時代に甲子園出場を誇る飯田は、1986(昭和61)年ドラフト四位で捕手としてヤクルト入りしている。入団時にはベテランの八重樫幸雄がレギュラー捕手として君臨していた。さらに、88年からは法政大学から入団した秦真司が正捕手となり、飯田がプロ

初出場を果たしたのは入団から三年目の89年のことだった。

待望のプロ初出場を経験し、「よし今年こそ」の思いで臨んだ90年シーズン。ヤクルトの監督に就いたのが野村克也だ。初めてのキャンプで野村は飯田に声をかけた。

「お前はこんなに足が速いのに、どうしてキャッチャーなんかやっているんだ？」

このときの会話はここで終わった。それでも、野村のこのひと言は飯田の胸に深く刻まれることになった。当時のことを本人が振り返る。

「この頃のヤクルトにはこの年入団したルーキーの古田さん、八重樫さん、秦さん、中西（親志）さんなどが、キャッチャーとして控えていました。ただ、僕は元々キャッチャーに対するこだわりはなかったんです。高校時代にたまたまキャッチャーをやって、そのままプロに指名されただけでしたから、出場機会があるのならばポジションはどこでもよかったんです」

俊足を買われた飯田は、野村監督の初年度となる90年に開幕一軍の切符を勝ち取り、初めて与えられたチャンスを見事にものにした。

「ベンチで試合を見ていたら、監督にいきなり〝飯田、代打で出ろ！〟と言われて、笘篠さんの代わりに出たら、たまたまホームランを打つことができたんです。そして、そのまま笘篠さんに代わって、セカンドを守ることになりました。それまでセカンドの経験はありません。仕方ないので、丸山（完二）コーチのグラブを借りました。で、そのままセカンドを守ることが増えていきました。何の説明もないままで」

こうして、飯田は「何の説明もないまま」セカンドを守るようになった。

さらに、翌91年にも転機が訪れる。この年、「センターを守れる」という触れ込みで入団したジョニー・レイが「本職のセカンドしかやりたくない」と強固に主張したことにより、飯田がセンターに押し出されることとなった。

後に飯田の応援歌において「キャッチャー、センター、セカンド、どこでも守れる」と歌われるのは、こうした経緯があったからだった。当時、激しいレギュラーポジション争いをしていた橋上が、この頃の飯田を解説する。

「めったに人を褒めることのない野村監督が飯田に関してはずっと、〝いい野球センスをしている〟と褒め続けていました。俊足で鉄砲肩で、飯田には天性の野球センスが備わっていた。野村さんは飯田のことを天才だと認めていたのです」

センターにコンバートされた91年から七年連続でゴールデングラブ賞を獲得する守備の名手は、こうした経緯を経て誕生したのだった。

しかし、その飯田がボールをはじいてしまった。

「あれは絶対に捕れました……」

飯田は、そう切り出した。

「あのとき、レフトからライトに緩やかな風が吹いていました。もちろん、風も計算に入っていました。打球が飛んできて、〝追いついた〟と思ったんですけど、思ったより伸びました。でも、グラブには当たっているのに……。僕の完全な油断でした」

一塁側ベンチで戦況を見守っていた橋上がこのプレーを振り返る。

「あのフライ、十回打ち上げたら、八回、いや九回は飯田なら捕りますよ。あれをグラブに当てて捕れないなんて、まぁあり得ないですよ。でも、そんなことが実際に起こった。〝野球の神様っているんだな〟って思いました。終盤、あの場面で代打を出さない森さんに、監督としての執念を感じました。理屈ではない。まさに野球の神様の仕業でした」

三塁側ではチームリーダーの石毛がベンチを飛び出し、青いメガホンを壊れんばかりに叩いて喜びを表している。再び、飯田が振り返る。

「僕がいちばん思い出したくないプレーです……。絶対に捕れました。〝よし、追いついた〟という油断でした。記録はヒットになっていますけど、完全なエラーです」

二十年に及ぶ飯田の現役生活において、「もっとも思い出したくないプレー」がこの瞬間だった。一方、「生涯のベストプレー」も、一年後の西武との日本シリーズで飛び出すのだが、それは第二部で詳述したい。

ついに同点に追いつかれた。すでに限界に達しながら投げ続けていた岡林にとって、張り詰めていた緊張の糸がプツリと切れた瞬間だった。

……いや、そうではなかった。岡林は言う。

「確かに、同点には追いつかれたけど、マウンド上で僕はなぜだか嬉しかったんです。だって、〝あんなに強い〟と思っていた西武をここまで本気にさせているんですよ。石毛さんが必死になって青いメガホンを叩いて叫んでいる。僕らが、西武を本気にさせているんですよ。自分でも不思議なんだけど、嬉しかったんです……」

7回表が終わった。試合は振り出しに戻った。

一死満塁、再び杉浦享が左バッターボックスに立つ

7回裏、もう一つのドラマは四番・広沢のレフト前ヒットから始まった。広沢にとって、実に十八打席ぶりのヒットだった。ハウエルは倒れたものの、池山、秦が続いて、あっという間に一死満塁のチャンスが訪れた。野村が一塁側ベンチから出てくる。

――代打、杉浦！

第一戦、杉浦の放った代打満塁サヨナラホームランのことは誰もが生々しく記憶していた。前日の第六戦では、満塁の場面で押し出しのフォアボールも選んでいる。同点の場面、「満塁ホームラン」とは言わずとも、最低でも犠牲フライで勝ち越したい。それが野村の、そし

てヤクルトファンの願いだった。

　このとき、マウンド上にいた石井が述懐する。

「当然、初戦の満塁ホームランのことは頭をよぎりました。でも、〝少しタイミングを外せばゴロで打ち取れるかもしれない〟とも考えていました。フライを打たれてはいけない場面でしたから、とにかく低め、低めを意識する。あの当時の僕のスライダーって、今でいうカット気味だったんです。真っ直ぐが140キロ中盤ぐらい。で、スライダーが130キロ台だったんです。普通、スライダーって120キロ台なので、僕の場合は少し速かった。だから、シュート、あるいはスライダーを投げる意識だったと思います」

　一方、打席に入った杉浦はこんなことを考えていた。

「初戦のことがあるから、〝間違いなく低めにしか投げてこないだろう〟、そう考えていました。だから、フライを打つのは難しい。そして、インコースだと抜けて真ん中付近になるのが怖いから、〝アウトコース一辺倒だろう〟とも思っていたので、アウトコース低めの変化球に意識を置いていました。内野は中間守備でしたから、手首を返して引っかけた打球で一、二塁間を狙おう。そんな意識だったと思います」

　一塁側ベンチでは野村が立ったまま戦況を見つめている。一方の三塁側ベンチでは森がベンチ後列に腰を下ろし、腕を組んだまま微動だにしない。

　勝負の瞬間が訪れようとしていた。

西武の正捕手を長年務めてきた伊東勤は、この場面においても冷静だった。

「できれば、ゴロを打たせてダブルプレーにしたい」という思いを抱きつつ、「犠牲フライで1点は仕方ない」との思いも抱いていた。初戦、杉浦には鹿取の甘く入った高めのストレートを打たれていた。大ベテランに不用意な一球は厳に慎むべき場面だった。

初球はストレートを要求する。いや、追い込むまでは徹底的にストレートのサインを出し続けた。ボール、ストライク、ボール、ファール、そしてボール。

カウントはスリーボールツーストライク、フルカウントとなった。

5球目こそパームボールのサインだったが、なおも伊東はストレートを要求する。そして、石井が投じた6球目はアウトコース高めに浮いた。

(よし、打てる!)

杉浦は思った。打席に入る前にイメージしていた通り、アウトコースのボールを手首を返して一、二塁間にゴロを打とう。西武内野陣は中間守備を敷いていた。うまくいけば、ライト前ヒットになるかもしれない。杉浦は強振した。バットが根元から砕け散る。

(やった、狙い通りだ!)

バットは折れたが、打球は一、二塁間に飛んだ。杉浦の思惑通りだ。

セカンド・辻が一塁方向に歩を進める。辻が言う。

「この場面、僕は〝ここで勝ち越されたら負ける〟と考えていました。だから、どこに飛んでこようが、どんな当たりであろうが、誰がランナーであろうが、最初から〝ホームに投げる〟というつもりでいました。石井タケにはカット気味のスライダーがありましたから、一、二塁間に飛んでくる可能性は十分頭に入れていました。だから僕は、〝自分のところに飛んでくるもんだ〟というつもりで守っていた。そうしたら、本当に打球が飛んできたんです」

杉浦の打球が飛んでくる。辻は一歩、二歩、三歩目、半身のままキャッチした。

「あの打球が強い当たりならば、もっと正面に入ってきちんと捕球しました。でも、バットが折れて詰まった当たりだった。あの打球だと強いボールを投げないとホームは間に合わない。ならば、あえて半身で捕って勢いをつけて回転して投げる。逆回転の方が強い球を投げられる。そんな判断を瞬時にしました」

まさに、プロフェッショナルの凄みを感じさせる一瞬の判断だった。

森と野村の、「不動」という名の戦術

三塁走者の広沢は「ライナーには気をつけよう」と何度も頭の中で反芻し、「ライナーバック、ライナーバック」と念仏のように唱えていた。

一死満塁——。

ライナーで飛び出してダブルプレーを喫することだけは避けなければならなかった。ゴロならばタッチプレーはない。フォースプレーとして無心でホームベースを目指して駆け抜けるだけでいい。起こりうる事態を、頭の中で幾重にもシミュレートしていた。

そして、杉浦の当たりはセカンドへのゴロとなった。打球が転がった瞬間、広沢はただホームを駆け抜ければよかった。辻の送球は高めに浮いた。目の前ではキャッチャーの伊東が大きくジャンプしている。ホームベースはがら空きだった。その足元の白い物体に触れることができれば、力投する岡林に1点をプレゼントできる。

しかし——。

現実はそうはならなかった。スタートが一瞬遅れたため、がら空きのホームベースを目指すことなく、ジャンプから着地してくる伊東の足を目がけて広沢はスライディングをした。力のないスライディングだった。伊東と広沢が交錯する。一瞬の静寂の後に、球審の谷博のコールが響き渡る。

——アウト！

落胆するヤクルトファン、歓喜する西武ファンで神宮がどよめきに包まれた。

一塁ベース上の杉浦は「どうしてあの当たりでアウトになるんだ」と憤慨していた。自分の背後で何が起こったのか不思議で仕方なかった。三塁ベースにたどり着いた池山も「どうしてアウトになったのだろう?」と考えていた。もちろん、一塁側ベンチの野村も憮然としながら「しまった」と悔いていた。野村の懐刀だった丸山完二が述懐する。

「今から考えても、何が起こったのかわからなかったんだよね。杉浦のあの打球で、辻があの体勢からホームに投げてくるとは思わなかった。満塁の場面、ライナーがあるから、確かに慌ててスタートを切る必要はない。ゴロが転がった瞬間にはいいスタートを切って、ホームを駆け抜けていくという気持ちだけがあればよかった。だけど、あのときの広沢は打球を見てからツーッと走っていった。ダッと行けばセーフでしたよ。ただ、それを彼にきちんと指示しなかった。あれは私の完全なミスです。一死満塁になった時点で、広沢にきちんと状況を説明しておくべきでした……」

このとき、広沢は何を考えていたのか？　広沢の口は重い。

「あの場面、いまだに〝お嬢さんスライディング〟って言われていますよね。責任を強く感じました。スタートも遅れた。スライディングも、世間で《お嬢さん》と呼ばれているようなものだったんでしょう……」

改めて、広沢に問うた。どうしてタッチプレーのない場面にもかかわらず、キャッチャー・伊東の足を払いにいくスライディングとなったのか？

「これは私の判断ミスです。後から考えればホームゲッツーなどないタイミングだったのに、〝ファーストもアウトになるかもしれない。伊東の送球の邪魔をしなければ〟と考えたんです。それであういうスライディングとなりました。でも、結果的に辻さんからの送球は高く逸れて、伊東は苦しい体勢で捕球しました。そのまま駆け抜けていればセーフだったのかもしれません」

一方の伊東も、この場面を振り返る。

「杉浦さんが打った瞬間、〝この当たりではダブルプレーは難しいな〟と思いました。同時に、辻さんが苦しい体勢で捕球していたので、〝まともな送球は来ないだろう〟と覚悟をしました。この時点では三塁走者の広沢の姿は目に入っていません。そして、やはり送球は高めに浮き、〝まずい〟と思いながらジャンプしました。あの場面、映像を見てもらったらわかると思うんですけど、僕は最後までホームベースに触れようと思って、左足をピーンと伸ばしたままジャンプしています。タッチアウトのないフォースプレーでしたから、〝とにかく左足はホームに触れていよう〟という意識だったんです。きっと、広沢は僕の足を払って、ゲッツーを避けようとしたんでしょう」

広沢のスライディング映像を見ながら、伊東は続ける。

「ジャンプしてボールを捕った瞬間、広沢が近くにいる気配はありませんでした。だから、たぶんあのまま真っ直ぐにスライディングしてきても、アウトだったんじゃないのかな？ただ、僕の足を払うよりは駆け抜けないといけなかったとは思いますけどね」

野村は憮然としていた。打者の杉浦にも、走者の広沢にも憤っていた。

「杉浦への高めのストレート。外野フライを打つには絶好球だった。でも、初戦のイメージがあったんでしょう。〝甘いボールだ、ホームランだ〟ということで力んでしまって、詰まったゴロになった。〝オレが決めてやるんだ〟という欲が出たんです。0・1秒喜ぶのが早かった。さらに広沢はスタートの判断が遅れた。おまけに伊東の足を払いにいっている。いずれも判断ミス。あれがあの時点でのうちの実力だったんです」

そして、野村自身も「反省の弁」を口にする。

「あの場面では広沢に代走を出すべきだった。二塁ランナーなら間違いなく代走を出していました。でも、〝三塁ランナーならば広沢でも大丈夫だろう〟と油断してしまった。すべて監督の責任ですよ」

これで、二死満塁となった。

ヤクルトは何としてでも勝ち越したい。続くバッターに期待するしかなかった。ここで打席に入ったのは九番・岡林だった。

7回表には同様の場面で、森は石井に代打を送らなかった。ここで野村はどうするのか？代打を出さねば、勝ち越す可能性は限りなく低い。いや、石井が値千金のタイムリーヒットを放ったように、岡林の打棒に期待するしかないのか？

動くのか、動かないのか？

野村の決断に注目が集まった。敵将である森が言う。

「野村さんも、この場面で岡林に代打を送らなかった。その意味は私にはよくわかります。

私としては代打を送ってほしかった。岡林を代えてほしかった。でも、敵が何をイヤがっているかということを野村さんは十分、理解していた。岡林に代打を送らない。何も、いろいろ手を打つことだけが戦術ではない。何もしない戦術、《不動》というのも立派な作戦なんだね」

7回表には森が「不動」を選択し、その裏には野村が「不動」を選んだ。

まさに、名将同士の目に見えない駆け引きが最高潮に達しようとしていた——。

清原和博の途中交代が生み出した効果

岡林はレフトフライに倒れ、試合は1対1のまま終盤に入った。両軍、相譲らぬまま岡林も、石井も力投を続けている。

8回表には西武が無死一、二塁のチャンスを作った。ここで打席に入ったのが四番・清原だ。この時点で岡林はすでに128球を投げている。それでも、野村は動かない。

岡林が投じた初球は132キロのシュートボールだった。清原はこれを強振するも、平凡なショートフライとなった。「チームバッティング」という観点から見れば、それはあまりにも独りよがりで無策なバッティングだった。

岡林はこのピンチも見事に脱する。8回表の西武は無得点。

そして、「不動」の森が動いた。なんと、四番の清原をベンチに下げたのだ。代わりに石毛がサードに回り、ショートには奈良原浩が入った。誰もが清原に対する懲罰交代だと思った。およそ三十年のときを経て、森がその意図を語る。

「懲罰？　そんな意図は毛頭ない。清原は球界を代表する選手です。その彼をこれ以上苦しませてはいけない。そんな意図です。彼には彼のプライドがある。でも、このシリーズではバッティングの内容がまったくよくなかった。そういった状態の中で彼を使い続けたって、清原のためにもならない。清原が抜けても、石毛がサードに入り、ショートに奈良原が入る。清原の抜けた穴は決してマイナスじゃない。端から見たら〝非情にも清原を外した〟という人もいるでしょう。でも、あれだけの男の心情になって考えれば、あえて外すことも必要なんです」

このときの心境を清原本人が語る。

「第二戦で荒木さんからホームランを打って以降、僕はずっと抑えられていました。森監督は僕の気持ちを配慮してくれたんです。ただひと言〝キヨ、代えるぞ〟と言われました。だから僕は、〝はい、わかりました〟とだけ答えました」

森の意図が何であれ、この交代劇は西武ナインの気持ちを引き締める効果があった。特に、マウンド上の石井には絶大な効果をもたらすこととなった。

8回裏にもヤクルトは一死満塁のチャンスを作った。石井が振り返る。

「この回から清原君がベンチに下がりました。あれだけのスター選手ですから、相当悔しかったはずです。でも、8回裏、9回裏、僕がピンチを迎えたときに、ベンチから清原君が大声で声援を送ってくれる姿が見えました。彼ほどの大スターが必死になって僕の応援をしている。あれは嬉しかったし、力になりました」

石井の言葉を清原に伝えると、その口調が少しだけ柔らかくなる。

「あの頃の西武ナインはみんな〝日本一になるんだ〟という使命感を持っていました。石井さんは普段はものすごく物腰が柔らかいのに、マウンド上では闘志あふれる姿に変わり、僕はいつもビックリしていました。あのときも、石井さんが必死になって頑張っている。〝何とか少しでも力になりたい、頑張ってほしい〟、そんな思いだったんです」

清原の声援を受けて、8回裏には一死満塁、9回裏には二死一、二塁のピンチを作ったものの、石井は粘り強いピッチングで無失点に切り抜けていた。

三塁側ベンチから見守る森には「ピッチャー交代」の意思は微塵もなかった。9回裏のピンチでは自らマウンドに向かって石井に檄を飛ばしている。

「お前に任せたからやるだけやれ。歩かせても構わないがコースだけは間違えるな。相手も苦しんでいるんだ、大丈夫だ！」

石井は代打の橋上をショートゴロに斬って取った。

岡林も、石井も気力だけが肉体を動かしていた――。

四度目の延長戦、勝敗を分けた「あの一球」

シリーズ四度目の延長戦となった。

延長10回表、西武の攻撃は一番・辻から始まる。ワンボールからの2球目、辻のバットが一閃すると、打球はレフト線に転がるツーベースヒットとなった。

二番の大塚は簡単に初球でバントを決め、一死三塁となった。三番は秋山、四番には清原の代わりに奈良原が入っていた。森は思った。

(秋山を敬遠して、奈良原で勝負してくるのか？)

初球、岡林はシュートを投じる。判定はボール。

(勝負に出るのか？)

2球目はスライダーがワンバウンドとなった。

(やはり、勝負なのか？)

岡林はすでに154球を投げている。3球目はアウトコースいっぱいのスライダー。秋山は空振りし、ツーボールワンストライクとなった。

(やっぱり、勝負か！)

そして、この日の155球目、岡林は3球目同様、アウトコースギリギリのスライダーを投じた。このとき、秋山は何を狙っていたのか？

「狙い？　アウトコースのスライダーですね。犠牲フライを狙っていたんじゃないですよ。狙いはあくまでもホームラン。配球を読めば、ここは外にスライダーを投げてくる場面。実際にその通りだったでしょ。仮にインサイドを攻めてきても、詰まってもファールで逃げられる自信はありました。そして、狙い通りのボールが来た……」

さらに秋山は「古田の意図が岡林に伝わっていなかったんじゃないかな」と続ける。

「この場面、ボール一個分アウトコースのボールだったら、僕は空振りしていました。逆にもう一つ分、内に入っていたらホームランでした。きっと古田は〝ボールになるスライダーでいいよ〟という思いだったんじゃないのかな？　ところが実際は外でもなく内でもなく、アウトコースギリギリのボールだった。ここなら、ホームランにはならないけれど、十分バットが届く範囲。それで、ああいう結果になったんです」

秋山の言う「ああいう結果」とは、センター飯田への大飛球、つまり犠牲フライだった。

2対1、ついに西武が勝ち越した。歓喜に沸く西武ナイン。沈黙するヤクルトナイン。

森は静かに考えていた。

（どうして、ノムさんは秋山を敬遠しなかったのだろう？）

野村は西武の小技を警戒していた。

ここで敬遠策を取れば一塁走者の秋山、三塁走者の辻、いずれもどんな小細工でも可能となる。ましてや、打者は奈良原だ。何でもできる三人に徹底的に揺さぶりをかけられるよりは、空振り三振の可能性のある秋山と勝負した方がいい。

それが、野村の判断だった。結果的にボール一個分のコントロールミスによって、秋山に犠牲フライを打たれて、西武にリードを許すこととなった。

三塁ベンチに戻った秋山は安堵していた。自らの役割をまっとうしたことに、ではない。「これで勝てる」と思ったからだ。

「マウンドには石井がいるわけですよ。だから、〝これで終わりだ〟って思いました。ということは、僕の一打が決勝点となる。〝優秀選手賞でももらえるかな？〟なんて、考えていたと思います。僕、センターを守っていたからバッテリーの配球やピッチャーの状態はよくわかるんです。この日の石井の状態なら、もう大丈夫でしたよ」

打たれた岡林は、どんな心境で後続を迎えていたのか？　それは意外な心境だった。

「7回裏のチャンスで点が入らなかった。そのときは〝うーん、仕方ないな〟って別に落ち込みもしませんでした。8回にも、9回にもチャンスを作ったけど点は入らない。でも、この時点ではすでに、〝もうちょっと長く試合をしたいな〟って考えていました。疲労は何も感じていませんでした。あの西武を相手に互角の試合をしていることが楽しかったんです。〝もうちょっと楽しみたいな〟って思いが強かったんです。でも、2点目を取られてしまった。もしかしたら、延長10回で試合が終わってしまうかもしれない。〝それはイヤだな。もっと試合を続けたいな〟って、そんな思いでした」

打たれた悔しさではなかった。「これで試合が終わってしまうかもしれない」という寂しさを抱えながら、岡林はマウンドに立っていたのだ。

それは、夏休みの終わりを嘆く小学生のような心境だったのかもしれない。夢のような時間の終焉を感じながら、岡林は最後の力を振り絞っていたのだった。

続く奈良原を三振に斬って取った。

残すは延長10回裏、自軍の攻撃のみだ。

西日の差す中、真っ直ぐ、前を見据えていた岡林洋一

延長10回裏、時刻は16時半を迎えようとしていた。

ヤクルトは三番・古田、四番・広沢、五番・ハウエルと連なるクリーンアップが打席に立つ。それでも、森は動かなかった。鹿取義隆も、潮崎哲也も、すでに肩はできている。それでも、石井に続投を命じた。

古田はサードゴロに倒れた。広沢はショートゴロに終わった。

続いて、ここまで15三振を記録していたハウエルが左打席に入る。石井が最後の力を振り絞る。堂々と胸を張り、両手を高く天に捧げ、大きく振りかぶって渾身の一球を投げ込んで

いく。

そして、この日の155球目――。

最後に石井が選択したのは、本人が「今まででいちばん落ちた」というパームボールだった。このボールこそ、石井を一流にし、沢村賞に導いてくれたボールだった。

ハウエルのバットが空を切る。石井がマウンドで万歳をする。伊東が駆け寄り、ベンチから西武ナインが飛び出してくる。森監督の胴上げが始まった。

西武が勝った。やはり、西武は強かった。

森が胴上げをされている間、殊勲のヒーロー、石井は歓喜の輪の外にいた。両手を膝につき、ぐったりとうなだれたままで自分の足元を見つめていた。

精も根も尽き果てた、まさに身を削りながらの熱投だった。

一方の岡林は一塁側ベンチからその光景を見つめていた。ダッグアウト最前列で、真っ直ぐ、前を見据えていた。そこに涙はなかった。「今、この光景を目に焼きつけておかなければいけない」、岡林の胸中にあったのはそんな思いだった。

石井は満場一致でシリーズMVPに輝き、岡林は敢闘賞を受賞した。

勝者も敗者も、全力を尽くして最高のプレーを披露した。

両軍ナインは、本当にプロフェッショナルの集団だった。

そして、西武は勝ち、ヤクルトは敗れた。勝者と敗者の明暗。

しかし、勝者は勝者のままではいられず、敗者は敗者のままでは終わらない。

1992年の激闘。

それは、翌93年へと続く、新たな闘いのプロローグでしかなかったのだ——。

第二部　1993年——再びの秋

第六章

それは、「わずか一勝」の差なのか？

1993年、笘篠家の正月

1993（平成5）年正月――。

大阪府茨木市の笘篠家には長男・誠治、次男・賢治が里帰りをしていた。かつて、二歳年下の賢治がヤクルト入りした際に、兄弟は誓った。

「せっかく違うリーグに所属したのだから、ぜひお互いにリーグ制覇して日本シリーズで《兄弟対決》をしよう！」

その夢が、ついに前年に叶った。兄の所属する西武ライオンズと、弟の在籍するヤクルトスワローズの一騎打ちは四勝三敗の激闘の末に西武が勝利した。

正月の食卓では、父と母も交えて前年の激闘が話題となった。

「弟がヤクルトに入団したときに、〝二人が現役を引退する前に、一度でいいから日本シリーズで戦おう〟と話し合いました。当時の西武はすでに黄金時代を迎えていて、ヤクルトは十年以上も優勝から遠ざかっていました。だから僕はいつも、〝うちは毎年シリーズに出るから、お前は何とか一回だけでも優勝してシリーズに出ろ〟と余裕をかましていたんです」（誠治）

「正月に帰省したときに、兄とはいつも〝日本シリーズで一緒になろう〟と話しました。現実的にはなかなか難しかったけど、ようやく92年に実現しました。あのときは二人で、〝よかったな、嬉しいな〟と話しましたね」（賢治）

92年日本シリーズ、西武とヤクルトの激突が決まったとき、兄は弟に電話をかけた。

「僕は控えでしたけど、弟はおそらくスタメン出場するだろうと思っていたので、電話をかけて〝緊張するなよ〟とか、〝普段のペナントレースとは全然雰囲気が違うからな〟ということは話しました。でも、その一方ではうちのピッチャー陣に対して、〝絶対に弟には打たせないでください〟って、ミーティングでいつも言っていましたね」

正月の華やいだ雰囲気の中で、来るべき93年シーズンに向けての抱負も話題に上った。

「弟には、〝うちは今年も優勝する。お前のところは大変かもしれないけど、今年もセ・リーグを制して日本シリーズに出てこい〟とエールを送りました」

兄・誠治は決してヤクルトを見下していたのではない。心から「うちは絶対に負けないんだ」と信じていた。だからこそ、素直に弟に激励の言葉を投げかけていた。

この日の出来事を弟・賢治が振り返る。

「別に〝上から目線だな〟なんて思いもないし、兄のことは尊敬していますから、その言葉は素直に受け入れられました。それよりも、この年は前年オフに結婚したばかりで、初めて妻と実家で過ごした正月でした。だから、〝女房のためにも、今年こそ日本一になって優勝旅行に連れていくぞ〟と決意したことをよく覚えていますね」

前年は兄が勝利し、弟が敗れた。

兄は何の疑いもなく「今年も西武が日本一になる」と信じていた。一方の弟は「今年こそ、西武を倒して日本一になる」と意気込んでいた。

笘篠家の正月は、それぞれが再びの「兄弟対決」を期していた。

悔しさを抱いたまま迎えたヤクルトの93年

前年の激闘を経て、世間では「西武はやはり強かった」という意見の一方、「ヤクルトも善戦した」「ヤクルトの強さに驚いた」という声も多かった。

圧倒的な「西武有利」の下馬評を覆して、最後の最後まで西武を追い詰めた。一つ間違えば、結果が逆になってもおかしくない大接戦を繰り広げたヤクルトに対する評価は高く、「ヤクルトは本当によく頑張った」という称賛の声も多かった。

しかし、野村克也監督をはじめとするヤクルトナインはそんな感慨とはまったく無縁だった。熱戦が続いた92年日本シリーズにおいて、善戦はしたものの、最後の最後は敗戦で終わった。勝って終わるのと、負けて終わるのとでは雲泥の差があった。

そこには「わずか一勝」とは言い切れない大きな差があった。

「星稜と箕島だったっけ……」

広沢克己が切り出した。

「……昔、甲子園で《世紀の落球》と呼ばれたプレーがありましたよね。延長18回で箕島高校がサヨナラ勝ちをした試合。あのときの出来事は何年経ってもみんなが覚えていますよね。みんなが注目している日本シリーズでとんでもないミスをすると、一生の笑い者になるんです。92年の日本シリーズ開幕前には〝西武に勝ちたい〟という思いと、〝でも、勝てるわけないよな〟という思いの両方がありました。でも、シリーズ後には〝これは一生の笑い者になるな……〟という思いと悔しさの両方がありました」

そして、広沢は静かに続けた。

「第七戦が終わってしばらくの間は、〝優勝なんかしなければよかった……〟、そんな思いでいっぱいでしたよ。だって、西武と戦わなければ、こんな感情にはならなかったわけだし……」

世間から「お嬢さんスライディング」と揶揄されることになる、第七戦での走塁ミスの張本人となった。日本シリーズ敗退の戦犯として名前を挙げられることも、しばしばあった。そのたびに広沢は精神的なダメージを受けていた。

「いくら悔やんでも、事実は変わらないわけ。もう取り返せないしね。だから、〝93年に懸けるしかない〟って、そんな思いで次のシーズンを迎えましたよね」

93年の春に発売された古田敦也の著書『古田ののびのびID野球』（学習研究社）には、日本シリーズ第七戦当日の夜について、こんな記述がある。

リーグ優勝を果たし、ビールかけに酔った、わずか16日後の10月26日。宿舎になっていた東京・紀尾井町のホテル・ニューオータニで、今度は日本シリーズの残念会が開かれた。ニガイ酒だった。とても、酔う気にはなれなかった。

重い疲労感だけが、体を包み込んでいた。グラスにつがれたビールにチビリ口をつけると、ボクは自室に帰りベッドにもぐり込んだ。そして、泥のように眠った。

ユウウツなオフの始まりである。リーグ優勝の感激なんて、いっぺんに吹っ飛んでしまった。翌日から、会う人ごとに言われる。

「あんな強い西武相手に、よくやったよ」

なんの慰めにも、ならない。むしろ、やり場のない悔しさがムラムラとこみ上げてくる一方だ。西武OBの東尾さん（現評論家）にいたっては、もっとトゲのある言い方をする。

「お前ら、ようやった。しかし、負けると分かっていて、ようガンバレるなあ」

「お前ら勝てると思ってたの？　バカだなあ、勝てるわけないじゃないの。お前らの力で」

カチンときた。しかし、顔で笑ってグッとこらえた。勝負の世界は、結果がすべて。敗者は、何も言えないのだ。

いくら善戦しようとも、敗者は敗者でしかない――。

それがプロフェッショナルの世界に生きる男たちの非情の掟だった。

この屈辱を、この悔しさを晴らすには結果で見返すしかない。野村をはじめとするヤクルトナインは、一様にこの思いを抱いていた。

その象徴となったのが、93年2月にアメリカで行われたユマキャンプだった。

当時のヤクルトナインに話を聞くと、多くの者がキャンプ初日を思い出に挙げた。

「今でもよく覚えているのは、93年のキャンプ初日のことです。野村監督は、僕たち選手、コーチ、関係者たちを前にして、〝今年の目標は連覇、そして日本一。日本一を獲る!〟と宣言しました。それは、例年とはまったく違った雰囲気だったので、とても強く印象に残っています」(川崎憲次郎)

「キャンプ初日のミーティングで、野村監督はいきなり《優勝するための十カ条》を話し始めました。そこでは日本シリーズの話題も出ました。まだリーグ優勝もしていないのに、監督は日本シリーズをすでに見据えていたんです」(内藤尚行)

「93年のユマキャンプはスライディング練習から始まりました。もちろん例年ならば初日からこんなことはしません。でも、前年の日本シリーズで広沢さんのスライディングのあの場面で点が入っていれば、ヤクルトが日本一になっていたかもしれない。一つ一つのプレーが勝敗を大きく左右するということを僕らは学びました。それを忘れさせないようにするために、野村監督はあえて初日からスライディング練習をさせたんです。その意図は僕らにもよく伝わりました」（池山隆寛）

選手たちの記憶に生々しく息づいている93年のキャンプ。野村もまた、このキャンプのことを鮮明に記憶していた。

「キャンプ初日、スライディング練習から始めました。もちろん、私の指示だよ。普通なら初日からそんな練習はしないよね。前年の日本シリーズでは確実に取らなきゃいけない点をみすみす逃して敗れた。それが、西武とヤクルトの差だった。あの時点ではみんな前年の悔しさを忘れていなかった。初日からスライディング練習をさせたのは、選手たちに〝一つ一つのプレーが天国と地獄を分けるのだ〟ということを伝え、そして、〝あの悔しさを二度と味わいたくない〟という思いを忘れさせないためでした」

野村が続ける。

「92年の第七戦を前に、私は〝このまま日本一になってしまっていいものだろうか？〟と思いました。決戦を前にバカな考えが浮かんでしまったけれども、私の中には〝日本一になるには日本一にふさわしいチームであらねばならない〟という思いがあったんですよ。V9時代の巨人や、このときの西武のようなチームだね。この時点でのヤクルトは、決して日本一にふさわしいチームではなかった。技術的にも精神的にもまだまだ未熟な、勢いだけのチーム。だからこそ、〝今度こそ、本当にふさわしいチームとして日本一を目指そう〟という思いで93年のキャンプを迎えたんですよ」

三勝四敗——。それは、「わずか一勝」の差ではなかった。その一勝は、野村の言葉を借りれば「天国と地獄」の差だった。基本プレーの徹底。一つ一つのプレーを丁寧に行うこと。凡事徹底。それは簡単そうに見えて、とても難しいことなのだと西武ナインが教えてくれた。

もう二度と地獄に落ちたくない——。

ヤクルトナインの熱き思いは、キャンプ初日から沸騰していた。前年までにはまったく見られない緊迫したムードの中、ヤクルトの93年はスタートしたのだった。

根本陸夫が去り、デストラーデが退団した93年の西武

三年連続日本一に輝いた。またしても「王者西武」の強さを満天下に見せつけた。

しかし、93年の西武ライオンズはさまざまな激震に見舞われていた。

前年の92年11月、長年にわたってチームの土台を築いてきた「球界の寝業師」こと、球団管理部長の根本陸夫が球団を去り、ダイエーホークスの監督に就任した。

翌93年には「日本初の開閉式ドーム球場」と喧伝される福岡ドームの開場を控えていた。

弱小球団と揶揄されていた南海ホークスを買収して、すでに五シーズン目を迎えようとしていた。抜本的にチームを変革すべきときが訪れていた。

ダイエーの中内㓛オーナーは、その任を根本に託した。「球団取締役兼監督」というポストを用意し、推定年俸四億円という破格の待遇で根本をヘッドハンティングした。

これは、現場を預かる森祇晶に大打撃を与えることとなった。森の著書『野球力再生』（ベースボール・マガジン社）には、こんな記述がある。

西武の監督時代、周囲の雑音に惑わされることなくグラウンドに集中できて、万全の目配りができたのは、当時の坂井保之球団代表、根本陸夫管理部長の強力コンビがフロントに控えていたからである。野球を十二分に理解していながら、現場には一切、口を出さなかった。戦力をそろえるのはフロントの仕事であり、その戦力で戦うのが監督の仕事。だから、私には「好きなようにやってくれ」というだけで、非常に仕事がしやすかったし、戦うことに全力を傾けられた。

しかし、坂井はすでに自軍コーチの賭博容疑による逮捕の責任を取る形で89年にチームを去り、90年からはダイエーの球団代表職に就いていた。そして、92年オフ、今度は根本がダイエー入りすることとなった。森の前掲書から再び引用したい。

それが、89年、土井正博コーチの賭博容疑逮捕で坂井代表が解任され、92年オフに根本管理部長がダイエー監督に就任のために退団すると、状況が一変した。フロントのバックアップを得てグラウンド上の戦いに専念できていたのが、なんと今度はフロントとの戦いが勃発したのである。坂井、根本コンビは口には出さずとも、常にチーム（現場）に目を向けていた。次に代表になった人物は常に〝上〟を見ていた。西武ライオンズという球団は当時、親会社が西武鉄道だったが、新代表は堤義明オーナーのいる国土計画にばかり顔を向けていたのだ。

さらに、森の頭を悩ませたのが「AKD砲」の一角を担っていたオレステス・デストラーデが退団したことだった。

この年、メジャーリーグは従来までの26球団から28球団に球団拡張、いわゆるエクスパンションを行った。そこで、新規球団としてフロリダ・マーリンズ（現マイアミ・マーリンズ）が誕生する。キューバから亡命後にアメリカに渡り、デストラーデは中南米系の移民たちが多く集うフロリダで過ごした。彼にとっては「地元」でもある新球団がデストラーデに声をかけた。

「日本でプレーすることがイヤになったわけではありません。ライオンズからの条件はとてもいいものでした。でも、僕が7歳の頃から育ったマイアミにたまたま新球団が誕生したことに心を揺り動かされました。キューバはマイアミからわずかしか離れていません。人口の大半がキューバ人です。だからこそ、〝地元でプレーしたい〟という思いは日に日に強くなっていきました」

日本シリーズの激闘を終え、アメリカに帰国していたデストラーデの元に、代理人を通じて打診があったのは11月半ばのことだった。それから、悩みに悩んだ末に同月25日頃には西武を去る決断をした。「早く決断すればするほど、来季に向けての新外国人獲得もスムーズに始められるから」と古巣を気遣った上での決断だった。

球団の根幹を支えていた根本がチームを去り、90~92年まで三年連続ホームラン王となっていたデストラーデがアメリカに戻った。その穴はとてつもなく大きかった。

日本ハムの追い上げにあいながらも、四年連続パ・リーグ制覇

それでも、西武は93年シーズンをチーム一丸となって戦った。

デストラーデの穴を埋めるべく獲得した新外国人選手、ホセ・トレンティーノに対して、森監督は早々に見切りをつけ、その代わりに六年目の鈴木健、五年目の垣内哲也を積極的に

起用して「純国産打線」を貫いた。
4月は九勝六敗一分けだったが、5月には八連勝を記録して首位に定着する。その原動力となったのが大ベテランの鹿取義隆、前年の日本シリーズでも活躍した潮崎哲也、そしてこの年から加入したルーキーの杉山賢人による豪華クローザー陣だった。

「三本の矢」を意味する「サンフレッチェ」と名づけられた潮崎・杉山・鹿取の強力リレーは他球団の脅威となった。

しかし、8月に入るとチームは失速し、二位の日本ハムファイターズがどんどん背後まで迫ってくる。「決戦ラウンド」と謳われた20日からの直接対決では日本ハムに三連敗を喫し、ゲーム差を〇・五まで縮められると、翌24日にはオリックス・ブルーウェーブにも敗れ、5月3日以来守り続けた首位の座を明け渡すこととなった。

それでも、西武の底力は健在だった。

翌日にはすぐに首位を奪取すると、その後は着実に白星を積み重ねていく。

9月10日からの直接対決第二ラウンドでは初戦こそ落としたものの、11日の第二戦では清原、秋山のアベックホームランなどで勝利し、わずか一ゲーム差ながらも待望のマジック21が点灯する。

さらに、9月25日からの二位・日本ハムとの「最終二連戦」では、総力戦で初戦を引き分けとし、続く第二戦は秋山、鈴木のホームランで日本ハムに引導を渡した。

マジック1からは足踏み状態が続いたが、10月13日の千葉ロッテマリーンズ戦で待望の四年連続リーグ優勝を成し遂げた。

チーム防御率は12球団唯一の2点台となる2・96をマークし、チーム打率もパ・リーグナンバーワンの・260を記録。

終わってみれば「西武強し」の印象だけが残る見事な戦いぶりだった。

セ・リーグに目を転じれば、前年の日本シリーズで激闘を演じたヤクルトが二年連続のリーグ制覇まであとわずかとなっていた——。

スーパールーキー・伊藤智仁の活躍、新クローザー・高津臣吾の覚醒

開幕三連敗——。

それが、93年のヤクルトスワローズの幕開けだった。

10試合消化時点で三勝七敗。完全にスタートダッシュに失敗した。

しかし、その中にも光明はあった。4月20日に一軍登録されたばかりのドラフト一位ルーキー、伊藤智仁がプロ初登板初勝利を飾っていた。

古田敦也に「直角に曲がる」と言わしめた高速スライダーを武器に、前半戦は伊藤を中心にヤクルトのローテーションは回っていく。星稜高校・松井秀喜の指名を回避してまで、野

村が「伊藤がほしい」と切望した上での獲得だった。

前半戦だけで14試合に登板し、7勝2敗、防御率0・91という堂々たる成績を残し、伊藤はこの年の新人王に輝くことになる。

5月半ばまでは五位だったが、ゴールデンルーキー・伊藤の活躍もあって少しずつ白星を積み重ねていき、5月下旬には首位に立った。

さらに、前年の日本シリーズ第七戦では、仲間たちの奮闘を応援することしかできなかった川崎憲次郎が、ようやくマウンドに戻ってきた。

「92年のキャンプで右足首を捻挫しました。最初は〝ただの捻挫なのでたいしたことはないだろう〟と気楽な気持ちでいたんです。ところが、足をかばって投げているうちに、その負担が全部ひじにくるわけです。それで結局、一年を棒に振りました。この年の日本シリーズ、僕は神宮球場のスタンドから仲間を応援していました。日本シリーズは僕にとっての夢の舞台でした。〝投げたい〟という思いはあるのに身体が追いついてこない。〝どうして、オレはこのマウンドにいないんだ……〟、そんな思いで見つめていました」

その悔しさを胸に抱いたまま臨んだ93年シーズン。川崎は先発ローテーションを任され、最終的には10勝9敗を記録してカムバック賞に輝いた。

また、八年目の伊東昭光、四年目の西村龍次はともに規定投球回数に達し、二ケタ勝利を挙げてチームに貢献した。

一方、前年に大車輪の活躍を見せた岡林洋一は本調子にはほど遠かった。92年のシリーズ途中に抱いた「来年は投げられないかもしれない」との予感が図らずも的中することとなったのだ。右肩痛に苦しみながら、それでもこの年は17試合に先発し、5完投で5勝8敗を記録したものの、前年までの力強いピッチングは影をひそめたままに終わった。

93年のヤクルトを支えたのが、この年からクローザーに転向したプロ三年目の高津（現高津）臣吾だった。入団以来、先発投手として期待されながらも結果を残せずにいた。前年の日本シリーズでは、同期入団の岡林が奮闘している姿を神宮球場の観客席から見守ることしかできなかった。そんな自分がふがいなかった。

しかし、92年の日本シリーズ終了後、野村のひと言で飛躍のきっかけをつかんだ。

「日本シリーズ終了後、野村監督から〝150キロの腕の振りで、100キロのシンカーを投げられないか？〟と言われました。この年のシリーズで潮崎のピッチングを見て、僕にもやらせてみようと思ったそうです。〝そんなことできないよ〟と思いながら、必死に練習を続けました。そして93年の夏場頃から、相手打者のタイミングがずれ始めたのがわかりました。この頃から結果が伴ってくるようになったんです」

就任以来、ずっと「抑え不在」に悩まされてきた野村にとって、高津のクローザー転向は大きな契機となった。

ヤクルトに欠けていた最後の重要なピースがようやく見つかった瞬間だった。

攻撃陣は前年同様の活躍を見せた。

前年シリーズの屈辱をバネに、広沢克己はコンスタントに打ちまくった。全132試合に出場して94打点を挙げ、二度目の打点王に輝いた。

池山隆寛は6月6日の対広島東洋カープ戦において、本塁突入の際に左腰部を骨折して長期離脱に追い込まれた。オールスターファン投票一位に輝きながらも無念の辞退となったが、それでもシーズンを何とか完走。日本シリーズに対する意気込みは並々ならぬものがあった。

プロ入り以来、順調な成長曲線を描いていた古田敦也は、執拗な内角攻めによって、初めてプロの壁にぶち当たった。それでも、プロ四年目を迎えていた古田は着実に成長していた。勝負どころの8月には月間MVPを獲得するなど、攻守の要として活躍をした。

さらに、来日二年目となるジャック・ハウエルは日本記録となる5本のサヨナラホームランを放ち、チームを勢いづけた。そのハウエルに刺激されるように、この年から加入したレックス・ハドラーも八番打者として、勝負強いバッティングを披露した。

ヤクルトの誇る超強力攻撃陣は盤石だった。

5月23日に単独首位に立ったヤクルトは、6月13日の北海道シリーズで横浜ベイスターズを撃破して貯金を六とした。

その後は伊藤、さらに岡林の相次ぐ離脱もありチームは失速する。二位の中日ドラゴンズの追い上げもあり苦戦したが、川崎が復調し、さらには伏兵・山田勉の力投もあって、前年王者の意地を見せてかろうじて首位をキープしていた。

しかし、8月31日からのナゴヤ球場での首位決戦に連敗。翌9月1日には101日ぶりに首位から陥落する。その後、3日の読売ジャイアンツ戦に快勝して、首位を奪回したものの、一進一退の攻防は続いた。

24日からの中日との三連戦では一勝二敗と負け越して窮地に立たされた。それでも、野村が「死棋腹中に勝着あり」と語ったように、窮地に立ったときでも勝機はある。28日の広島戦から怒濤の十一連勝を飾り、西武から遅れること二日、10月15日の対広島戦でリーグ連覇を成し遂げた。

開幕前に抱いていたみんなの思いは通じた。

今度こそ西武を倒す——。

前年は無欲の勝利だった。しかし、今年は違う。キャンプイン時点から「打倒西武」を掲げ、セ・リーグ優勝は当たり前。さらに、その先を見据えた戦いを続けた。

野村克也率いるヤクルトナインが、満を持して再び西武に挑む。

はたして、伊藤智仁は投げるのか？

一年前は、圧倒的に「西武有利」の声が多かった。

しかし、一年のときを経て状況は変化した。「両者互角」の声の一方で、「ヤクルトに勢い」といった論調が目立つようになっていた。

前年の経験を経て、さらにたくましく育ったヤクルトナインと比べ、西武はデストラーデが抜け、チームリーダーの石毛宏典は37歳となり、辻発彦も35歳となっていた。

このとき、38歳を迎えていた平野謙が述懐する。

「この頃、自分の感覚と実際のプレーとのズレを感じ始めていました。たとえば補殺でも、〝よし、アウトにできる〟と思ったプレーがセーフになったり、〝よし、捕れる〟と思ったボールが捕れなかったり……。実はこの時期、誰にも内緒で少しグローブを大きくしたんです。守備位置もそれまでよりも少し前で守るようにしました。少しずつプレーに影響が出始めていたのが、この頃のことでした」

巨人のV9時代がそうであったように、不動のレギュラーによるメンバーの固定化は圧倒的な強さを可能とする一方で、同時多発で高齢化を生み出す原因ともなっていたのだ。

マジック1から九日間も足踏みをしたままようやく優勝した西武に対して、ヤクルトはシーズン終盤に十一連勝を挙げて一気に優勝を決めた。勢いに乗ったときの爆発力は、若さに勝るヤクルトに一日の長があった。

岡林、そして伊藤の故障は気がかりだったが、前年にはいなかった川崎、内藤、高津、山田と、ヤクルト投手陣は92年よりも明らかに質量ともに充実しており、西武の偵察部隊は警戒感を強めていた。

マスコミ上では「ヤクルト有利」の声がやや強い中、「それでも西武は勝つ」と断言した男がいる。前年まで西武の一員として「ＡＫＤ砲」の一角を担っていたデストラーデだ。彼は10月16日にテレビ解説のために来日していた。

「四勝一敗で西武が勝つ」

デストラーデは自信満々に語った。

もちろん、前年と同様に野村は森に対して「口撃」を仕掛けた。

23日から始まるシリーズ本番前の17日夜、両監督はテレビ朝日の『スポーツフロンティア』に時間差で出演した。野村は司会者に言った。

「ヤクルトがシリーズに勝つにはどうしたらいいのか？　ぜひ、森監督に聞いてほしい」

これに対して、後でスタジオ入りした森は淡々と答える。

「あの人が黙っていれば勝てますよ」

前年同様、野村が仕掛けて、森が受け流す。本番に向けて、そんな場外戦がますますヒートアップすると誰もが考えていた。しかし、実際はそうはならなかった。

むしろ、野村よりも森の方が口数が多かったのだ。

前年と比べると、「ヤクルトは強い」「今年は難しい」「今年はチャレンジャー精神で向かっていく」と慎重な発言をしばしば口にした。

森の態度を見た野村は、その真意を推察する。

「森があいうことばかり口にする根底には、負けることへの不安や恐怖があるからや。だが、その反面では〝今年も勝てる〟とも思っとる。そういう心理がよう出とるよ」

森は何度も「伊藤智仁は投げられるはずだ」と口にした。

スポーツ紙には「伊藤 シリーズ絶望」の文字が躍っていた。しかし、森はそれを信じていなかった。「相手投手リストからは消していない」と口にし、スコアラー陣に対しても「伊藤は絶対に投げてくる。対策ビデオを準備しておくように」と命じていた。

これを受けて野村は、右ひじの負傷でまったく投げることができないにもかかわらず、シリーズ出場40人枠に「伊藤智仁」の名前を記した。

前年の日本シリーズにおいて、最後まで工藤公康の先発を読み切ることができずに苦い経験をしていた野村ならではの報復であり、心理的な揺さぶりだった。

この間、伊藤は何をしていたのか？ 何もしていなかったのである。いや、何かをしたくても何もできなかったのである。

「セ・リーグ優勝のときには神宮球場に呼んでもらって、胴上げとビールかけには参加させてもらいました。この頃までは一応、日本シリーズでの復帰を目指して、ギリギリのところまでリハビリを続けていたんですけど、ある時期からは〝これはムリやな〟ってあきらめました。だから、日本シリーズは何も見てないですよ。正直、見ていても面白くないし、悔しくなるだけですから。あの頃は戸田寮に住んでいたので、毎日、戸田のグラウンドでボールを使わない練習、ランニングとストレッチ程度しかしていませんでした」

結局、この年の日本シリーズは球場に足を運ぶこともなく、テレビ中継すら見なかった。夜、スポーツニュースを通じて結果を確認して、仲間たちの奮闘ぶりを、まるで遠い世界の出来事のように眺めるだけだった。

伊藤の状態を承知の上で、野村は煙幕を張り続けたのである。

もちろん、森も黙ってはいない。

この年、一軍では一度も登板していない渡辺智男をシリーズ出場枠に登録した。結局、この年のシリーズで渡辺は一度もマウンドに上がっていない。

知将同士の静かな場外戦は続いた。

決戦前日となる10月22日、この日は注目の監督会議が行われた。その直前、森と野村がグラウンドで対面する。先に声をかけたのは森だった。

「よぉ、大監督！」

握手を交わしながら、野村が応じる。

「何か、えらい謙遜しとるね」

野村が答えると、ここから知将同士の腹の探り合いが始まる。

「あまりマスコミを喜ばせなさんな、余計なことをしゃべって」

「何を言っとる。プロ野球はマスコミの下に成り立っとる。それより、すごいやないか」

「どこがすごい？」

「あんたが、〝悪い、悪い〟言うから調べたが、どこが悪い。防御率が0点じゃないと満足しないんじゃないか？　うちなら4点台で御の字や」

「あんたんとこは効率がいいけど、うちはそうじゃないから」

固唾を呑んでこのやり取りを見つめていた報道陣は「今年の監督会議も舌戦が繰り広げられるのだろう」と予感した。

しかし、その予感は外れることになる。

92年は「不正球使用疑惑」、そして「スパイ疑惑」を西武サイドにぶつけて、明らかな陽動作戦を採った野村だったが、93年は一転して無言を貫いた。そこにはどんな考えがあるのか？　もちろん、森も余計な言葉は漏らさない。

前年は60分にもわたった監督会議が、この年はわずか9分で閉会となった。
92年とは打って変わった静かな幕開け。
森祇晶と野村克也の第二ラウンドが始まろうとしていた——。

第七章
成熟のとき
――10月23〜24日　第一戦、第二戦

ベンチレポーター・中川充四郎の不安

（今年はどちらが勝つのだろう……）

日本シリーズ開幕を前に中川充四郎は思っていた。

１９８２（昭和57）年に、文化放送『ライオンズナイター』のベンチレポーターとなってから、すでに十一年が経過していた。広岡達朗監督の下、徹底的に若手選手が鍛え上げられ、続く森祇晶監督の下で黄金時代を築いていく過程を目の当たりにしてきた。

常に身近に接してきたからこそ、西武ライオンズの強さは十分に理解しているつもりだった。前年のヤクルトスワローズとの日本シリーズ。開幕前には「西武の圧勝だろう」と考えていた。１９９０（平成2）年には、無傷の四連勝で読売ジャイアンツをはねのけた。翌91年には山本浩二監督率いる広島東洋カープに苦戦したものの、それでも終わってみれば「西武強し」の印象を残して、西武が連覇を果たしていた。

そして92年は十四年ぶりにヤクルトが日本シリーズ進出を決めた。

「はたして、ヤクルトはどんなチームなのかな？」

そんな思いはあったが、正直に言えば「楽勝だろうな」と考えていた。

しかし、結果は四勝三敗の辛勝だった。一歩間違えれば、ヤクルトが日本一になっていてもおかしくはなかった。

日本シリーズ第七戦――。あのとき、広沢克己が果敢なスライディングをしていれば……、石井丈裕の打席で風が舞っていなければ……、飯田哲也がグラブに白球を収めていたら……、結果はまったく逆となっていたことだろう。

日本一が決まり、森の胴上げが始まった瞬間。石井は、歓喜の輪から外れて両手を膝についたまま憔悴し切っていた。その姿は今でも目に焼きついている。石毛宏典が両目を真っ赤にはらしている姿も鮮明に残っている。

あの西武ナインが土俵際まで追い詰められ、最後の気力を振り絞ってようやく手にした栄冠だった。野村克也率いるヤクルトの強さは重々理解していた。一年のときを経て、さらにたくましくなっているであろうことは容易に想像できた。

もちろん、西武の強さには誇りを持っていた。球団代表の坂井保之に続いて、根本陸夫までチームを去った。それでも、両者が築いた体制は盤石だった。デストラーデが海を渡ったとしても、鈴木健や垣内哲也が台頭していた。投手陣に関しては、前年は故障で苦しんだ工藤公康も今年は万全だ。だからこそ、「西武は強い」と信じていた。

気がかりだったのは、マジック1となってから優勝決定までにかなりの時間を要したことだった。今までの西武ならば一気に優勝を決めていたことだろう。

しかし、この年の西武の最終10試合は一勝八敗一分けという成績だった。シーズン終盤に十一連勝を記録して、一気に優勝を決めたヤクルトとはあまりにも対照的だった。胸の内に小さな不安がよぎる。その暗い影を必死に振り払う。

西武は強い。しかし、ヤクルトも強い。だからこそ、中川は思っていた。

(西武とヤクルト、今年はどちらが勝つのだろう……)

93年も西武球場、神宮球場、全試合のベンチレポートを託されていた。前年は七戦すべての中継を担当した。今年は一体、何試合の中継が行われるのか?

事前の準備は万端だ。期待と不安を胸に、中川は通い慣れた西武球場へ向かった——。

「今年は絶対にオレたちが勝つ!」と、広沢克己も古田敦也も言った

93年日本シリーズは秋晴れの西武球場で開幕した。

前年の開幕戦では「雰囲気に呑まれていた」と語った広沢は、穏やかな気持ちのままこの日を迎えていた。

「93年のペナントレースは〝西武に勝つぞ〟という思いで開幕を迎えました。だから、〝巨人や広島相手に手こずっていたら、西武に勝てるはずがない〟と考えていました。ペナントレースで優勝した瞬間も、〝嬉しい〟という思いと同時に、〝さぁ、西武だ〟という気持ちでした。勝負事だから何があるかはわからない。けれども、戦うエネルギーみたいなものは、

前の年とは全然違いましたね」

同じく、一年前には「いくら下馬評が低くても、勝負事はやってみなければわからない」と開き直っていた古田敦也は手応えを感じて臨んでいた。

「この年、僕はレギュラーシーズンなんて何も見えていなかったですよ。視線の先には常に西武がいましたから、〝絶対にライオンズをやっつけるぞ〟としか考えていなかった。〝絶対に日本シリーズに出て、アイツらを倒してやる!〟って、そんな思いだけです。デストラーデがいなくなりました。でも、だからと言って、〝これでラクになった〟とは思わないです。絶対に誰か代わりの選手が出てくるのはわかっていましたから。92年は〝いっちょ、やったるで〟という思いだったけど、実際に日本シリーズで戦ってみて互角に戦えることがわかった。それに、93年は自分たちも力をつけているのがわかっていた。だから、僕は〝今年は勝てる〟と思っていました……」

古田の語調が強くなる。

「……92年は〝西武に勝てたらいいね〟という思いでした。でも、93年は〝力はこっちの方がある〟って思っていましたから。そんな思いで開幕に臨んだんです」

一年のときを経て、ヤクルトナインは確実にたくましくなっていた。

松崎しげるの歌う西武の球団歌『地平を駈ける獅子を見た』を聞いて震え上がっていたのは、遠い過去の笑い話となっていた。

注目の先発マウンドは、西武が工藤公康、ヤクルトが荒木大輔に託された。

93年の工藤は15勝3敗、防御率2・06という好成績をマークして、最優秀防御率、最高勝率のタイトルを獲得。さらに、ベストナイン、パ・リーグMVPを受賞。前年は左足ふくらはぎの故障で不本意な結果に終わった日本シリーズでの雪辱を期していた。

一方のヤクルト・荒木は8勝4敗、防御率3・92という成績だった。チーム内を見渡してみれば、伊東昭光が13勝4敗、西村龍次が11勝6敗、川崎憲次郎が10勝9敗、そして主にリリーフで活躍した山田勉が10勝5敗だった。

勝ち数だけを考えれば、荒木以上の投手は他にもいた。しかし野村は、荒木の持つ勝負運を買っていた。大舞台には大舞台にふさわしいスターの強運が必要だった。もちろん、前年の日本シリーズ第二戦での好投も記憶にあった。

93年シーズン、荒木は全21試合に登板し、チームの成績は15勝5敗1分け、勝率は実に・750という驚異の勝ち運を誇っている。

「荒木はな、天の支配下選手なんや。緊張なんて関係ないし、これまでに何度も修羅場をくぐってきたからな」

野村は躊躇なく荒木を指名した。

「この年は開幕からずっと体調がよかったから、野村監督には〝中五日や中四日で投げられないか?〃ってよく言われました。でも僕は、〃シーズンを通じて投げたいんで無理です〃って断っていました。それは、どうしても日本シリーズに出たかったからです。僕は主力じゃないけど、西村、川崎、トモ(伊藤智仁)ら有望な投手陣を見ていたら、〃こいつらについていけば絶対に日本一になれる〃と思っていました。〃ローテーションの谷間はオレに任せろ〃って考えていたんです」

本人は「ローテーションの谷間」での登板をイメージしていた。しかし、現実は日本シリーズ初戦という大舞台を託されることとなった。

「初戦の先発を言われたのはリーグ優勝が決まった翌日のピッチャー練習だったか、全体練習だったかだと思いますね。確か、〃第一戦、第六戦を頼むぞ〃と言われた気がします。調子は悪くなかったし、ものすごく気持ちも入っていたし、自信もありました。向こうにはデストラーデがいない、それだけでめちゃくちゃラクですから」

シリーズ初戦のプレッシャーなど微塵もない。

大舞台だからこそ、荒木は適任だった。

93年西武の日本シリーズ用ローテーション

これまでと同様に、森祇晶は日本シリーズ開幕前に全七戦のローテーションを考えている。

前年は渡辺久信に託したシリーズ初戦。この年は、シーズン中の実績を考慮すれば、工藤を指名することに何も迷いはなかった。第一部で詳述したように、「初戦に起用した投手は中四日で第五戦にも登板させる」と森は考えていた。

つまり、この年の工藤は第一戦と第五戦に投げることが予定されていた。リーグ優勝を決めた10月13日、工藤は早くも「シリーズ初戦の先発」を告げられている。

森が重視する第二戦は、92年同様に郭泰源の起用を考えていた。

前年にはハウエルの打球が右手に直撃したことによって、ローテーション再編を余儀なくされたが、この年も郭への信頼は絶大だった。93年は8勝8敗、防御率は3・51だった。本来の実力からすれば物足りない成績ではあったが、郭に対する信頼は揺らいでいなかった。肩の回復に時間がかかるため、郭は中五日で第六戦にも起用するつもりだった。

第三戦は「球威のあるピッチャーを」ということで渡辺久信に決まった。もちろん、中四日で第七戦にも先発起用する予定だ。

そして、第四戦は故障の不安を抱えていたり、精神面にムラがあったり、「一発勝負型の投手で継投策を」との考えで、腰に爆弾を抱えていた石井丈裕を指名した。

前年のシリーズでMVPに輝いた石井は、この年はなかなか波に乗り切れないシーズンを過ごしていたが、シーズントータルでは26試合に先発し、12勝10敗、防御率3・19という十分な成績を残していた。本人がこの年を振り返る。

「僕は元々腰がよくないんです。遠征先でも、ベッドで寝ると腰に負担がかかるので床に布団を敷いて寝ていました。この年、僕は190イニング以上投げていますよね（191回2／3）。これだけ投げたのは初めての経験だったので、この年のシーズン終盤には、もう腰がおかしくなっていましたね……」

本調子でなかった原因は持病の腰痛の再発であり、新聞報道によれば「自信喪失」だった。シーズン終盤の大事な時期である9月以降は勝ち星なしの四連敗を喫していた。杉下茂投手コーチは「身体の方は大丈夫だけれど、精神的に投げられない状態」と語り、首脳陣はメンタル面の不安を危惧していた。

92年の被本塁打はわずか9本だった。しかし、93年はリーグワーストとなる25本のホームランを浴びていた。抜群の制球力は完全になりをひそめていた。腰の不調に由来するメンタル面での不安が結果に表れていた。

しかし、一年前の経験と実績を無視することはできない。森の言う「一発勝負型」にピタリとあてはまるのが、まさに石井だった。

開幕前に森が描いていた青写真は次の通りだった。

10月23日（土）……第一戦・工藤公康
10月24日（日）……第二戦・郭泰源

10月25日（月）……移動日
10月26日（火）……第三戦・渡辺久信
10月27日（水）……第四戦・石井丈裕
10月28日（木）……第五戦・工藤公康（中四日）
10月29日（金）……移動日
10月30日（土）……第六戦・郭泰源（中五日）
10月31日（日）……第七戦・渡辺久信（中四日）

前年の悪夢のような郭の負傷。このような不測の事態が再び起これば、当然再編を余儀なくされる。もちろん、個々人の好不調によって、臨機応変に投手起用も変えていかねばならない。むしろ、当初の予定通りに計画が進むことなどほとんどない。

だからこそ、勝負師としての才が問われる。

「勝負の鬼」と称された森の本領が発揮されようとしていた。

前年の雪辱を果たすハウエルの先制スリーランホームラン

秋晴れの西武球場、13時5分、試合が始まった。

ヤクルト・野村監督は西武の先発を読み切れずに、二番に西村龍次を偵察メンバーとしたものの、左の工藤が先発だとわかるとすぐに「左キラー」橋上秀樹を代打に送った。三番・古田、四番・広沢に連続フォアボールを与えてしまう。一番・笘篠賢治、二番・橋上は凡打に倒れたが、ここから工藤が乱れる。三番・古田、四番・広沢に連続フォアボールを与えてしまう。

「……えっ、93年の日本シリーズは、僕が初戦の先発でしたっけ？」

92年第六戦のことは鮮明に記憶していた工藤だったが、この日のことはまったく覚えていなかった。当時の映像を見ているうちに、少しずつ記憶がよみがえってくる。

「この年は調子は悪くなかったんです。でも、この日はどうだったかな？　ただ映像を見る限りでは少々太り気味だし、投げ方もよくないですね……」

続いて打席に入ったのが五番・ハウエルだ。前年は日本シリーズワーストとなる16三振を記録していた。雪辱を期しての晴れ舞台だった。ハウエルは言う。

「93年シーズンは、〝野村監督のために私たちは勝たねばならないのだ〟という思いで一年間を戦い抜きました。それはまるで、炎を燃やすような激しい気持ちでした。そして、セ・リーグチャンピオンになった。このときは、〝絶対に今年はライオンズに勝てるんだ〟という確信のようなものがありました。私自身は前年のシリーズではまったく活躍できなかった。だから、より一層の強い気持ちで打席に入りました」

前年はストレート中心の配球でハウエルを完璧に封じ込めた。キャッチャーの伊東はその裏をかくように、初球、そして2球目と緩いカーブを続ける。ハウエルは手が出ない。簡単にツーストライクと追い込んだ。3球目は外へのストレートがボールとなる。

カウントはワンボールツーストライク。投手有利のカウントではあったが、バックネット裏で見ていた打撃投手の小林国男はつぶやいた。

「打つよ、きっと打つ」

前日、前々日の打撃練習の際に、小林はハウエルに何球も白球を投じていた。左投げの小林を「仮想工藤」に見立てて、ハウエルは左中間に流し打つ打撃を心がけていた。

伊東のサインはアウトコースへのストレートだった。ボールになる球でハウエルの打ち気を利用して空振りを奪おうと考えたのだ。ハウエルが振り返る。

「変化球が続いて、あっという間に追い込まれました。そして、3球目がストレートでボールになった。私は〝決め球は変化球だろう〟と考えていました」

その読みは外れた。伊東はストレートを要求する。しかし、工藤の制球が定まらない。ボールでよかったにもかかわらず、4球目は真ん中付近の甘いストレートとなった。

ハウエルのバットが一閃する。白球はぐんぐん伸びていき、左中間スタンドに着弾する。歓喜するヤクルトファン。待望の一発は、見事な先制スリーランホームランとなった。

試合前のミーティングでは、野村から「上体が突っ込んでいるので注意しろ」とアドバイスを受けていた。前年の反省を踏まえて、西武投手陣対策も徹底した。

白球が左中間スタンドに入るのを見届けたハウエルは、一塁ベース付近でガッツポーズとともに雄叫びを上げた。

前年の鬱憤を振り払う見事な一発で93年日本シリーズは幕を開けた——。

「1イニング2死球」という波乱の幕開け

いきなり3点を奪ったヤクルトだったが、1回裏にも波乱が起きる。

一番・辻発彦が右打席に入る。マウンド上の荒木が古田のサインをのぞく。初球はアウトコースへのストレート。ワンストライクとなった。

続く2球目——。

荒木の投じたインコースへのシュートが辻の胸元をえぐると、白球がポトリとその足元に落ちた。左ひじを直撃するデッドボールだ。

西武先発の工藤同様、荒木もまた乱調気味だった。二番の平野謙はワンボールワンストライクからの3球目で送りバントを決めて、一死二塁となった。

ここで打席に入ったのが、三番の石毛宏典だった。

初球、2球目とカーブを連投して続けて空振りを奪った。3球目はアウトコースへのストレートがボールとなる。そして、4球目。荒木の投じた140キロのシュートが鋭く内角をえぐった瞬間、右手首を押さえた石毛が悶絶する。

一番の辻に続いて、この回二つ目のデッドボール。騒然とする西武球場。一塁側ベンチに控える森の表情は変わらない。対照的に黒江透修ヘッドコーチは激高している。マウンド上では顔をゆがめる荒木。古田は頭を垂れている。石毛が振り返る。

「最初、辻がいきなりデッドボールでしたよね。それを見ていて、〝インコースが増えるな〟って思ったよね。次に、オレがデッドボール。〝一体、どうなるのよ〟って感じたけど、同時に〝やっぱり、抑えるためにはインコースでくるよな〟って思ったよね。怒り？　うーん、別にそんな思いはないですよ。西武打線を抑えるためにはインコースを攻めなくちゃいけないでしょ。結果、デッドボールにはなったけど」

二塁ベース上からこの光景を見ていた辻が言う。

「シュート、それが荒木の武器ですからね。だから当然、〝厳しく突いてくるだろうな〟とは思っていました。インコースは中途半端に投げて打たれるのがいちばん怖い。だから、〝当ててもいい〟という覚悟もあったんでしょう。荒木は気が強いピッチャーですから、そういう意味でも初戦に投げてきたんじゃないですか？」

古田にもこの場面を振り返ってもらった。

「西武の右バッターは一番の辻さんから始まって、石毛さん、清原と、みんな右打ちが得意でアウトコースが強いんです。レフト方向に引っ張るのは、せいぜい秋山さんぐらいでした。

それに、西武の右バッターは打席でもホームベースにいちばん近いところ、ラインギリギリのところに立って打つんです。初戦の先発は荒木さんでした。シュートピッチャーの荒木さんが先発ならば、ここは臆せずにインサイドを攻めるしかない。荒木さんは球もそんなに速くないですから、だからこそインサイドを意識させなくちゃいけない。そんなことを考えながら、この日はマスクをかぶっていました。でも、結果はボールが抜けてデッドボールになってしまった。そうなると、次からはインサイドのサインを出しにくくなる。僕としては、〝困ったな〟という思いでした」

荒木もこの場面を振り返る。

「事前のミーティングでは、〝西武の右打者がライン上ギリギリのところに立ってインサイドを投げづらくさせるだろう〟ということは聞いていました。〝どうする？〟って聞かれたので、〝大丈夫です。いきます〟って言って、インコースを攻めました。初回からいきなりデッドボールを二つも与えてしまったけど、きちんとインサイドを狙って思い通りに投げられたボールだったので、僕自身は何とも思っていませんでした」

荒木は淡々と続ける。

「130キロ台後半程度の僕のストレートで、どの程度西武打線に通用するのか。野村監督が初戦に僕を起用したのは、そういう意図だと理解していましたし、後に監督からもそう言われました。要は偵察要員みたいなものだったんです」

あまりにも平然と語り続ける荒木に続けて問うた。

――先頭の辻さんに死球を与えたことで、次からインコースを攻めづらくなったりはしなかったのですか？

「それはあんまりないですね。自分のミスならば動揺したかもしれないけど、〝しっかり内角を攻めよう〟と意識して自分自身がやったことなので、それはないですね」

野村が荒木を初戦に指名したのは、荒木の言葉を借りれば「偵察要員」だった。しかし、この事態に及んでもなお平然としていられる荒木の強心臓を買ったのは間違いない。

「むしろ、インコースを攻めづらくなったのは古田の方ですよ。本来ならミーティングにおいて、〝ここはインコースに投げよう〟と話していたケースでも、なかなかインサイドのサインが出ない。だからこの日は、ずっとサインに首を振って、インサイドが出るまで待ったりしましたよ。キャッチャーとしては〝甘くなったら打たれる〟という思いなんでしょうね」

続く、四番の清原和博にはアウトコースのボールをライトに打たれて1点を許した。しかし、五番・秋山幸二にフォアボールを出してしまうものの、鈴木健、安部理を抑えて、何とか1失点で切り抜けた。左打者の安部に対しても、何球もインコースを突く荒木の度胸は、野村が見込んだ通りだった。

初回を終わって得点は3対1。工藤は3四球、荒木は3四死球。

波乱の幕開けとなった。

「初戦の勝ちはウソの勝ち」と野村克也は言った

2回も試合は荒れた。

2回表、工藤はレックス・ハドラー、飯田哲也に連続フォアボール。一番の笘篠が送りバントを決めて一死二、三塁となった。さらに二番の橋上もフォアボール。1イニングで三つの四球。初回と合わせれば実に六つ目のフォアボールとなった。

もはや我慢の限界だった。これ以上、傷口を広げるわけにはいかない。森は決断する。これでは伊東もリードのしようがなかった。

そして工藤は降板する。1回1／3イニング、打者11人に対して51球を投じた。右打者へのカーブが決まらないから球数は多くなる。6四球では手の施しようもなかった。

2回途中で早くも二番手の内山智之が登板する。

ヤクルト側レフトスタンドからは、プロレスラー・ジャンボ鶴田の登場曲をアレンジした古田の応援歌が奏でられる。三番・古田は内山の代わりばなをとらえ、センター前にタイムリーヒット。三塁走者のハドラーがゆっくりとホームイン。これで4対1となった。

序盤で工藤をノックアウトし、3点のリードを得たヤクルトだったが、荒木もまたピリッとしない。2回裏にはショート・池山の悪送球、ファースト・広沢のエラーもあって2失点を喫した。

「広沢さんのエラーは想定内だけど、池山がエラーしちゃダメでしょ。〝イケ、頼むよ〟って思いながら投げていましたね」（荒木）

3回表の攻撃が始まる。4対3と1点差に追い上げられたヤクルトは、前の回にミスをした池山が見事に名誉挽回を果たす。内山の投じたフルカウントからのストレートを完璧にレフトに弾き返した。池山らしい豪快なホームラン。

取られたら取り返す。これがヤクルトの戦い方だった。

5回表には、この回から代わった西武三番手の鹿取義隆からハウエル、池山の連打でさらに1点を加えて勝負を決めた。

8対5、ヤクルトの完勝だった。ホームランを放ったハウエルは2安打、池山は3安打。昨年のシリーズでは不振にあえいだ二人が初戦から爆発した。他にも古田、秦、飯田がそれぞれ2安打を放ち、チーム合計12安打を記録した。

制球が定まらずに不安定なピッチングが続いていた荒木だったが、それでも6回を投げ抜いて4失点。待望のシリーズ初勝利となった。

柔和な表情で、野村が勝利監督インタビューに応じる。

「プレーボールと同時に、選手がちょっと硬かったものですから心配したんですけど、5回になって荒木がようやく自分を取り戻してくれまして、予定のイニングを投げてくれました。攻める方では初回の先制スリーランが効きましたし、先手、先手で西武に追いつかれず、追い越されずという、理想的な展開となったと思います。うちはハウエルが大きなカギを握っています。古田、広沢の後のハウエル、池山。この二人が打ってくれれば、かなり得点力が増しますんでよかったです」

そして、野村はこんな言葉を口にした。

「初戦の勝ちはウソの勝ち」

王者西武相手に浮かれている場合ではない。前年も初戦は取ったものの、その後は三連敗を喫していた。勝って兜の緒を締めよ。野村はなおも慎重だった。

初回に受けたデッドボールの影響で、試合途中に石毛は病院へと向かっていた。西武にとっては本当に痛い一敗となった。森は憮然とした表情でマスコミの質問に答える。

「序盤2回で工藤が6四球。ペナントレースで起きなかったことが起きた。でも、これが日本シリーズというものだ」

当初から「二戦目至上主義」を唱えていた森にとって、翌日の試合が重要となる。第二戦は「エース」と目されていた郭泰源がマウンドに上がる。石毛の状態はどうなのか？

注目の第二戦も西武球場で行われる。

「今でもまともにペンを握れないんです……」と石毛宏典は言った

試合開始前、打撃練習中の石毛の元に荒木が近づき、前日の死球の謝罪をする。

映像には、笑顔で荒木と談笑する石毛の姿が記録されている。荒木の謝罪に対して、石毛は「田舎者は丈夫にできているんだ」と語ったという。

診断の結果は右前腕部打撲だった。

「当たったのは右腕の前腕の内側。ここに二本の腱があるでしょう。ここに当たったんです。それで握力がおかしくなっちゃったんです。バットスイングには影響はないんだけど、スローイングにはモロに影響が出ました。何しろボールが握れないんですから。実はこれ以降、まともにペンが握れなくなりました。昔は普通に握っていたんだけど、今はどうしてもこんな握りになってしまう。そう、あのデッドボール以降のことです」

手元のペンを握りながら石毛は振り返った。

前夜、病院から戻った後も右手の腫れはまったく引かなかった。

それを知った森は、古来より冷却効果があるといわれている馬肉を急遽取り寄せて湿布代わりとして石毛に届けていた。

それでも、痛みも腫れもまったく引かず、むしろ悪化の一途をたどるばかりだった。

しかし、チームリーダーである石毛には「欠場」という選択の余地はまったくなかった。心配する指揮官に対して「大丈夫です。出られます」と出場を直訴。前日の初戦は三番サードでの起用だったが、「少しでも負担を軽くしたい」という森の意向で第二戦では六番サードでスタメン起用された。

ヤクルトの先発はシリーズ直前に高熱を出し、出場が危ぶまれていた西村龍次。前日の荒木同様、インコースをどんどん攻める強気のピッチングが持ち味だった。

当然この日も、インサイドを執拗に攻めてくることが予想された。

右腕の痛みと不安を抱えたまま、石毛は第二戦に臨んでいた。

13時3分、試合が始まった。

西武のマウンドには「二戦目至上主義」の森が、満を持して指名した郭泰源が上がっている。しかし、郭はいきなり一番の笘篠賢治をフォアボールで出してしまう。

野村はバントを指示せず、強攻策を選択する。ここで二番の荒井幸雄はさんざん粘って7球目をクリーンヒット。無死一、三塁のチャンスを作った。

そして、三番・古田のショートゴロの間に、ヤクルトはあっさりと1点を奪った。西武の誇る絶対的エースである郭から先制点を奪った。さらにその後も満塁のチャンスは作ったものの、追加点を奪うことはできなかった。

続いてマウンドに上がったのは前年のシリーズでは一度もマウンドに上がることのできなかった西村だ。92年日本シリーズではベンチ入りを果たし、試合中にブルペンでの投球練習も行っていたが、爆弾を抱えていた右ひじはさらに悪化した。期する思いを抱いて、この年のマウンドに上がったものの本調子にはほど遠かった。

「調子は最悪で、すっぽ抜けのボールばかりでした。〝昨年投げていない分も、投げてやろう〟と思って力んでしまいました……」

この言葉通り、二死走者なしから三番・秋山にフォアボールを与えると、四番・清原、五番・鈴木健、六番・石毛に三連打を浴び、七番・安部への押し出しフォアボールで、一瞬にして2点を失ってしまった。

あっという間の逆転劇だったが、それは西武の底力を感じさせるものではなく、すべての原因は西村にあった。初回だけで三つの四球、3本のヒットを喫する立ち上がりでは、三塁側ベンチの野村もどうしようもない。ここは黙って見守るしかなかった。

第一戦は初回の攻防に33分を要した。そして第二戦は実に50分もかかった。

初戦と同様、「今日も乱打戦となるのか？」という思いが両軍ベンチにも、スタンドに陣取るファンの間にも広がっていく。

2回裏にも西村はフォアボールを出した。不安定なピッチングはなおも続く。この回の終了後、野村は西村を呼び寄せる。

「しっかり投げんか!」

その口調はかなり激しいものだった。

満身創痍の石毛宏典の決意と覚悟

次に試合が動いたのは3回表、ヤクルトの攻撃だった。

広沢、ハウエル、池山が単打で続く。あっという間に無死満塁のチャンスを作り出すと、七番・秦真司もライト前ヒットを放ち、シングルヒットだけで四連打。ハウエル、池山、秦はいずれも「追い込まれる前に打て」というベンチの指示通りに、初球打ちで畳みかけたものだった。これで2点を奪って3対2とヤクルトが逆転に成功する。

これは、試合前の野村の指示によるものだった。日本シリーズでは後手を踏んでは勢いを持っていかれる。だからこそ、チャンスのときには畳みかけるべし。相手はコントロールのいい郭だ。追い込まれる前に出ばなをくじけば勝機は開ける。

さらに、シリーズ前に訪れた占い師の影響もあった。ゲンを担ぐことに熱心な野村は「シリーズでは受け身に回るな。積極的に動け」と、占い師からアドバイスを受けていたという。野村はその助言を忠実に実行したのだ。

西武球場に響き渡る東京音頭。レフトスタンドを中心にビニール傘が大きく揺れる。「猛打のヤクルト」の本領発揮だった。

満を持して二戦目に登板した郭がノックアウトされた。奇しくも前日の工藤と同じ、51球のKO劇となった。西武にとってはまさかの事態が訪れた。ブルペンからは二年目の新谷博が登場する。あまりにも早すぎる交代劇だった。

二番手の新谷はこのピンチで1点を失い、続く4回表にもハドラーのタイムリーヒットで1点を追加される。得点は5対2となった。

しかし、ここから試合は膠着状態が続いていく。

西村は相変わらず制球が定まらないものの、それがいい意味で荒れ球となって、西武打線に狙い球を絞らせない。一方の新谷も豪打のヤクルト打線を相手に、走者を出しても淡々と投げ続けて追加点を与えない。

西村、新谷、いずれも力投を続けていた。

6回表の新谷は広沢、池山を三振に斬って取った。いずれも、胸元をえぐるボールを見せ球にしてインコースを意識させた上で、アウトコース寄りのフォークボールで空振り三振を奪っていた。リードは許していたものの、西武は必死の抵抗を続けていた。

もう一人、西武ナインの中でより一層の闘志を掻き立てていたのが手負いの石毛だった。初回にライトへのタイムリーヒットを放つと、第二打席ではセンター前に、第三打席ではレフト前にヒット。3安打を放っていた。

「あの頃はペナントレース130試合とは別に日本シリーズ7試合、合計137試合が僕らの体内時計に入っていたんです。それは決してプレッシャーじゃない。僕らの使命なんです。当時の西武のメンバーは年齢的なバランス、投打のバランス、レギュラーと控えのバランス、そのすべてが確立されていました。そして毎年、日本シリーズを経験することで、僕らは野球選手として成長していった。日本シリーズは注目度が違う。緊張度が違う。僕らにとってはとても大切な檜舞台なんです」

日本シリーズの重みを誰よりも理解していたからこそ、石毛は孤軍奮闘を続けていた。しかし、石毛の強い思いはチームメイトに響かない。

「いやいや、こんな大事な舞台で気を抜いているヤツなんて誰もいませんよ。みんな一生懸命やっている。みんなどこかしらケガをしながら必死のプレーをしている。別に僕だけが故障を抱えて出場していたわけではないんです」

石毛の孤軍奮闘もむなしく、西武打線は西村を打ち崩すことができない。7回途中まで西村が投げ抜いた。二番手にはプロ十二年目のベテラン・宮本賢治がマウンドに上がり、この回を無失点で切り抜けた。

西武の攻撃は空回りが続いていた。

新谷博の好投が西武ナインに勇気を与えた

8回裏からは三番手として三年目の高津臣吾が登板した。

この年から抑えに転向した高津は、西武の潮崎哲也同様、サイドスローから繰り出されるシンカーの精度を上げたことで、この年大きく飛躍した。プロ二年目となった前年はリーグ優勝の舞台にも呼ばれず、日本シリーズでもベンチ入りはかなわなかった。同期入団の岡林洋一が奮闘する姿をただ見つめることしかできなかった。

(絶対に来年こそは……)

そんな思いを抱いたまま、93年ペナントレースを過ごしていた。

「高校時代から岡林は有名でした。大学では、彼が専修大学、僕が亜細亜大学。同じ東都リーグで戦っていました。同級生として、92年の日本シリーズでの岡林の姿を見るのは悔しい思いがありました。彼があんなに投げているのに、僕は投げていない。彼がしんどい思いをしているのに、何も手助けができない。胸にあったのは、〝出たい、出たい、出たい〟という思いだけでした。前年に岡林があれだけの活躍をしたから、余計にそれぐらい強い気持ちで93年の日本シリーズを迎えました」

92年のリーグ優勝決定の瞬間、甲子園球場に呼ばれることはなかった。胴上げに参加できなかった悔しさ。続く日本シリーズでも戦力としてみなされていない屈辱。ヤクルトナインの中で、ひときわ燃えていたのが高津だった。

8回裏の高津は見事な投球を披露した。代打の吉竹春樹をシンカーで、続く田辺徳雄をストレートで連続して三振を奪った。

前日の第一戦で「高津を見せるのはまだ早い」と、あえて野村が出し惜しみした高津のシンカーは切れ味抜群だった。戦前から「下手投げに弱い」と言われていた西武打線を相手にサイドスローの宮本、高津は十分戦力になる。

これはヤクルトにとって、つまりは野村にとって、大きな収穫だった。

この日、高津は2イニングを投げて、打者七人に対して四つの三振を奪い、被安打1の無失点で抑えた。西村は乱調ながらも、何とか初回の2失点だけで切り抜けた。二番手の宮本、三番手の高津は十分使えるめどが立った。

一方の西武は、初戦の工藤、二戦目の郭が相次いで早い回でノックアウトされた。王者西武の野球をまったくやらせてもらえなかった。

西武ナインの中に暗く陰鬱な思いがシミのように広がっていく。

5対2、ヤクルトの快勝だった――。

試合後、森は報道陣に対して短く言い放った。

「今日は何もない。言いようがない。ピッチャーが悪すぎる……」

一方の野村は白い歯をこぼして、この試合を振り返った。

「シリーズ前から二戦目を重要視していましたから、ようやく先手を取ったかなという感じはしますけど、日本シリーズですから終わるまでわかりませんので、勝っても引き締めていきたいと思います」

前年とは違うヤクルトの強さを西武ナインは痛感していた。自軍の柱である工藤、郭が相次いで撃沈していた。少なからずショックはあったはずだった。

しかし、意外にも西武ベンチには前向きな姿勢が残っていたという。この日、二番手として登板し、7イニングを自責点1で投げ抜いた新谷が振り返る。

「この日のことはよく覚えています。初戦に工藤さんが打たれて、この日は泰源が早い回でノックアウト。西武のエース、二番手が相次いで打たれたわけです。〝うわ、ヤクルト強いぞ〟と思いましたよね。で、僕が3回から二番手で登板しました。そして、そのまま試合終了まで抑えました。そのとき、自分で〝あっ、これで土俵際から土俵中央まで戻したぞ〟って感じたんです」

新谷の述懐はさらに続く。

「この試合、あのまま僕がさらに打たれていたら、きっと対戦成績はヤクルトの四勝〇敗で終わったんじゃないかな？　でも、結果的に僕が抑えた。試合が終わったとき、負けはしたんだけど、ベンチ内にホッとした空気が流れたんです。それはよく覚えています。〝プロ二年目の新谷が抑えられるなら、オレたちだって抑えられるぞ〃って、他のピッチャー陣がそう感じたんです。間違いない。確かにそう感じたはずなんです」

その後も続く長いプロ野球生活において、新谷は「泰源がナンバーワンピッチャーだ」と考えているという。この年、投手二冠王に輝いた工藤が打たれ、「歴代ナンバーワン」だと思っていた郭もKOされた。だからこそ、新谷に気負いはなかった。

「だって、あの二人が打たれたんなら、僕が打たれたって仕方ないでしょう。全然、格が違うんだから」

西武ベンチは前年とは違うヤクルト打線に当惑していた。

ボール球を投げれば空振りしていた広沢も池山も、じっくりとボールを見極めるようになっていた。そこで、仕方ないのでストライクを投げると痛打を浴びる。

初戦は12安打、第二戦は13安打を喫していた。

一体、どこを攻めればいいのか？　何を投げればいいのか？

そんな不安が満ちていた中で、新谷はヤクルト打線につけ入る隙を与えなかった。

連敗を喫しはしたものの、第三戦以降の光明はあった。プロ二年目の新谷の力投は敗れた西武ナインに力を与えていた。

まさかの連敗を喫した「王者」は、はたしてどんな戦いを見せるのか？

移動日を挟んで、戦いの舞台は神宮球場へと移る——。

第八章　野村の洞察、森の戦慄

――10月26～27日　第三戦、第四戦

悪い流れを断ち切るべく森祇晶が動いた

第一戦、第二戦を終えて、野球評論家、マスコミ、そしてファンの中では「西武はあまりにもふがいない」「今年の西武は弱い」という論調が目につくようになった。

これを受けてもなお、野村克也は「西武がこのままで終わるはずがない。油断をすればすぐに足をすくわれる」という思いを強くし、一方の森祇晶は危機感を抱いていた。

事前のデータ分析でも明らかだったが、森の予想以上に、前年と比べてヤクルトナインが大きく成長していたからだ。

第三戦前夜のミーティングで、珍しく森は檄を飛ばした。

「これまで築き上げてきたものをすべて失うつもりなのか？　負傷をおして出場する石毛に続く者はいないのか？」

悪い流れを変えるにはオーダーの変更も一つの有効な手立てとなる。

第三戦、西武はスターティングメンバーを大きく変えた。

【西武ライオンズ】（先攻）

（二）辻発彦

（右）平野謙
（三）石毛宏典
（一）清原和博
（中）秋山幸二
（左）垣内哲也
（遊）田辺徳雄
（捕）伊東勤
（投）渡辺久信

森が採用したのは攻撃重視のオーダーだった。

第二戦では六番に起用し、3安打と大当たりだった石毛を三番に戻し、レフトには五年目、23歳の垣内哲也を、ショートには堅実な守備に定評のある奈良原浩ではなく、この年は不振にあえいでいた九年目、27歳の田辺徳雄をスタメンに起用した。

「垣内を起用したのは長打力を買ってのことと、将来を見据えてのこと。田辺には勝負強いバッティングを期待したい」

現状打破のための起爆剤の役割を、森は両者に託したのだ。

フジテレビアナウンサーで『プロ野球ニュース』の司会を務めていた中井美穂が始球式のマウンドに上がる。大きく振りかぶって投じられた一球は、キャッチャーの古田が立ち上がって捕球する高めのボールとなった。

12時33分、試合が始まった。

ヤクルトのマウンドには先発、抑えと大活躍の伊東昭光がそびえ立つ。シーズン中は抜群の安定感を誇り、日本シリーズでも、初戦はリリーフ要員としてスタンバイし、第三戦では先発に指名された。初戦から続く荒木、西村の力投を受けて、「この流れを止めたくない」と三連勝を目論んでいた。

対する西武は、第二戦までのイヤな流れを断ち切るべく、1986（昭和61）年の日本シリーズ第六戦以降、ここまで五連勝を続けている渡辺久信がマウンドに立つ。ペース配分など考えずに、最初から飛ばすだけ飛ばす目論見だった。少々のコントロールミスには目をつぶり、荒れ球を武器に力のあるボールで打者を圧倒するつもりだった。

1回裏、渡辺はいきなりヤクルトの一番・飯田哲也にフォアボールを与えてしまう。第二戦同様、野村はバント策を採らない。二番の荒井幸雄に強攻策を命じた。

しかし、これが裏目に出た。

3球目を強振した荒井の打球は渡辺の正面に転がるピッチャーゴロとなった。渡辺からショートの田辺、そしてファーストの清原へと渡るダブルプレー。一瞬にしてチャンスが潰えた。さらに、三番・古田もサードゴロに倒れ、初回は三者凡退となった。

これが、渡辺に自信と勢いを与えることになった。

第三戦、伊東勤は配球パターンをガラッと変えたのか?

試合が動いたのは3回表、西武の攻撃だった。

この回先頭の九番・渡辺が伊東の甘く入ったスライダーを思い切り引っぱたくと、打球は三塁線を破りレフトへ転がるツーベースヒットとなった。

続く辻のショートゴロで渡辺が飛び出し、チャンスは潰えたかのように見えた。

しかし、二番の平野が三遊間を破って一死一、二塁となり、チャンスは続いた。

ここで打席に入ったのが、この日三番に戻った石毛だ。試合開始直前にベンチ前で行われた円陣では「気だ、気! ここまできて気持ちで負けるな!」と檄を飛ばした。初戦の死球による右手の状態はますます悪化していたが、誰よりも勝利に貪欲で、誰よりも日本シリーズの重みを知る石毛は甘い球を見逃さず、伊東の2球目のスライダーをレフトへ運んだ。

あらかじめ浅めの守備位置を取っていた荒井の前に転がる強い当たりだった。それでも、サードベースコーチの伊原春樹は何の躊躇もなく右手を大きく回した。辻がホームに突入する。それは「暴走」と言ってもいいジャッジメントだった。

しかし、荒井のバックホームの送球が逸れ、古田が後逸する。中途半端な送球となった荒井の、そしてそれをあっさりと逸らしてしまった古田のミスだった。

この場面のことをハッキリと記憶していたのが高津臣吾だ。

「このとき、古田さんのブロックが少し甘かったんです。そして、ボールも後ろに逸らしてランナーの進塁を許してしまった。このプレーに対して野村監督は激怒しました。試合後のミーティングでも、みんなの前で、〝何だ、あのブロックは！〟と言われていましたから。だけど、あの言葉によってみんなが改めて、ワンプレーの大切さを再確認することになったんだと思います」

高津のこの指摘は、続く第四戦に生きることになる。

西武が先取点を奪い、なおも一死二、三塁となった。

ここで、四番の清原がセンター前ヒットを放つと、またも送球ミスが重なり、一気に2点を追加。西武のリードは3点に広がった。なおも五番の秋山はフォアボールで走者がたまる。続く垣内はレフトフライに倒れて二死一、二塁。打席に入ったのは試合前に「勝負強いバッティングを期待したい」と、指揮官が語っていた田辺だった。

ワンボールからの2球目、伊東が投じたボールは肩口から真ん中に入る甘いカーブとなった。打球は一瞬にしてレフトスタンドに消えた。

完璧なスリーランホームラン。あっという間に6対0となった。

森采配が見事に的中したのだ。

一塁側ベンチでは打撃コーチの伊勢孝夫が首をかしげていた。

事前のデータと比べると、渡辺のフォークボールが多いことが気になったのだ。

「いつもなら、ストレートでカウントを取る場面でフォークボールを多投していることに気がつきました。〝どうもフォークが多いな〟と感じているうちに、うちのバッターは凡打を繰り返す。さすがやね、伊東。第三戦から、ガラッと配球を変えよった」

四半世紀以上も昔のことを、伊勢は生々しく振り返った。

「第三戦の5回ぐらいやったかな？　ノムさんが〝配球を変えられたな〟ってポツリとつぶやいたんで、〝私もそう思います〟と答えた。すると、〝すぐに新しいデータを出せるか？〟って聞かれたんで、〝ちょっと無理です〟って答えた。結局、それ以降もずっと配球パターンを読むことはできんかったな。さすが、伊東や」

伊東の配球の変化を痛切に感じていたのが池山だった。

「93年の日本シリーズは、第一戦が4打数3安打2打点、第二戦は打点はなかったけど、4打数2安打でした。でも、第三戦からは配球パターンを変えられて、結局最後までヒットが出ませんでした。三戦目の試合後のミーティングで、僕は名指しで怒られました。このときは相当、落ち込みました」

野村もまた、この第三戦のことはよく記憶していた。

「この試合から伊東は配球パターンを変えてきたんだね。伊東のリードは一見すると、安全第一の冒険をしないリードに見える。西武投手陣のように完成度の高いピッチャーをリードするにはそれでいいんです。しかし、〝ではリードが読みやすいか?〟と言われれば、決してそんなことはない。あらゆる状況、あらゆる可能性を考えた上での粘っこいリードをするキャッチャーだったね」

伊勢、池山、そして野村の発言を受けて、伊東の言葉を聞こう。

「第三戦から配球を変えた? いや、そんな記憶はないけどな。ただ、球場によって配球を変えることはしたと思います。神宮の場合はとても狭いので一発が怖い。狭い球場では逆にどんどん攻めていく配球をしました。この試合、久信が投げていますよね。特にベンチからの指示があったわけではないけど、久信の場合は細かいコントロールがある投手ではないからビシビシ投げていこう。そんな意識はあったと思いますけどね」

伊東の言葉通り、この日の渡辺はひたすら力強い投球を続けた。

大量リードをもらった3回裏にはすでにブルペンで鹿取義隆、杉山賢人が肩を作っている。西武ベンチは早くから継投を考えていた。後先考えずに、行けるところまで行く。それが、森監督、伊東、そして渡辺本人の共通認識だった。

そして、このプランが奏功した。

渡辺は4回裏に飯田にスリーベースヒットを与えた以外はまったくヒットを許さない。この場面ではセカンドゴロの間に1点を失ったものの、テンポのいいピッチングで凡打の山を築き、7回裏終了時点までわずか1安打しか許さなかった。

3回裏、二死走者なしの場面で代打起用されたのが、この年ルーキーだった真中満だ。この日のことを真中は実によく記憶していた。

「今でもハッキリ覚えていますよ。初球はアウトコースへのカーブを見逃してワンストライク。次がボール気味のフォークボールを空振りしてツーストライク。そして、最後はズドンとストレートで見逃し三振ですから……」

表情も変えずに、渡辺は小走りで三塁側ベンチに戻る。百戦錬磨の西武バッテリーの前にルーキーはなす術もなかった。

「完全に雰囲気に呑まれていましたよね。確かに久信さんの調子もよかったけど、それ以前の問題ですよ。ストライクを見逃して、ボール球を空振りして……。典型的な若手の三振になってしまいましたからね」

結局、この年の日本シリーズで真中の出番はこれだけに終わる。90年代半ば以降にはレギュラーを獲得し、日本シリーズでも活躍する真中にとって、ほろ苦いシリーズデビューとなった。

第一戦、第二戦は連続で二ケタ安打を放ったヤクルト打線が手も足も出ない。一塁側ベンチでは「伊東が配球パターンを変えているのでは？」と疑心暗鬼になっている。

完全に西武ペースで試合は進んでいき、結局、渡辺は8回途中まで投げて2失点という好投を披露する。

ヤクルト打線は西武二番手の潮崎哲也にも完璧に抑え込まれた。

一方の西武打線は5回表に秋山のシリーズ第二号が飛び出し、危な気のない戦いを続け、試合は7対2で西武が完勝。試合時間はわずか2時間38分という見事な勝利だった。

渡辺はシリーズ記録となる六連勝を達成し、秋山がホームランを打った試合では十勝二敗という高い勝率をマークすることとなった。

「今日は選手自身も、もしも落としたらどういうことになるかということをよくわかっておりますんで、それだけ燃えてやってくれたんだと思います。今日は渡辺久信に尽きると思います。やっぱり、ピッチャーがしっかりしないことには、うちの場合は野球ができませんから。今日は一、二戦の鬱憤をまとめて晴らしてくれました。〝とにかく、うちの野球をやること。それには闘争心、ハッスルプレーがすべて。結果は問わないから、やるだけのことはやろう〟、それだけを選手には伝えました」

いつものように淡々と語る森の表情は、普段よりもはるかに柔らかかった。

これで一矢報いた。対戦成績は西武の一勝二敗となった。流れを一歩、引き戻したことを契機に西武の逆襲は始まるのか？

続く第四戦、五分に追いつきたい西武は、前年のシリーズMVP・石井丈裕がマウンドに上がる。対するヤクルトは前年の雪辱を期す川崎憲次郎の右腕に命運が託された。

野村克也から、川崎憲次郎、古田敦也への試合前の指示

10月27日、この日の神宮球場には、センターからホームへ6・5メートルの強風が吹いていた。

試合前に野村は報道陣に対してつぶやいた。

「今日は妙な風だな。神宮らしくない風だ……」

そして、野村は先発の川崎にこんな言葉を投げかけている。

「おい、あの旗を見ろ……」

バックスクリーンに掲げられた両チームの旗を指して、野村は続ける。

「これだけの逆風なら、ちょっとやそっとじゃホームランにはならない。完璧なショットでなければ絶対に入らない。今日は安心して思い切り投げろ」

さらに野村は、古田に対してはこんな言葉を与えている。

「フォローの風のときは、ボール一個分高めに構えろ。川崎の球威があれば、みんなフライになってしまう。この風ならばオーバーフェンスはない。どんどん速い球で押していくこと

だ」

試合前にバッテリーに対して向けた野村の言葉。この洞察力が、重い意味を持つのは数時間後のことだった。

注目の第四戦、西武のスターティングメンバーに「石毛」の名前がなかった。初戦で受けたデッドボールの影響で満足にボールが握れない。痛みはさらに悪化していた。痛み止めの注射で、どうにかなるような問題ではなかった。

報道陣に対しては「持病の腰の悪化」と発表されたが、実際は初戦の死球による右手首の負傷が原因だった。

「欠場は自ら申し出ました。ペナントレースにしても、日本シリーズにしても自ら休むなんて考えられないことですよ。でも、ボールが投げられないんだから仕方ないよね……」

これで、自身が持っていた「日本シリーズ連続試合出場記録」は59試合でストップした。石毛が欠場する。それはすなわち、西武にとっての非常事態だった。

「石毛は年齢的にも上でしたし、選手の前でしゃべらせてみてもとてもいいことを言うんだね。明るいし、いい意味でバカにもなれる。練習態度もとても真面目です。ベテランがそんな姿勢を見せてくれるから若手も気が抜けなくなる。だから私は、ことあるごとに石毛に相談をしていました。選手に何か要望があるときにも、まずは石毛に話を聞いたし、もちろん、石毛からもいろいろな相談を受けた。後にも先にも、石毛ほどのチームリーダーはいなかったよね」

森が絶賛するように、石毛のキャプテンシーは西武の強みの一つでもあった。精神的支柱である石毛の欠場は西武にどんな影響を及ぼすのか？

ヤクルト先発の川崎憲次郎は期する思いを胸に抱いていた。

前年の日本シリーズは自室でテレビ中継を見ているだけだった。最終第七戦では神宮球場のスタンドから岡林洋一の力投をただ応援することしかできなかった。

しかし、今年はその岡林が無念のリタイアとなり、彼の思いを背負ってマウンドに立つことになった。ついに、日本シリーズの晴れ舞台に立つ。当初の予定では、この後シリーズの先発マウンドに立つ予定はない。前日の西武・渡辺が見せたように、後先考えずに全力投球するだけだった。

序盤3イニングは静かな立ち上がりとなった。

川崎は一人の走者も許さず、西武打線を完璧に抑えていた。ペナントレース中盤までは5勝9敗だったが、シーズン終盤に五連勝を飾って最終成績を10勝9敗としていた。この日も、そのままの絶好調な状態でつけ入る隙をまったく与えない。

対する石井は、2回裏に五番・ハウエルにフォアボールを与えたものの、走者はこの一人だけ。腰の不安を抱えつつも、前年のシリーズでの雄姿を彷彿させる投球を披露する。

両先発投手が1本のヒットも許さないまま、試合は中盤へと進んでいく。

最初にヒットを許したのは川崎だった。4回表二死から三番・鈴木健、四番・清原和博に連続安打を喫したものの、五番の秋山は148キロのストレートで三振を奪った。

「この日は絶好調でした。初回、先頭の辻さん、二番の平野さんが僕の真っ直ぐを見逃すんです。二人とも簡単にストレートで押し切ることができた。それで、〝あれ、今日はいけるんじゃないか？〟って思ったんです。だから、序盤はほぼストレートしか投げていません。この日、テレビ解説は前監督の関根（潤三）さんだったんですけど、〝今日の川崎はおかしい、ストライクが入りすぎる〟って言っていたのを後で知りました」

初回の8球はすべてストレートだった。2回は8球のうち6球がストレート。3回は9球のうち8球までがストレート。古田は、野村の指示を忠実に実行していた。

一方の石井も4回に初ヒットを喫した。

三番の古田から、広沢、ハウエルが連続ヒットで続いて一死満塁のチャンスを作られた。ここで打席に入ったのが、六番の池山だった。

「覚えているのは、〝絶対にゲッツーはイヤだな〟という思いでしたね。ミーティングでも、〝石井さんは打てない〟って話だったし。だから、最初からバットを短く持って、〝ノーステップで打とう〟と考えて打席に入りました」

かつて、「ブンブン丸」と呼ばれ、「三振か、ホームランか？」という豪快なフルスイングが持ち味だった池山は、この打席では「軽打でいいんだ」という思いを秘めていた。

「このとき、野村ノートに書かれていた《狙い球十カ条》のことを思い出していました。そこには、〝逆方向の打球は意外と伸びるので犠牲フライを打つには最適だ〟とありました。だから、この場面でもライト方向を狙っていました」

野村が監督に就任して、すでに四年が経過していた。

野村による「ＩＤ野球」が結実の瞬間を迎えようとしていた――。

「今年のヤクルトは手強い……」と森祇晶が慄然とした瞬間

右打席に入った池山は、グリップエンドを余して普段よりもバットを短く持っていた。視線がブレないようにステップは最小限に抑えるつもりだった。そして、犠牲フライとなるように飛距離の出るライト方向を狙うつもりだった。

サインの交換を終え、セットポジションから石井が初球を投じる。アウトコース高めのストレートだ。池山のバットが一閃する。

打球は逆風に押し戻されながらも、ライトの平野への大きな飛球となった。三塁走者の古田がタッチアップから生還する。待望の先取点となった。

1対0、ヤクルトがついに先制した。

石井は言う。

「ストライクを取りにいったボールではありませんでした。中途半端な一球でした」

伊東は言う。

「外すのならばもっと徹底すべき一球でした」

三塁側ベンチの森に動揺は見られない。しかし、池山が犠飛を放った瞬間、森は慄然としていた。野村率いるヤクルトに恐怖を、いや畏怖を感じていた。

「それまでの池山なら、あの場面はホームランを狙ってバットを振り回してきたはず。でも、このときの池山はミート打法に徹していた。最初から犠牲フライを打つつもりで、ノーステップで逆方向を狙っていた。池山の成長は《野村野球》が完全に定着したことを意味していました。〝今年のヤクルトは手強い……〟と実感させられたのが、この瞬間だったな」

自由にバットを振り回していた関根前監督時代とは明らかに違う打者に育っていた。

選手としてひと皮むけた池山の犠牲フライで、ついにヤクルトがリードした。5回表、西武の攻撃では石井に代打が送られた。試合は確実に動いていた。

飯田哲也は、ベンチの指示を無視した

川崎の好投はなおも続く。5回、6回、7回といずれも1本ずつヒットは打たれるものの、相変わらず危な気のないピッチングを披露する。7回こそバッテリーエラーで三塁まで走者を出したが、守備固めでライトに入っていた土橋勝征の好捕で何とか切り抜けた。

しかし、ヤクルト打線も追加点を奪えない。二番手の鹿取、三番手の杉山が持ち味を発揮して、ヤクルトの強力打線に自分のバッティングをさせない。前日までの3試合と異なり、今シリーズ初めての投手戦が続いた。

そして8回表、ついに西武にチャンスが訪れる。

一死後、川崎は代打の安部理にフォアボールを与えてしまう。その後、ツーアウトとしたものの、二番の平野にも四球を許し、二死一、二塁のピンチとなった。

二塁ランナーには代走の笘篠誠治が起用されている。森は万全の手を打っていた。ヤクルトベンチは動かない。マウンド上の川崎に、野村はすべてを託していた。

このとき、三塁コーチを務めていた伊原春樹が振り返る。

「一打同点の場面ですから、ヤクルトナインの守備位置は当然、確認していますし、センタ

ーの飯田が前に来ているのはもちろんわかっていました……」

　飯田もこの場面を述懐する。

「あのときは1点もやれない場面でした。二塁ランナーが帰れば同点。一塁ランナーがホームインすれば逆転という場面です。ベンチからの指示は、〝下がれ〟というものでした。セオリー的にいえば、同点は仕方ないけど逆転は許してはいけない場面ですから、当然の策だと思います。でも、僕はその指示を無視したんです……」

　改めて、伊原の言葉を聞こう。

「繰り返しになりますが、飯田が浅めに守っていることは気づいていました。このとき、〝ヤクルトは1点もやらない作戦に出ているのだろう〟と僕は考えました。まさか、それが飯田の独断だったとは、まったく思ってもいませんでした……」

　このとき、飯田がベンチの指示を無視したのには、きちんとした理由があった。前述したように、この日の神宮球場には試合前から強風が吹き荒れていた。センターからホームに吹きつける6・5メートルの風を背中に受けながら、飯田は考えていた。

(今日のこの風なら、頭を越される打球はない。ならば、前進守備を敷いてもいいだろう。この場面、1点もやりたくはない。川崎の好投に何とかして報いたい……)

　三十年も前の秋の日の出来事を飯田が振り返る。

「あの日の川崎はフォーク、スプリットも低めに決まっていたので、長打を喫しやすい高めに抜けることはないだろうということも判断材料の一つになりました。それにバッターにとって逆風ということはセンターにとっては投げるときには追い風になります。その辺りは意識していたので、前に守ることを決めました。もちろん、〝ここに打て!〟と祈りながら守っていました」

左打席に鈴木健が入る。川崎の投球はすでに107球となっている。

こうして投じられた108球目は、真ん中に入る146キロのストレートだった。

勝負の瞬間が訪れようとしていた――。

一世一代のバックホーム

二塁走者の笘篠も、塁上で改めて状況確認をしていた。

「ツーアウト一塁、二塁。〝ワンヒットで絶対に返ろう〟、そんな思いでセカンドベース上にいました。外野の位置を確認する。〝あっ、それほど前に出てきていないな〟と思ったことを覚えています。ならば、(鈴木)健がとにかく外野の前に落としてくれればワンヒットでホームインできる。そう考えていました」

しかし、センターの飯田は「サインを無視して前進守備を敷いていた」と語り、サードベースコーチの伊原も「飯田が浅めに守っていることは気づいていた」と言っている。

「飯田の肩の強さはわかっていますから、飯田の位置はきちんと確認しました。前には来ていませんでした。おそらく、審判のプレーボールがかかる直前に前に来たんでしょう。その時点では僕は川崎の投球に集中していますから。それは飯田の駆け引きですよね」

このとき、笘篠はさまざまなシミュレーションを行っている。どの位置に打球が来たら、どのような走塁をするか。イメージは完璧だった。

そして、川崎が鈴木に対して第一球を投じた。川崎の右手からボールが離れ、古田のミットに向かっていく。笘篠はリードオフを取る。

打者の鈴木が始動する。笘篠は言う。

「川崎の投球はストライクゾーンに行きました。健がスイングをします。バットに当たった瞬間に、僕は確信しました。〝センター前ヒットだ!〟、と」

事前のシミュレーションでは「浅いヒットでもホームインできる」と考えていた。鈴木のスイングを見て、「センター前ヒットだ」と確信した。つまり「ホームインできる」と笘篠は瞬時にジャッジしたのだった。

しかし、ここで誤算があった。笘篠が続ける。

「スタートが遅れているんです。ツーアウトなので、本来だったらボールがバットに当たる寸前にスタートを切れていたはずなんです。でも、このときの僕の感覚ではボールがバットに当たって離れる瞬間にスタートを切っているんです。これだけで当然、一歩は遅れています。走り出した瞬間、実は〝ヤバい〟と思いながら加速していました」

笘篠の思いを知ることのない川崎は、「完璧に打たれた」と感じていた。

鈴木の放った痛烈な一打は飯田の前でワンバウンドして大きく跳ねた。

（しめた！）

ガックリしたままホームベースのカバーに向かう川崎をよそに、センター・飯田は猛然とダッシュをして、全身をフルに使って矢のような返球を試みた。

三塁コーチの伊原が言う。

「鈴木健の放った打球を飯田が猛然とダッシュをしてつかみました。飯田の肩と笘篠の足を比較したならば、〝確率は五分五分だ〟と思いました。何としてでも1点がほしい、試合終盤のツーアウトの場面。迷うことなく、〝ゴー〟の判断を下しました」

伊原の指示を受けた笘篠は、少しもスピードを緩めることなくホームを目指す。一方、飯田の放った送球は低い軌道を描いたまま、ホームで待ち受ける古田のミットに一直線に向かっていく。

一塁側ブルペンから、この光景を見守っていた高津臣吾が言う。

「それは今までに見たことのない軌道の送球でした。カットマンに繋ぐことなく、低い位置のまま一直線で古田さんのミットに向かっていく。僕の位置からは送球のすべてを正確につかむことはできなかったけれど、〝間違いなくクロスプレーになるだろう〟と思って見ていました」

それぞれの思惑をよそに、飯田の投じた白球はホームへと進んでいった——。

飯田哲也、古田敦也が語る「あのプレー」

飯田は確信していた。「よし、アウトだ！」、と。

「送球は一塁方向に少しだけ逸れたのが気がかりだったけど、会心の返球でした。ベンチの指示に対して、見て見ぬ振りをしたことはいけないですけど、結果的には正解だったわけじゃないですか。それはやっぱり正解のプレーなんだと思いますよ」

飯田の返球はノーバウンドで古田のミットに収まった。古田が語る。

「鈴木健が打って、飯田が捕球した瞬間、僕は〝タイミング的にはアウトだな〟と思いました。このプレーに関しては、僕は右足でブロックをしているんです。飯田の送球が若干、一塁側にずれました。左足でブロックに行くと回り込まれて空タッチになってしまう危険性がありました。だから僕は右足を持っていった。すると、ランナーと正対する形になるんです。スライディングはレガースで受け止めればいい。タックルされたなら、ボールを放さずに後ろに吹っ飛べばいい。要は保険をかけたんです。それぐらいの余裕があったということです。気持ちの余裕？　いいえ、時間の余裕です」

コリジョンルールなどない時代だ。落球を誘発するべく、笘篠は強烈なタックルを古田に見舞った。しかし、古田はしっかりとガードしたまま、決してボールを放さなかった。

球審の田中俊幸が「アウト！」と何度も絶叫する。

見事なダイレクト返球であり、完璧なブロックだった。笘篠が言う。

「サードベースを蹴るときには、もう古田の構えと目しか見ていませんでした。飯田の肩であの打球なら、間違いなくカットマンを経由せずにダイレクトで返球される。そして、古田が捕球態勢に入っているのが見えたので、迷わずタックルしたんですけど……」

この光景を一塁側ベンチから見ていた笘篠賢治が述懐する。

「飯田からものすごい返球が来て、それを古田さんがブロックしました。そして、二塁から戻ってきた兄が弾き飛ばされました。その瞬間、僕はつい〝あっ、大丈夫かな？〟と兄のことを気遣ってしまいました。そして、アウトの判定となってチームメイトから喜びの声が出た。そのとき、ようやく〝いかん、いかん、やったアウトだ！〟となりました。でも、心のどこかで兄の身体を心配していたのは事実でした」

ホームにカバーに入っていて、目の前で一連のプレーを見ていた川崎がしみじみと述懐する。

「前年の日本シリーズでは故障のために出場できずに、本当に悔しい思いをしました。そんな思いのままこの年のペナントレースを戦ってきて、この日の第四戦にようやく、シリーズ初登板のチャンスをつかみました。1対0という緊迫した状況で迎えたこの場面。本当に鳥肌が立ちました。(飯田)哲っちゃんの、あのプレーは今でも忘れられない、野球人生最大の思い出となりました」

その瞬間、川崎の口元からは白い歯がこぼれた。川崎の後を受けて、9回からマウンドに上がったリリーフエース・高津も口をそろえる。

「川崎がどんな思いでこの日を迎えていたのか、僕もよく知っていました。その川崎があれだけの力投を見せてくれました。それに応えるために、飯田が見たことのないスーパープレーを見せてくれました。古田さんが身体を張ってプレーしていました。そんな状況での登板だったから、本当に緊張しました。後に僕はメジャーリーグに行ったり、韓国や台湾でもプレーしたりしましたけど、このときほど緊張したことはありません。僕の野球人生において、もっとも緊張したのは飯田のスーパープレーが飛び出した、この日の試合でした」

高津が記憶していた、第三戦の「野村の激怒」が見事に生きたのだった。古田は身体を張ってホームを死守したのである。

一方、ホーム突入を指示した伊原は言う。

「結果としてアウトにはなったけれど、ゴーの判断を下したことは間違いだったとは今でも思いません。あれは飯田に完全にやられました。それまでの西武の野球をヤクルトにやられた感じがします。正直に言えば、飯田の好プレーが生まれたあの瞬間に日本シリーズの敗退を覚悟したような気がします」

前年の日本シリーズ第七戦では、石井丈裕の打球を捕り損ねた。その結果、チームは敗れ去り、飯田は「一生忘れられない悔しいプレー」だと語った。

「もちろん、〝生涯のベストプレーは？〟と尋ねられたら、この日のバックホームを挙げます。92年の悔しさは忘れていませんでしたから本当に嬉しかった。この第四戦では自分のプレーがきっかけとなってチームに勢いを与えられたと思います」

前年には「一生忘れられない悔しいプレー」の張本人となり、その一年後の大舞台では「生涯のベストプレー」と胸を張る一世一代の好プレーの主人公となった。

飯田の好守がチームを救ったのだ。

「これで日本一だ！」と一瞬だけ気が緩んだ広沢克己

9回表のマウンドは高津に託された。

第二戦に続いて二度目の登板となったこの日、やはり高津のシンカーは盤石だった。

この回の先頭打者、清原に11球粘られてフォアボールを与えてしまったものの、続く秋山はシンカーとストレートのコンビネーションで翻弄し空振り三振を奪った。

この日も、面白いようにシンカーが決まっていた。

さらに、六番・垣内はショートゴロでツーアウト。七番の田辺もシンカーにタイミングが合わずに空振り三振。

1対0。ヤクルトが見事に逃げ切った。一塁側ベンチでは川崎が目を真っ赤にはらしている。前年のことを思うと歓喜の涙が止まらない。

それにしても、ヤクルトは強い。池山が理詰めで犠牲フライを打ち、飯田が自らの本能に忠実にスーパープレーを演じ、故障に苦しんだ川崎が復活を遂げた。

野村の掲げる「ID野球」が見事に結実した。

さらに、前年のヤクルトとの大きな違い。それは高津の存在だった。

ここまでの2試合、高津は3イニングを投げて六つの三振を奪っている。剛速球ではない。110キロ前後のシンカーが、まさに「魔球」となって西武打線に襲いかかる。

(どうやって、高津を攻略したらいいのか……)

これで対戦成績は一勝三敗。ついに王手をかけられた。森は頭を悩ませていた。

一方の野村も、「とりあえず七戦まで戦う権利を得られただけ」と語り、決して勝利に浮かれてはいない。しかし、勝利の瞬間、思わず気が緩んでしまった選手がいた。広沢克己だ。

「93年の日本シリーズで強く印象に残っているのは、第四戦の試合終了の瞬間ですね。このとき、僕は〝あっ、これで勝ったな〟って思ったんです。第四戦に勝ったという意味ではないです。日本シリーズに勝ったという意味です。頭ではわかっているんです、〝浮かれてはダメだ〟って。でも、つい〝勝った〟と思ってしまったんです。頭ではわかっているんですけどね」

この日の夜、笘篠賢治は兄に電話をかけている。

ホームに突入した際に古田と衝突したダメージが気になったからだった。無事を確認した後、弟はもう一つ、気になっていたことを兄に尋ねた。

——アウトになったことで、監督やコーチには怒られなかった？

弟の質問に対して、兄が答える。

「いやいや、怒られるなんてことがあるはずがないよ。むしろ、森監督には〝お前の足だからこそ、あれだけのギリギリのタイミングになったんだ。それでアウトになったらしょうがないだろう〟って言われたよ」

兄の言葉を聞いて弟は感激していた。

（オレも、監督から信頼される選手にならなあかんな……）

ついにヤクルトが王手をかけた。西武に勢いが行き始めたものの、ヤクルトがあっさりと流れを引き戻した。

このまま第五戦も勝利し、ヤクルトが前年の雪辱を果たすのか？

それとも、「王者」の意地を見せ、西武が巻き返しを図るのか？
第五戦は、同じく神宮球場で行われる――。

第九章

王者の底力

——10月28〜31日　第五戦、第六戦

「パ・リーグの四番にあんな失礼なボールを投げるな！」

三勝一敗と王手をかけて本拠地・神宮球場での一戦に臨むヤクルトスワローズ。

ここで勝利すれば、悲願の本拠地胴上げが実現する。1978（昭和53）年、広岡達朗監督時代の最初の日本一では、大学野球開催のために神宮球場が使えず、当時、読売ジャイアンツの本拠地だった後楽園球場でその瞬間を迎えた。

神宮球場での日本一の胴上げはまだ一度もない。何としてでも公称八十キログラムの野村克也が神宮の宙を舞う姿を見るべく、多くのヤクルトファンが早くから集結していた。

初戦に先発した荒木大輔が中四日で来るのか？　それとも、第三戦に3イニングで降板した伊東昭光が中一日で投げるのか？　あるいは、シリーズ初先発となる宮本賢治が登板するのか？　世間の意見は分かれていたが、野村克也が指名したのはプロ十二年目を迎えていた宮本だった。

ここまで宮本は、初戦、そして第二戦と、いずれも二番手として登板して西武打線に得点を許していない。戦前には「西武は下手投げに弱い」という報道もあった。リリーフエースの高津臣吾をまったく打ちあぐねている状況下では、あながちそれも間違いではないのかもしれない。満を持しての初先発となった。

一方の西武は、初戦にふがいないピッチングでKOされていた工藤公康が中四日で登場する。左足ふくらはぎを痛めていた前年と比べれば、93年ははるかに体調はよく、シーズンを通じて好調で、「胴上げだけは見たくない」の思いとともにこの日を迎えていた。

宿舎となっている東京プリンスホテルから神宮球場に向かうバスへ一番に乗り込んだ。集合時間の20分前にたった一人で乗車したのも気合いの表れだった。

また、前日の第四戦では自ら欠場を申し出た石毛宏典が、この日はスタメン復帰していた。もちろん、体調が劇的に回復したわけではない。ここで負ければ「終戦」という絶体絶命のピンチだからこそ、森祇晶監督に直訴しての強行出場だった。

スコアボードに「石毛」の文字が灯ると三塁側西武ファンから歓喜の声が上がる。チームリーダーの奮闘が、西武ナインに勇気を与えないはずがない。

試合開始直前の空白時間。神宮球場内には森下弥生が奏でるドリマトーンの音色だけが響き渡っている。少しずつ両軍のボルテージが高まっていく。

12時33分、試合が始まった——。

秋晴れの神宮球場、まっさらなマウンドに上がった宮本は落ち着いていた。

「もちろん、緊張はしましたよ。でも、自分のピッチングをするだけだから。そんな気持ちでマウンドに上がったことは覚えていますね」

先頭打者の辻発彦には小気味よくストレートを投げ込み、センターフライに打ち取った。二番の平野謙にもストレートを投じて、初球でセカンドゴロに仕留めた。さらに、三番・石毛はスライダーでレフトフライ。わずか7球の完璧なピッチングだった。

対する工藤は、先頭の飯田哲也に対してスリーボールワンストライクと不利なカウントを作り出したものの、ボール気味のストレートを打たせてセンターフライに、二番・笘篠賢治もセンターフライ、三番・古田敦也をショートライナー、計14球で三者凡退に抑えた。

前回登板では「左腕が身体から離れすぎていた」という反省から、この日は「身体に巻きつくような腕の振りを意識した」のが奏功した。

2回表、西武の攻撃は四番の清原和博からだった。

試合前、三塁側ベンチに座った清原は一塁側ベンチをじっと見つめていた。「今日勝てば日本一だ」と意気上がるヤクルトナインの姿を目に焼きつけ、静かに闘志を燃やしていた。

右打席に入っても、その表情は変わらない。投手をにらみつけることもなく、気合いを前面に出すこともなく、冷静な心境で宮本と対峙していた。

カウントはツーボールツーストライクとなっていた。宮本が投じた6球目は真ん中付近の甘いストレートとなった。清原は冷静に、しかし力強くスイングする。

打球はセンターバックスクリーンの左側に飛び込む大ホームランとなった。

ベースを回る際にも、清原の表情は変わらない。

「シーズンを通じても完璧な当たり。今日はとにかく悔いを残したくないんです」

ベンチに戻っても、清原に笑顔はなかった。打たれた宮本は言う。

「この後、ベンチに戻って野村監督にこってりと叱られました。古田のサインはインコースの真っ直ぐだったんです。でも、僕が勝手に色気を出して、〝ここなら空振りが取れるだろう〟と意図的に真ん中高めに投げようとしたら、それが失投となりました。ベンチに戻った後、〝パ・リーグの四番にあんな失礼なボールを投げるな。一億円の選手には、それなりに厳しい攻めをしろ〟って、野村さんに叱られたことをよく覚えています」

前日の風ならばスタンドインすることはなかっただろう。しかし、この日は無風に近かった。第四戦まではすべて先制点を挙げたチームが勝利している。土壇場まで追い詰められている西武にとって幸先のいいスタートだった。

「オレをなめとるわ」と伊東勤はつぶやいた

清原に一発を喫したものの、宮本はその後は丁寧なピッチングを続けて西武打線にヒットも得点も許さなかった。対する工藤もヤクルト打線に1本もヒットを与えないまま、スコアボードに「0」を並べていく。

試合が動いたのは5回裏、ヤクルトの攻撃だった。

この回の先頭は、スタメンに名前を連ねていた当て馬の荒木大輔に代わって、試合開始後すぐに出場していた七番の橋上秀樹からだ。

橋上は工藤のストレートを強引に引っ張り、レフト前にチーム初ヒットを記録する。続くレックス・ハドラーはセカンドゴロに倒れて、一死二塁となった。

ここで野村が動いた。

5回まで1失点に抑えていた宮本に代えて、桜井伸一を代打に送ったのだ。この場面で桜井は四球を選んで、さらに飯田も四球で続いて一死満塁となった。

一塁側ベンチの野村は立ち上がって戦況を見つめる。

三塁側ベンチの森は表情も変えずに微動だにしない。

被安打はわずかに1ながら、工藤の投球数はすでに86球となっている。それでも、森は工藤を代えるそぶりを見せない。前年に結婚したばかりの夫人がスタンドで見つめる中、二番・笘篠はキャッチャーフライに倒れて、二死満塁となった。

ここで森が動いた。

工藤に代わって、二番手に鹿取義隆を起用したのだ。バッターは三番・古田敦也だ。このシリーズではここまで18打数3安打、・167と低打率にあえいでいた。

それでも、この場面では万全を期して鹿取をマウンドに送ったのだ。

ヤクルトファンのボルテージが一気に上がる。しかし、絶体絶命のピンチでありながら、やはり鹿取は百戦錬磨の大ベテランだった。

インコースのシュートで古田を空振り三振。無失点でこのピンチを切り抜けた。

野村は言う。

「笘篠、古田の凡退がこの日のポイントだった。ここで一気に攻めていれば、押せ押せでいけたのに……」

森は言う。

「この場面が勝負のポイントだと思った。ここで点を取られると一気に苦しくなる。継投に迷いはなかった」

野村も、森も、ともに「5回がポイントだった」と振り返るこの場面は西武が制した。両監督ともに「ここが勝負だ」と感じ、ともに動き、西武の思惑は当たり、一方のヤクルトのチャンスは潰えた。

6回表、ヤクルトのマウンドには伊東昭光が上がった。第三戦であっという間に喫した6失点のふがいないピッチングを挽回するチャンスが訪れた。

しかし、伊東は6回こそ無失点に切り抜けたものの、7回には二死二塁のピンチを作って、八番・伊東勤を打席に迎えた。次のバッターは九番・鹿取だ。当然、代打が出てくるだろう。野村の頭に敬遠策がよぎる。森は敬遠を覚悟した。野村は言う。

「西武には鹿取の他に、潮崎、杉山が控えている。当然、投手のところで代打が出てくるだろう。おそらく、当たっている鈴木健だろうから走者をためるのがイヤだった」

この場面で野村が選択したのは「伊東と勝負」だった。野村は「代打・鈴木健」を嫌い、一方の森は、野村の決断を「ありがたい」と感じていた。

ワンボールワンストライクからの3球目、伊東の放った痛烈な打球は、前進守備を敷いていたセンター・飯田の頭上を越えるタイムリーツーベースヒットとなった。

これで得点は2対0となった。

試合後、伊東は報道陣に対して「オレをなめとるわ」とつぶやいたという。

野村の強気の策が裏目に出た。西武がリードしたまま、試合は終盤へともつれ込んでいく。

岡林洋一、伊藤智仁が見守る中で……

神宮球場に隣接したクラブハウスで、男たちはじりじりした思いを抱えながら食い入るようにテレビ中継を見つめていた。岡林洋一と伊藤智仁だ。

前年の日本シリーズでは3試合に先発して3完投、全430球を投げ抜いた岡林は右肩痛がぶり返し、この年はベンチ入りがかなわなかった。

ルーキーの伊藤は前半戦だけで7勝を挙げる大活躍を見せたが、7月に右ひじを痛めて以来、まったくボールを握ることができなかった。西武ベンチを攪乱させるべく、日本シリーズ40人の出場枠に名を連ねてはいたものの登板予定は皆無だった。三勝一敗で迎えたこの日、チームメイトとともに歓喜の瞬間を迎えるべく、岡林と伊藤は召集されていた。

(本来ならば、オレもあの舞台に立っているはずなのに……)

両者はただただ、仲間たちに声援を送ることしかできなかった。

8回裏、ついにヤクルトに得点が入った。

先頭の飯田が内野安打で出塁すると、笘篠の代打に左の秦真司が登場する。ここで森は鹿取に代わって、左投手の杉山にスイッチ。すると野村は「代打の代打」として、右の角富士夫を指名する。しかし、角はタイミングが合わずに空振り三振。すると森は杉山に代わって、四番手に潮崎を指名する。野村と森による目まぐるしいベンチワークが繰り広げられる。

一方の野村も黙ってはいない。一死一塁、古田が打席に入った場面でヒットエンドランを敢行。見事に決まって一死一、三塁となった。

このシリーズでは、ここまで打点がない四番の広沢克己が打席に入る。ここで広沢は2球目のストレートをライト前に弾き返す。四番の意地の一打で1点をもぎ取った。

これで1点差となった。ビニール傘が乱舞する神宮球場。

なおもヤクルトは一死一、二塁のチャンスが続く。

ここで珍しいプレーが起こる。ハウエルが打席に入ったこの場面で、潮崎はセカンドに牽制球を投じる。ショートの奈良原浩が慌ててベースカバーに入る。潮崎からの送球が高めに逸れると、奈良原は「アッ！」と大声を上げてジャンプする。

すかさず、センターの秋山幸二がバックアップに入るべく猛然とダッシュしてくる。

大観衆のどよめきが球場全体を包む。

しかし、白球はいまだ潮崎の手にあった。ピッチャー潮崎はセカンドに投げる振りをしながら、セカンドランナーの古田が飛び出すのを待っていたのだ。奈良原の動きも、秋山のアクションも、すべてがフェイクだった。結果的に古田が三塁へスタートを切らなかったために、「偽装悪送球作戦」は実を結ばなかった。

一連の動きは、すべてがキャッチャー・伊東からのサインプレーだった。シリーズ直前練習において、「シリーズ対策」として練習していた、いかにも西武らしいトリックプレーだった。

絶好の逆転のチャンスだったが、続くハウエル、池山がともに内野ゴロに倒れてチャンスは潰えた。それでも、ついに1点差まで追いついた。ヤクルトに勢いが戻ってきた。

森と野村、それぞれの「ドーハの悲劇」

9回表西武の攻撃、野村は四番手として山田勉を指名した。

プロ八年目を迎えていたこの年、ようやくプロ初勝利を記録した山田は、主に中継ぎ投手として大事な場面を託されるまでに急成長を遂げていた。

「この年の山田はリリーフとして頑張っていました。アイツが打たれたことで先発した僕の勝ち星が消えたこともあります。でも、そのたびにメシに連れていっていろいろな話をしました。先発投手の勝ち星を消して、自分が勝利投手になる。それは本当に申し訳ない気持ちでいっぱいになるんです。そういう思いをしながら成績を残した。それが、この年の山田でしたね」

先輩の荒木大輔が言うように、93年の山田は47試合に登板するフル回転を見せた。

9月10日には試合前の練習で右足を痛めた伊東に代わり、急遽先発マウンドに上がり、セ・リーグタイ記録となる16個の三振を奪って勝利投手となっていた。シーズン通算では10勝5敗2セーブという好成績を記録し、このシリーズでも初戦に登板していた。

しかし、山田はその期待に応えることができなかった。

西武打線を二死まで追い詰めたものの、九番・潮崎にサードへの内野安打を打たれて満塁とすると、一番・辻にタイムリー、さらに代打の鈴木健に満塁ホームランを打たれて一挙に5点を失い勝負は決してしまった。試合後、野村はこの継投を悔やんだ。

「山田が誤算だった。つくづく、野球は人間がやるものだなと思い知らされたよ」

9回裏に荒井幸雄に日本シリーズ通算500号となる今シリーズ第一号が飛び出したものの、焼け石に水だった。

ウイニングボールをつかんだのはファーストの清原だった。試合前同様、勝利の瞬間も笑顔はなかった。彼の視線はその先の先を見据えていた。

7対2――。何とか西武が二勝三敗と土俵際で持ちこたえることに成功した。西武ナインは王者の意地を見せた。これで西武球場に帰れる。

「今日はピッチャーが頑張ってくれました。相手のピッチャーもいいので、なかなか点が取れないですから、ペナントで戦ってきたように繋ぎ、繋ぎで何とか防いでくれました。うちとすれば、5回に点を取られたら苦しくなりますし、あの場面は鹿取が本当によく踏ん張ってくれました。打者も繋ぎ、繋ぎでやってきて、最後に鈴木健がいいところでとどめを刺してくれました。これで何とか所沢に帰れます」

森の言葉は弾んでいた。

「選手たちもみんな第六戦の切符を持っているようですから、所沢に戻れて、自分の庭で思う存分の野球ができれば最終戦まで行ける。一つ一つがステップだと思います」

日本シリーズはますます白熱する。前年同様、まれにみる熱戦が展開されている。

しかし、翌日のスポーツ新聞は、後に「ドーハの悲劇」と呼ばれることになるサッカーワールドカップ・アジア最終予選が一面を占めることとなった。この年の5月にJリーグがスタートして以来、日本中に空前のサッカーブームが訪れていた。

この夜、森はサッカー中継を見ていた。一夜明けて報道陣に対して前夜の感想を述べる。

「バスケットボールみたいに残り1分で追いつくスポーツもあるけど、サッカーはいちばん点が入りにくいスポーツ。それが、ああなるんだからなぁ……」

改めて、「勝負は最後の最後までわからない」ということをかみしめていた。

一方の野村もまた、サッカーの話題を口にした。

「まったく興味なし。イライラするわ。駆け引きとか、心理面とか、全然見えんからな。作戦はあるんだろうが、裏をかくことがない。まったく興味なし」

前年に西武が日本一になった翌日の92年10月27日付スポーツ紙の一面はすべて「貴花田・宮沢りえ結婚」の活字が躍る両者の交際発覚報道だった。

二年連続で日本シリーズ最終戦がスポーツ紙の一面から外れることは免れた。日本中にサッカーの興奮の余韻が残る中、戦いの舞台は再び西武球場にやってくる。

雨天順延――両監督はともに「恵みの雨だ」と言った

「当初はこの日の先発を告げられていました。でも、結果的に雨天順延となったので、僕の先発はなくなったんです」

第六戦について、荒木大輔が振り返る。この発言にあるように、92年に引き続いてこの年も雨にたたられたことによって日程が変更されていた。

10月28日の第五戦終了後、翌29日は移動日となっており、30日の土曜日に第六戦が西武球場で行われることになっていた。しかし、夜半から降り出した雨は朝方には激しくなり、西武球場のスタンドはまるで滝のような状態となっていた。西武球場がドーム化するのは、ゴールデンルーキー・松坂大輔の入団に沸く99年、このときから六年後のことだった。

天気予報によれば午後からも回復の見込みは立たず、午前10時に正式に雨天順延が発表された。92年は第三戦が雨天順延となり、第七戦は月曜日開催となった。そして、この93年も、もし最終戦までもつれることになれば第七戦は11月1日、月曜日開催となる。

この雨に対して、両軍の指揮官はともに「恵みの雨だ」と口にした。

「うちにとっては、抑えの三人がちょっと疲れ気味だったのでいい雨だよ」

ここまでの全五戦で、鹿取は3試合、潮崎も3試合、杉山は2試合に登板していた。これで、西武の誇る「サンフレッチェ」に休養を与えられる。

さらに、第五戦に先発していた工藤をもう一度使えるめどが立ったことも大きかった。もちろん、三度目の先発としてではない。「ハウエル対策」としてだ。

野村は左のハウエルと秦を続けて起用することはしなかった。指名打者を使える初戦も第二戦も、いずれも「五番・ハウエル」と「七番・秦」の間に、右打者の池山隆寛を据えていた。これは、左投手である杉山の投入を困難にさせるためだった。

しかし、ここに工藤が加わればハウエル用のワンポイントとして、惜し気もなく工藤を起用することができ、無敵の中継ぎ陣が完成する。森は手応えを感じていた。

一方のヤクルトにとっても、この雨は多大な恩恵をもたらすことになる。

第四戦で一世一代の好投を披露した川崎憲次郎の第七戦先発が可能となったのである。27日の力投から中四日で11月1日の第七戦に臨むことができる。

これは野村にとって、まさに恵みの雨だった。

もしも予定通りに30日に試合が行われていれば、第六戦を中六日で荒木に、第七戦を中六日で西村に先発させる心づもりだった。これこそ、岡林を欠き、伊藤が投げられないヤクルト投手陣のこの時点でのベストな布陣だった。しかし、一日の猶予ができたことで、中四日で川崎の登板が可能となる。強風を味方につけ、西武打線にまったくつけ入る隙を与えなかった第四戦での好投は記憶に新しかった。

疲弊していた中継ぎ陣への休養を喜んだ西武。

足りなかった先発陣に強力な一枚が加わったヤクルト。

確かに、両監督にとっては「恵みの雨」となった。しかし、この慈雨はヤクルトにとって、より大きな力を与えることとなる。

シリーズ二つ目の死球に、石毛宏典は悶絶する

大本命と目されていたメジロマックイーンが本番数日前に故障した。混沌としていた第108回天皇賞が予定されていたこの日、西武球場では日本シリーズ第六戦が行われる。西武・郭泰源、ヤクルト・西村龍次、いずれも第二戦の先発投手だった。

当初、この日に先発予定だった荒木が言う。

「僕は第一戦の先発だから休養十分なんです。雨天順延になったので中七日でしたから。しかも、一応、初戦の勝利投手になっています。でも、第六戦の先発はタツ（西村）でした。初戦に打たれたのならわかるけど、勝利投手になったのに投げられない。92年は〝勝てる〟とは思わなかったから怖さもあったけど、93年の段階では〝勝てる〟と思っていたから投げたくて仕方なかったですね。だから、タツには〝お前、肩が痛いんだろう。オレが代わってやるよ〟って言っていたんですけどね」

第二戦では、郭も西村も本調子にはほど遠かったが、西村には打線の援護もあり勝利投手となっていた。敗れた郭には期する思いがあった。

本来は30日の先発登板が予定されていたが、雨天順延となった。大方の予想では「第六戦は渡辺久信だろう」と考えられていた。

しかし、郭は「どうしても投げたい」と、森に直訴する。シーズン中にスライド登板の経験はなかった。それでも、この日はどうしても投げたかった。かねてから婚約中で台湾の人気女優・張瓊姿との結婚が、この年のオフに決まっていたからだ。

第二戦では、ヤクルト打線に初球を狙い打ちされた。前回の反省を踏まえて、簡単にストライクをほしがることはせずに、今度は粘り強いピッチングをするつもりだった。

郭は静かに燃えていた。

初回は、三番・古田に投じたシュートをライト前に運ばれたが、危な気なく無失点で切り抜けた。

1回裏、対する西村は一番・辻、二番・平野を簡単に打ち取って二死としていた。

ここで打席に入ったのが、満身創痍で出場を続ける三番・石毛だった。

大きく振りかぶって、西村が1球目を投じる。142キロのシュートが石毛の胸元をえぐると、白球は左上腕部を直撃して大きく跳ねた。悶絶の表情を浮かべながら、西村に向かって歩み出す。

しかし、左腕を押さえたままうずくまってしまった。一塁側ベンチからは森監督が静かに登場する。騒然とする西武球場。石毛の表情はなおも苦痛にゆがんでいる。

ヤクルトバッテリーの石毛と辻に対する警戒ぶりは徹底していた。

初戦では荒木が石毛と辻に、第三戦では金沢が辻に死球を与えていた。ここまで、石毛と辻は二つずつの死球を食らっていた。

西村は続く四番の清原をサードゴロに打ち取り、この回を無失点で切り抜けた。三塁側ベンチに戻る際に走者の石毛とすれ違う。西村は帽子を取って石毛に詫びた。

この試合も激しい戦いとなりそうな、そんな予感に満ちた初回の攻防が終わった。

2回も、3回も、両投手は落ち着いたピッチングを披露していた。投手戦の予感が漂い始めた4回裏、西武の攻撃は二番の平野から始まった。平野はフォークボールでセカンドゴロに仕留められた。ここから、西武の誇るクリーンアップが登場する。

まず、三番の石毛がショートへの内野安打で出塁する。四番の清原がレフト前ヒットで続いた。この日、五番に抜擢された鈴木健はフォアボール。

あっという間に一死満塁となった。初回の石毛へのデッドボール以降、目に見えてアウトコースのボールが多くなっていた。執拗な内角攻めで、西武打者にインコースを意識させることには成功した。

しかし、その副作用は強すぎた。西村・古田のバッテリーは、西武打者に対して厳しく内角を突くことができなくなっていたのだ。その結果、アウトコース中心の配球となる。たまにインコースに投げても、どうしても甘く入ってしまう。そうなればインコースは怖くない。当然、西武ベンチもアウトコースに目付けをするようになり、思い切って踏み込んでくる。負のスパイラルが始まっていた。

こうして迎えたのが、このシリーズ絶不調の六番・秋山だった——。

「調子悪くても打てるんです」と、秋山幸二は言った

第五戦を終えて、秋山の成績は19打数2安打、打率は・105という絶不調の極みにあった。初戦の最終回、そして三戦目の5回に、それぞれソロホームランを打っていたが、放ったヒットはこの2本だけで、実に7三振という惨状だった。

移動日に充てられていた29日には西武球場で特打ちを行った。

「打ちたいという気持ちが強すぎて、つい投手方向に身体が向いてしまってボールを呼び込めないんだ」

自分でも原因はわかっていた。片平晋作打撃コーチからは「もっと背筋を伸ばせ」と指示を受けていた。スコアラー陣は秋山の打撃フォームを録画している。

宿舎に戻ってからはビデオのチェックを繰り返し、何度も何度もバットを振った。

「すぐに効果が出るかはわからないけど、ここまできたら調子がいいとか悪いとか言っている場合じゃないでしょう。もう、気持ちで打つしかないでしょう」

そんな思いで臨んだ第六戦。一死満塁、秋山は右打席に入った。

この日は「いつ以来だか覚えていない」と自ら語る六番に降格させられていた。第一打席はショートゴロで併殺打に倒れている。これ以上、チャンスを潰すわけにはいかない。その初球、秋山はど真ん中の絶好球を見送ってしまった。それは、まったく頭の中の整理がついていないような見送り方だった。秋山は明らかに消極的になっていた。

セットポジションから西村が2球目を投じる。143キロのストレートは初球よりも、さらに甘いど真ん中の絶好球だった。

不振の極みにあった秋山でも、さすがに2球続けてミスはしない。

鋭く振り抜いた打球は、あっという間に左中間芝生席に飛び込んだ。マウンド上で西村は茫然としている。秋山は表情を変えずに黙々とベースを一周する。

4対0――。ライトスタンド後方からは秋の青空に花火が打ち上げられる。三塁側ベンチでは、腕を組んだまま、野村が首をかしげている。

「完全にバッテリーのミスだよ。1球目の失投が何も生かされていない。一流の投手ならば〝どうして真ん中にいったのだろう?〟と考えてステップや腕の振りなどを修正するものなのに、西村は何も考えていなかった。古田もしっかりとアウトコースのボールゾーンに構えてサインを出すべきだった。ピッチャーに対する親切心が足りなかった。打たれるべくして打たれたホームランですよ」

第三戦までは、熊本から秋山の母が駆けつけていたが体調が思わしくなく、すでに帰郷していた。この瞬間を、母は実家のテレビで見ていた。これまでの日本シリーズでは欠かさず球場に訪れていたが、東京を離れる際に、「もう今年が最後だと思うから、絶対に日本一になってね」と、母は言い残していた。

母との約束が現実に一歩近づく完璧な満塁ホームランだった。古田は言う。

「このシリーズでは先制点を取った方がすべて勝利していました。だから、どうしても先制点は許したくなかった。外野フライもイヤだったので、内野ゴロの併殺狙いでした」

このとき、秋山はどんな思いでいたのか？　すでに50代半ばを迎えている秋山に質問する。すると、彼は意外な言葉を口にした。

「えっオレ、満塁ホームランを打ってるの？　全然、記憶にないな……」

手元のポータブルプレーヤーで当時の映像を再生する。秋山は食い入るように見つめる。右打席に入った自身の若き姿を見て、秋山は言った。

「うーん、打ち方が悪いな……。これ、かなり調子悪いよ、このときの秋山さんは（笑）。西村の真っ直ぐに立ち遅れているんですよ。構えに入って、足を上げたときにはすでに古田のミットにボールが収まっている。差し込まれている。だから、古田は初球の見逃しを見て、ゲッツー狙いでインサイドで詰まらせようとしたんじゃないのかな?」

当時の古田も、現在の秋山も、ともにプロフェッショナルだった。

こうして投じられた2球目はシュート回転するストレートだった。

「自分でも立ち遅れているのはわかっていたと思いますよ。ただ、調子悪くても打てるんです、配球さえ読めれば。このとき、僕はたぶんシュート系のボールを予想していたと思いますよ。そして、初球は完全に立ち遅れているわけだから、少し始動を早くしているはず。そうしたら、予想通りのボールが来た……」

狙い通りのボールが来た。秋山の言葉を借りれば、「調子悪くても打てる」球だった。

「このときの打ち方なら、スライダーを投げておけばせいぜいファールでしたよ。逆に、〝ここしか打てない〟というところに、狙い通りのボールが来た。それが、この満塁ホームランじゃないかな?」

本人の言葉には、実に説得力があった。

第七戦への伏線となる「一つのミス」とは?

5回途中で西村はノックアウトされ、二番手に金沢がマウンドに上がった。

一方の郭は6回を投げて無失点でマウンドを降りた。ここからは、西武自慢の「サンフレッチェ」が順番に登板するだけだ。西武の勝ちパターンが訪れようとしていた。

8回表、二番手の鹿取から、代打・金森栄治の左中間へのタイムリーヒットで、ようやくヤクルトが1点を返した。すかさず森は三番手として杉山を起用。その期待に応えて、杉山は無難に後続を断つ。相手に傾きつつあった流れを瞬時に止めた。

それでもヤクルトは粘りを見せる。

9回表には杉山を攻めて、池山の犠牲フライで1点を返した。得点は4対2となり、なおも一死一、三塁とチャンスは続く。

ここで野村は代打の切り札として、プロ二十四年目の大ベテラン・八重樫幸雄を指名した。すると森も、四番手として潮崎を投入。両監督ともに最善の手を尽くしていた。

潮崎対八重樫——。ここで、後に大きな意味を持つことになるプレーが起こる。

三塁側ベンチの野村監督がシグナルを送ると、三塁ベースコーチの大橋穣を経由して、一塁走者のハウエル、三塁走者の広沢、そして打者・八重樫に伝達された。

ワンボールからの2球目、潮崎が投じたのは127キロのスライダーだった。八重樫のバットが動いた瞬間、三塁ランナーの広沢が猛然とスタートを切った。

真ん中から外に逃げていくスライダーをバットに引っかけた八重樫の打球は、レフトへのライナーとなった。すでにスタートを切っていた広沢が慌てて帰塁する。

守備固めで入っていたレフトの笘篠誠治から、サードの石毛にすばやく返球される。一度帰塁していた広沢は再びホームを目指すものの、タッチアップはできなかった。

2点リードを許している場面で、三塁ランナーが走ったのだ。

ここでヒットエンドランはあり得ない策だった。前年の記憶もある。誰もが三塁走者の広沢のボーンヘッドだと理解した。

これで二死一、三塁となった。

代打に角富士夫が登場する。しかし、潮崎の勢いのあるピッチングの前に、角は空振り三振。西武が4対2で勝利した。これで対戦成績は三勝三敗。振り出しに戻った。

「我々、精いっぱいの戦いをして、ホームグラウンドに帰ってこられた。ここでいいゲームをファンのみなさんの前で見せることができたら、それでいい。それで結果がよければなおよしと。特別気張ったこともないし、選手も普段と同じような戦いをしてくれました。たまたま秋山のホームランが出まして先行することができましたから、うちのペースになっていきました。でも、それ以外の攻撃は本当に寂しいです」

森は相変わらず冷静だった。満塁ホームランを打った秋山にも笑顔はない。

「もう後がないので、打順とか関係なく目いっぱいやるつもりでした。初球はタイミングが合っていなかったので手は出しませんでした。まだ明日があるので、気を引き締めて頑張っていきたいです。ここまではヒットが全部ホームランなので、明日はヒットを狙うようにします」

歓喜に沸く西武ファン。土壇場に追い込まれながら、やはり王者の底力を見せつけた。この勢いがあれば逆王手から一気に日本一も夢ではない。

西武ファンによる祝宴はしばらくの間続いた。

一方、敗軍の兵となったヤクルトナインの周りには多くの報道陣が詰めかけていた。

焦点となったのは9回表、一死一、三塁の場面での広沢の走塁だ。

このとき、報道陣に対して三塁走者の広沢はこんな言葉を残している。

「あれはエンドランのサインでした。打球が緩ければ三塁に戻ることができたけど、あれはライナーだったので……」

また、打者の八重樫はこんな言葉を吐いている。

「思い切って振った当たりじゃなかった。バットの先で引っかけるような当たりだったね。エンドラン？　いや、サインは出ていなかったよ」

広沢は「サインは出ていた」と言い、八重樫は「サインは出ていなかった」と言った。どちらかがウソをついているのか、あるいはどちらかがサインを見落としたのか？

あの場面で、野村は何を考え、どのようなサインを出していたのか？

何を聞かれても野村の口数は少ない。

「あの場面は、勝負を賭けてみたんだがなぁ……」

それでも、しつこく報道陣は食い下がる。野村はつぶやくように言った。

「最後はヒットエンドラン。じっとしていてもしょうがないからな……」

一方の森はこの作戦に対して、ひそかに脱帽していた。

(あれは決して広沢の走塁ミスではない。間違いなくサインプレーだろう。転がして1点を取る作戦だ。1点差ならどうなっていたかわからない。本当に紙一重だった……)

西武ならば、この場面で三塁走者はタッチアップの可能性を考えてひと呼吸、スタートを遅らせたはずだった。しかし、この場面で広沢は八重樫が始動すると同時に猛然とダッシュをしていた。

これは西武では考えられないことだった。まるで、一か八かのギャンブルではないか?

野村監督は従来の定石を超えた新しい野球を模索しているのだろうか?

評論家は「セオリーを無視した愚策」と指摘し、あるいは「広沢の走塁ミスだ」と考えていた。この時点での野球観では「無謀」と断罪されても仕方のない作戦だった。

ところが、その背後には野村によるしたたかな計算と挑戦があった。森は、いち早くそれを見抜き、脱帽すると同時に畏怖の念を抱いていた。

第六戦では、野村による「奇襲」は失敗に終わった。八重樫の打球がライナーとなり、ツキは西武に味方した。しかし、この一連のプレーが翌日の第七戦において、さらなる大きな意味を持つことになるとは、この時点では当の野村も含めて、まだ誰も知る由もなかった。

ゲートが開くと同時に勢いよく飛び出したツインターボは、ゴール前500メートルの時点で馬群に沈みしんがりとなっていた。勝つときには圧勝し、敗れるときには惨敗を喫する「最後の個性派」は完敗を喫した。セキテイリュウオーとの激しいデッドヒートを制したのは、最後の最後で大逆転を見せたヤマニンゼファーだった。

天皇賞と同様に、日本シリーズでも先行逃げ切りを図ったヤクルトを最終コーナーで西武がまくるのか？　戦いは振り出しに戻った。

二年間にわたる熾烈な戦い。

最終決戦が始まろうとしていた――。

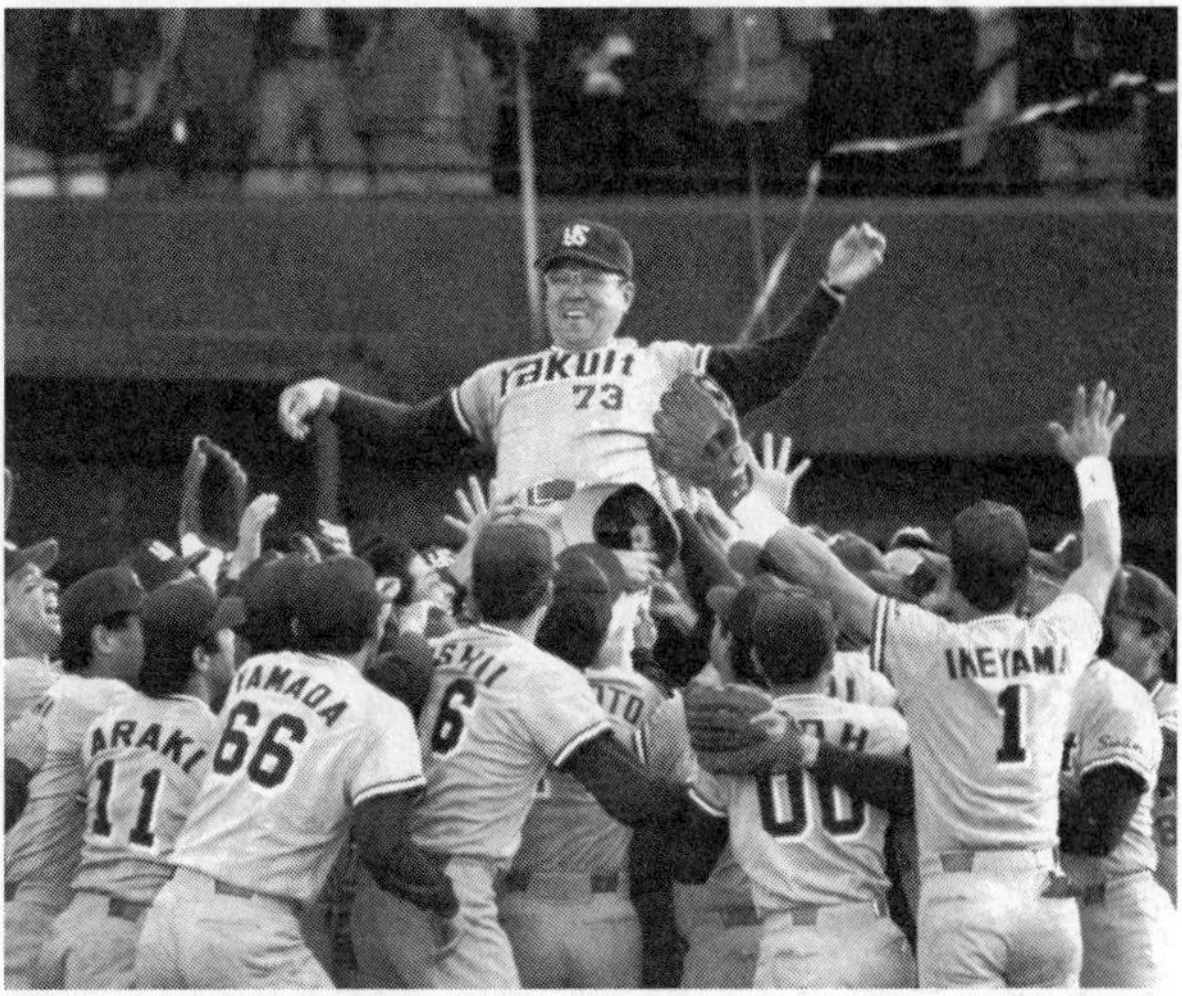

第十章

47時間13分、決着のとき

――11月1日　第七戦

野村克也、幸せのピンクのパンツ

第一戦、第二戦と連勝した。第三戦こそ落としたものの、第四戦は川崎憲次郎の圧倒的なピッチングで勝利し、三勝一敗と大手をかけた。

しかし、西武は王者の底力を見せて第五戦、第六戦と連勝して逆王手とした。

さまざまなゲン担ぎを行ってきた野村克也は、当然この日本シリーズでも沙知代夫人が懇意にしている占い師のアドバイスを積極的に取り入れていた。

「監督というのはどんなに準備をして、どんなに策をめぐらせても不安は消えないものなんだね。ゲンを担ぐことで、少しでもその不安が取り除かれるのならすがりたくなるものなんです。もちろん、それだけで勝てるなんて思っていないけど。……ええ、もちろん93年の日本シリーズでもゲンを担ぎましたよ」

占い師によれば、この年の野村のラッキーカラーは黄色とピンクだという。

野村はそのアドバイスを忠実に実行した。

第一戦を迎える際に黄色いパンツを穿いた。初戦、第二戦と立て続けに勝利したのでパンツは穿き替えなかった。第三戦を落としたことで、第四戦は新しい黄色のパンツで臨んだ。ここでも勝利したので、そのまま第五戦に挑んだものの鈴木健の満塁弾に沈んだ。再び黄色いパンツを新調したが、その効果もなく第六戦も敗れた。

こうして迎えた第七戦。野村は今シリーズ初となるピンクのパンツを穿いた。

ここまで、三枚の黄色いパンツで三勝三敗だった。泣いても笑っても、これが最後の試合だ。野村は四枚目の黄色いパンツではなく、初めてとなるピンクのパンツを選択した。

これがはたして、どんな効果を生み出すのか？

野村にとって初めてとなる日本一を懸けた一日が始まろうとしていた。

巨人で過ごした現役時代、コーチとして臨んだヤクルト、西武時代、そして1986（昭和61）年からは監督として日本シリーズの舞台で激闘を続けた。

森祇晶はここまでシリーズ二十連勝という前人未到の大記録の真っ只中にあった。しかし、

「常勝球団」と呼ばれ、「西武黄金時代」と謳われた輝かしい時代から、少しずつときが流れていることを敏感に感じ取っていた。デストラーデがチームを去り、石毛宏典、平野謙は30代の後半にさしかかり、否応なくチームの新陳代謝の時期が訪れていた。だからこそ、マスコミに対しては「変革期にある」と、しばしば口にしていた。

それは常勝球団だけが持つ悩みだった。そこで森は決断する。

日本一の懸かった大一番でありながら、ここまでスタメン起用されていた平野謙に代わって、プロ八年目、26歳の山野和明を二番に指名した。そして、五番には23歳の鈴木健を、七

番には同じく23歳の垣内哲也をスタメン起用した。

名将と謳われた森ならではの、未来を見据えた意欲的なスタメンオーダーだった。

同時に森はヤクルトの成長も痛切に感じていた。

「正直言って、今年のヤクルトは年齢的にも脂が乗り切っている時期にある」

シリーズ中に親しい記者に対して本音を漏らしていた。

ペナントレースでは優勝までのマジックを「1」としたまま、胴上げまでに実に6試合を要した。これまでの西武には考えられないドタバタ劇だった。長年にわたって西武担当として取材を続けていた中川充四郎は言う。

「それまでの西武にはないもたつき方でしたので、正直言えば心の奥底には多少の不安はありました……」

このシリーズでも、「ここぞ」という場面でなかなかタイムリーヒットが出なかった。第三戦、田辺徳雄の決勝スリーラン、第五戦、鈴木健の代打満塁ホームラン、第六戦、秋山幸二の決勝満塁弾と、華々しい花火は打ち上げていたものの、連打は少なく肝心のタイムリーヒットも少なかった。

西武らしい緻密な野球はほとんど見られず、大味な野球が目立っていた。

対するヤクルトは、第四戦の池山隆寛の犠牲フライに象徴されるように、相手の隙を突く嫌らしい攻撃を見せるまでに成長していた。かつて、自分たちがやっていた野球をヤクルトがやっている。野村の指導が随所に行き渡っていることを身に沁みて感じていた。

野村は常々、「西武ナインはみな大人だ。森は腕組みしていても勝てる」と口にしていたが、まったく同じことがヤクルトにも当てはまるようになっていた。

勝負はやってみなければわからない。一勝三敗から三勝三敗まで持ち込んだ。勢いのある西武と追い詰められたヤクルト。もちろん、何度も修羅場をくぐり抜けてきた王者としての意地もある。それでも、まだまだ成長過程にあるヤクルトの潜在能力は不気味だった。はたして、シリーズ連勝記録の更新はあるのか？

森にとって二十一度目の日本一の懸かった一日が始まろうとしていた——。

広沢克己、先制のスリーランホームラン

10月30日に予定されていた第六戦が雨天順延となったことで、中四日で川崎の先発登板が可能となった。第四戦での圧倒的なピッチングは、西武ナインに強烈な印象を残した。ヤクルトにとっては、もっとも頼りになる男の右腕に命運は託されていた。

「元々、第七戦は僕が投げる予定ではありませんでした。第四戦の先発を任されて無事に勝利投手になりました。これで三勝一敗です。この時点では、〝もう先発はないだろう。仮に投げるとしてもリリーフだろう〟と思っていました。でも、第六戦が雨天順延となったこと

で、僕に先発のチャンスがめぐってきました。当時、〝荒木さんが投げれば負けない〟という不敗神話があったので、まさか自分が指名されるとは思っていなかったです。でも、前年のシリーズ、僕はスタンドから見ていました。チーム全体としても悔しい思いをしています。〝もうやるしかない〟という思いになりました。ただ、自分の一球がチームみんなの努力を台無しにしてしまうこともあるわけです。緊張はピークでした。吐き気まで催してきました……」

試合直前、ロッカーで精神集中をしていると野村がやってきた。

「どうや緊張しとるか?」

「はい、緊張しています」

短いやり取りの後に野村は言った。

「結果は気にするな。いつも通りのピッチングをすればいい……」

野村のひと言で、川崎は落ち着きを取り戻したという。

「この日はブルペンからすごく調子がよかったんです。でも、試合前は緊張がピークに達していましたが、監督の言葉のおかげで少しは落ち着くことができました」

野村の回想を聞こう。

「92年は第三戦が雨天順延で、岡林を第四戦、七戦に登板させることができた。そして93年も、雨のおかげで川崎を最終戦に登板させることができた。投手のコマ不足に悩んでいたヤクルトは、二年続けて雨に救われたんだね。これは本当に助かったよ」

一方の西武は第三戦でヤクルト打線を見事に封じた渡辺久信が中五日で登板する。シリーズ六連勝中の経験豊富な右腕は平常心で球場入りしていた。

ヤクルトの潜在能力を警戒していた森は言う。

「第七戦までもつれ込んだことで、正直言えば〝恥をかかずにすんだ〟と胸をなでおろす気持ちもあったけど、もちろん勝負をあきらめたわけじゃない。渡辺が第三戦と同様のピッチングをしてくれれば、うちにはサンフレッチェの三人がいる。当然、チャンスはあると思っていました」

その渡辺がいきなりピンチを迎える。

一番の飯田哲也はセカンドゴロに打ち取ったものの、二番・荒井幸雄がヒットで出塁した後、三番・古田敦也の何でもないサードゴロを石毛がファンブル。慌てて投じたところ悪送球となった。初戦に受けた死球の傷はいまだ癒えていなかった。石毛の右手は限界に達していた。

ここで打席に入ったのが、ここまでわずか1打点しか挙げていない広沢克己だった。

「せっかく三勝一敗とリードしていたのにあっという間に逆王手をかけられたことで、〝今年も三勝四敗なのかな……〟っていう気持ちになったのは事実でした。でも、第七戦まできたら〝やってやるぞ！〟とまた違う感情になりますからね。この日の緊張感はマックスでし最高でも外野フライ〟って言いますよね。この場面では〝最低でも、最高でも外野フライ〟っていう気持ちだったな。とにかく犠牲フライを打つ。その思いだけでした」

渡辺は2球で簡単にツーストライクとした。ここから広沢はファールで粘りツーボールツーストライクとする。渡辺が6球目に投じたストレート、広沢が強振するとファールチップとなって、キャッチャー・伊東勤のミットに収まった。

いや、白球はミットに収まりかけてこぼれ落ちた。

命拾いをした広沢は打席を外して頭の中を整理する。

続いて投じられた127キロのカーブが甘く入る。無心でバットを振ると、打球はあっという間にセンターバックスクリーン脇に飛び込んだ。

先制のスリーランホームラン。手応えはバッチリだった。

四番のひと振りにレフトスタンドのボルテージがマックスになる。一塁側ブルペンでは早くも工藤公康、石井丈裕が肩を作っている。森は総力戦を覚悟していた。

五番のジャック・ハウエルにフォアボールを与えたものの、渡辺は続く池山、秦真司を連続三振で切り抜け、何とか初回を3失点で終えた。

ここまでの六戦はすべて先制点を取ったチームが勝利している。悲願の日本一奪取に向けて、川崎に大きな3点がもたらされた――。

データ通りに攻めるのか？　それとも打者の反応優先か？

「初回に援護点をもらうと、ピッチャーというのは〝先制点を守らなきゃ〟という心理が働くので、意外とプレッシャーが大きいんです。むしろ、第四戦のように両チーム得点が入らない方が、いい意味での緊張が続いて、いいピッチングができるものなんですね。最初からゲームが動いてしまうと、どうしても守りの意識になってしまう。味方が打った瞬間はものすごく嬉しいんですけど、その後はプレッシャーが大きいんです」

本人が振り返るように、野村の言葉で一度は極度の緊張感から解放されていた川崎は、広沢の援護点によって、立ち上がりには再び緊張状態にあった。

先頭の辻発彦にいきなり、フォアボールを与えてしまった。ベテランの平野に代わってスタメンに抜擢された二番の山野が初球をバント。一死二塁となった。三番の石毛はツーボールからの3球目を強振させて力のないセンターフライに打ち取った。

ここで打席に入ったのが四番の清原和博だった。

前年の日本シリーズ第七戦では屈辱の途中交代を経験した。清原にとっては一年越しのリベンジの機会でもあった。

「第七戦の初回、いきなり広沢さんが先制のスリーランホームランを打ちましたよね。同じ四番打者として意識したのは間違いないですね」

本人の回想にあるように、静かなる闘志を燃やして清原が川崎と対峙する。初球はアウトコースのスライダーが外れてワンボール。

そして2球目。インコースに弱点があると言われていた清原の内角を鋭く突くストレートを川崎が投じる。しかし、148キロの渾身の一球は若干甘く入った。清原が強振する。きれいな放物線を描いた白球は、瞬く間に左中間スタンドに飛び込んだ。

見事なホームランだった。一塁ベースを回る際に清原はガッツポーズを見せる。三塁側ベンチでは野村が憮然としている。一塁側ベンチの森は小さく微笑んでいる。

3対2――。両チームの四番打者による一発の応酬。

試合は初回から激しく揺れ動いていた。

初回を終えてベンチに戻った後、清原への配球について古田は野村から叱責を受けた。初球に投じた外角へのスライダーを清原は見逃した。それは、野村曰く「インコースに意識がある見逃し方」だった。それにもかかわらず、バッテリーは2球目に内角を選択した。

野村は常々、古田に言っていた。

「打者の反応を見て配球を変えなければならない」

データでは「清原のウィークポイントは内角だ」とある。しかし、清原は相手の攻めを逆手にとって、内角に強い意識を抱いて打席に入っている。

データ通りに攻めるのか？　それとも、打者の反応を優先するのか？

ここで古田は決断する。

今日の決め球はアウトコースにしよう――。

古田の判断がこの試合の帰趨を決めることになった。

西武は渡辺久信から工藤公康にリレー

1回裏、西武の攻撃は清原のホームランによる2点で終わった。三塁側ベンチに戻る際に広沢は改めてバックスクリーンを確認する。

（あと二十四個か……）

広沢が白い歯をこぼして、当時の心境を振り返る。

「1回裏を終えて3対2でリードしていたでしょ。ということは残りはあと8イニング。つまり二十四個のアウトを取れば日本一になれるわけです。そこからは毎回、〝あと二十個、あと十五個〟って、指折り数えながら試合をしていましたね」

2回以降、両投手とも落ち着きを取り戻した。

「初回に清原さんにホームランを打たれたことで、逆に落ち着きました。3回ぐらいまでバタバタした印象はあったんですけど、4回辺りからは自分のペースというか、流れに乗った感じはしていましたね」

この言葉通り、3回までは西武打線にヒットを許した川崎だが、4回以降は三者凡退で簡単に切り抜けていた。一方の渡辺も、フォアボールを与えてもヒットは許さず、こちらも快調に投げ続ける。秋晴れの西武球場、速いペースで試合は進んでいた。

ダッグアウト裏ではヤクルト中継ぎ陣が息を呑んでモニター画面を見つめている。この中には第一戦で先発勝利を挙げた荒木もいた。

「第七戦はずっとブルペンで待機していました。この日の試合中は変な感じだったことを覚えています。内心では〝オレも投げたい〟と思っているんです。でも、僕が投げるためには川崎が打たれなきゃいけない。川崎が打たれず、僕が投げる。そんなうまい方法は見つかりませんでした。自分が投げないのに、あんなに人のピッチングで喜べたのは初めての経験でしたね」

しかし、ヤクルト打線も渡辺をとらえきれない。

4回表には二死三塁の好機を生み出すものの、八番の橋上秀樹が三振。チャンスは潰えた。川崎が我慢強いピッチングを続ける中、ヤクルトは6回表にも得点機を作る。

先頭の古田が四球を選び、無死一塁となった。打席には初回にホームランを放っている四番の広沢が入る。広沢の放った打球はセカンドへの痛烈なライナーとなった。

辻がジャンプしたものの、白球はグラブをはじいて足元に転がる。古田は慌ててセカンドに駆け込む。セカンドは間に合わない。辻が一塁に送球する。タイミングは完全にアウトだった。しかし、それでも広沢は一塁にヘッドスライディングを試みた。

「これ、野球人生で初めてのヘッドスライディング」

広沢から笑みがこぼれた。結果はアウトになったものの、広沢の闘志は燃え盛っていた。

ここで森は渡辺をあきらめ、二番手として工藤を指名する。五番・ハウエルに対して、森は「左対左」を選択したのだ。工藤はハウエルをレフトフライに打ち取り、二死二塁とする。しかし、六番の池山を敬遠して二死一、二塁となった。

西武ベンチは、続く秦に代打が出るものと思っていた。

しかし野村は動かない。右の代打を起用せず、左の秦をそのまま打席に送った。

この判断は奏功する。ここで秦はセンター前にクリーンヒット。センターは強肩の秋山だ。三塁ベースコーチの大橋穣は二塁走者の古田をストップさせる。しかし、一塁走者の池山はこれに気づいていなかった。当然、古田がホームを目指しているものだと判断し、猛然と三塁を目指している途中で古田が止まっていることに気がついた。

池山が挟まれる。二三塁間の池山から、三本間の古田へと挟殺プレーが展開され、結局、池山がタッチアウトとなり、ヤクルトの攻撃は終わった。

もしもホームに突入していれば微妙なタイミングではあった。しかし、西武には鹿取義隆、潮崎哲也、杉山賢人の「サンフレッチェ」が控えている。試合は終盤にさしかかっている。

一か八かで「ゴー」を出すべきではなかったか？

三塁側ベンチの野村の眉間のしわがますます深くなった。

三塁ベース上で、「ウソだろ？」と古田敦也はつぶやいた

「この頃になると、〝追加点がほしいな〟という気持ちになっていました。でも、だからといって、自軍の攻撃に一喜一憂はしません。後半になればなるほど、一球一球が勝負になる。とにかく、〝行けるところまで行こう〟という気持ちで投げていました」（川崎）
6回裏の西武の攻撃も、簡単に三者凡退で切り抜けた。

初回の川崎とはまったくの別人となっていた。圧巻は7回裏だった。この回の先頭打者は清原。初回にホームランを打たれたことで、あえて清原の得意な「外角で勝負だ」と考えていた。だからこそ、古田はあえて初球はインコースを要求した。清原にインサイドを強く意識させるためだ。清原は見逃す。判定はストライクだった。

2球目、3球目は外角に外れてボールとなった。

これでツーボールワンストライク。その内訳は内角へ1球、外角へ2球だった。そして4球目はインコースに緩い変化球でファールにさせた。ファールとなった4球目、清原はアウトステップをしてスイングしている。

清原はインサイドを待っている――。

そう判断した古田がサインを出す。川崎が投じた一球はアウトコースのフォークボールだ。清原のバットが空を切る。

巧みな配球による見事なピッチングだった。


ヤクルトとは対照的に、1点を追う西武は二番手の工藤に続いて、7回表には石井、8回からは四番手の潮崎をマウンドに送る。なりふり構わず、ヤクルトに必死に食らいつきたい。西武ベンチは必死に打開策を模索していた。

8回表、ヤクルトは二番の荒井から始まる。マウンドには潮崎が上がっている。

先頭バッターの荒井はライトフライに倒れた。三番・古田が打席に入る。このシリーズでは、打者としていいところがまったくなかった。

しかし、この打席では古田の気迫と集中力が勝っていた。

スリーボールワンストライクからの5球目、古田が弾き返した打球はセンターの頭上を越える大飛球となった。秋山がクッションボールに手間取っている間に、古田は二塁を蹴り、三塁へ向かう。送球は返ってこない。古田は敢然とヘッドスライディング。

それは、「何としてでも勝つんだ」という思いの表れでもあった。見事なスリーベースヒットだった。三塁ベース上でベンチからのサインを確認する。出されるサインは一つだと確信していた。その瞬間、古田は自分の目を疑った。

（……ウソだろ？）

ベンチからの指示は「ストップ」だった。古田の頭に前年の悔しさがよみがえる。

この日と同じ、日本シリーズ第七戦。1対1の同点で迎えた7回裏の攻撃。一死満塁の場面での出来事は、一年経った今でも脳裏に強く焼きついている。杉浦享のセカンドゴロで、三塁走者の広沢はホームで憤死した。スタートが遅かったからだ。スライディングが甘かったからだ。

絶好のチャンスを潰してしまったヤクルトは延長の末に西武に敗れた。力投する岡林洋一をむざむざと見殺しにしてしまっていた。

得点は2対1。わずか1点の差でヤクルトは涙を呑んだ。

あの悔しさがあるからこそ、キャンプ初日から激しい走塁練習を行ったのだ。野村はことあるごとに「去年の悔しさを忘れるな」と口にしていた。

ヤクルトナインは「何としてでも西武に雪辱を果たすのだ」と意気込み、強い決意を持っていた。だからこそ、「こんなところで負けていられない」との思いでセ・リーグを制し、日本シリーズに勝ち上がってきたのだ。

そうして、ついに雌雄を決する第七戦が再び訪れた。

まさに、この場面こそ「あの走塁」を試みるべき絶好のタイミングではないのか？　どうして、ベンチからの指示は「ストップ」なのだ？

確かに、西武内野陣は極端な前進守備を敷いている。「絶対に1点もやらない」という強い意志の表れだった。そんなことは重々承知していた。

相手の警戒をかいくぐってでも、何としてでも1点を奪い取る。

それが、一年のときをかけてチーム全員で生み出した「あの走塁」――ギャンブルスタート――だったはずだ。古田は三塁コーチの大橋に小さくつぶやいた。

「ここは行きますから……」

覚悟を決めた古田の決意表明だった――。

古田敦也は、野村の指示をあえて無視した

前年の痛すぎる失敗を経て、野村は一つの結論を得た。

――ときにはセオリーを無視して思い切った走塁をする必要もあるのかもしれない。

こうして誕生したのが、後に「ギャンブルスタート」と呼ばれる戦略だった。本来であれば「一か八か」の作戦はリスクが大きすぎるため、採るべき選択ではない。

しかし、「どうしても1点がほしい」という、「ここぞ」の場面では、あえて危険を冒してでも策を講じるべきではないのか？

ライナーを打ったり、空振りしたりしてしまえば一気にチャンスが潰えてしまうかもしれない。それでも、投球と同時に走者がスタートしていれば、平凡な内野ゴロでも得点が入る可能性は一気に高くなる。そんな考えから生まれた作戦だ。

そして、それを試す場面こそ、まさに「今、このとき」だった。

打席の広沢も、この場面の重要性は痛いほど理解していた。

自分の先制ホームランで幸先よく3点を奪った。しかし、その後は西武投手陣に完璧に抑えられている。それでも、何とか1点のリードを守りつつ、ついにここまで来た。力投する川崎のためにも、絶対にここで打たなければならない。前年、あれだけ奮闘した岡林を見殺しにする結果となってしまったのは打線のせいだった。

その岡林はベンチにはいない。日本シリーズでの酷使が彼の右肩をむしばんでいた。岡林はスタンドから仲間たちの雄姿を見守っている。チームの顔である四番打者として、二年続けてエースを見殺しにすることは許されなかった。

広沢の集中力は極限状態に達していた。

潮崎は熟練のリリーフエースらしく、淡々と伊東勤のミットを目がけて力のこもったボールを投じている。1球目、2球目、3球目、4球目、すべてインコースを突いた。

第四戦ではアウトコースのボールを狙われ、池山に犠牲フライを打たれていた。結局、その1点が決勝点となって西武は敗れた。この場面では犠牲フライも打たせたくはない。

5球目、伊東の構えはやはりインコースだった。

三塁ランナーの古田は、一球ごとにタイミングをうかがっていた。

そして、潮崎が投じた一球は真ん中高めの甘いボールとなった。広沢のバットが始動する。

それを見届けるかどうかという瞬間、古田は猛然とダッシュをしていた。

ベンチに座る野村の指示を無視した、古田の独断だった。

広沢の放った打球は大きく弾み、潮崎の頭上を越えて、二遊間へと飛ぶ。前進守備を敷いていたショートの田辺徳雄がかろうじて捕球すると、すぐに三塁走者を確認する。古田はすでにホームベースの手前にいた。ホームに投げても間に合わない。田辺は一塁に送球した。

待望の追加点が入った。広沢はこれで、この試合だけで4打点。全打点を一人で挙げていた。西武にとっては、絶対に許したくない1点だった。

4対2――。試合終盤になり、さらに点差が広がった。

まさにこのときこそ、野村が就任以来掲げていた「ID野球」結実の瞬間だった。そして、「挑戦者」が二年にわたって「王者」に挑み続けた集大成でもあった。

打者の広沢がこの場面を振り返る。

「あの場面でもう一本、ホームランが打てていたら百点満点だったのにね。結果はショートゴロだったけど、あのダッシュについては古田に聞いてもらった方がいいんじゃないかな。僕はただ打っただけだし、古田がいいスタートを切ったわけだし」

その古田が、自身の三塁打から始まる一連のシーンを振り返る。

「普通なら、あの当たりではツーベースだったと思います。でも、うまくクッションボールが返ってこないのが見えたので、〝一か八か行ったれ！〟と思って、何とかスリーベースヒットになりました。ここで西武内野陣はものすごい前進守備を敷いていました。僕は当然《ギャンブルスタート》だと思いました。でも、サインが出ない。キャンプからずっと取り組み、シーズン中に何度もやってきたのにこの期に及んでサインが出ない。だから、サードコーチの大橋さんに〝行きますよ〟って言いました。何て言うのかな、ものすごい興奮状態にあるわけですよ。でも、サインが出ない。〝そりゃないでしょ。僕は行きますよ〟という感じです。まぁ、よくはないと思いますよ。ベンチは〝止まれ〟って言っているんですから。よくはないけど、興奮していたからね」

そして、古田がさらなる解説をしてくれた。

「どうして、この場面でギャンブルスタートのサインが出なかったのか？　前日の第六戦が原因なんです。サードランナーが広沢さんで、八重樫さんが代打に出てきた場面があったでしょう？」

古田が口にしたのは、前日の第六戦、9回表のことだ。

一死一、三塁、八重樫の放った打球はレフトライナーとなった。ギャンブルスタートのサインでスイングと同時に飛び出した広沢は帰塁するのが精いっぱいでタッチアップができなかった。

「あの場面で広沢さんがスイングと同時にスタートを切ったのはベンチからのサインでしたが、結果的にライナーとなって点が取れなかった。だから、第七戦でギャンブルスタートのサインを出せなかったんです。でも、そんな細かい説明はできないから、第六戦の試合後には〝ヒットエンドランのサインだった〟って言わざるを得なかったんです」

結果的に待望の追加点が入った。しかし、古田の言うようにベンチのサインを無視したのは事実だった。野村はこの場面をどうとらえているのか？

野村に問いを投げかけると、その表情が引き締まった。

「古田の言うように、あのギャンブルスタートは私の指示ではなかった。古田の足は決して速くなかったし、西武内野陣が極端な前進守備を取っていたので、〝アウトになる確率が高い〟と判断したからだね。でも、古田は独断でホームを目指した……」

続く言葉を待つ。

「……でも、1点を争うような大事な試合では、ときにはセオリーを無視することも重要なんだね。それは、前年の日本シリーズ、広沢の走塁で痛感したこと。でも、私はサインを出せなかった。それでも古田はサインを無視してスタートを切った。監督の私が指示をしなくても、〝今、自分は何をすべきなのか〟ということを自分で考えて、しかも結果的に正しい判断をして自主的に動いた。選手たちは成長していたんだね」

そして、ひと呼吸おいて続けた。

「……そりゃあ、強かったはずですよ。選手が自分で考えて正しい判断をするんだから。監督が何も言わなくても、選手たちが勝手に動く。そりゃあ、強いですよ」

それは、かねてから野村が森に対して口にしていた「監督が腕組みしていても勝てる野球」の理想形でもあった。

そして、守護神・高津臣吾がマウンドに

待望の追加点が入った。イニングは8回裏、西武の攻撃を迎えていた。

初回から極度の緊張状態の中で投げ続けていた川崎にも疲労の影が滲み出す。球数はもうすぐ100球になろうとしていた。ストレートは上ずり、それまで見せていた精緻なコントロールは影をひそめ、この回先頭の垣内にフォアボールを与えてしまう。

ここで野村はすぐに動いた。当然、高津臣吾だった。ここまで2試合に登板して2セーブ。西武打線に1点も許していない。川崎は言う。

「本当ならば2点差になったことで、僕が8回を最後まで投げなきゃいけなかったんです。でも、体力はもちろん、精神的な疲労はものすごかったです。だけど、僕の中では〝タカっちゃんなら絶対に抑えてくれる〟という絶対的な信頼感がありました。あのシンカーは魔球

でしたからね」

先発した川崎から、絶大な信頼を得ていた高津が心境を語る。

「初回に両チーム得点を奪ったので、〝第四戦のようには行かないのかな？〟って思いながら試合を見ていました。でも、川崎がその後ずっと粘り強いピッチングをして、西武投手陣もずっと得点を許さない。〝ひょっとしたら、このまま川崎が最後まで投げるのかな？〟という思いもありました。もちろん、7回途中ぐらいから準備はして、いつでも行ける状態でした。先頭のフォアボールは予想外だったけど、〝ランナーが出たらいつでも行けるように〟という心構えはしていました」

この年からクローザーに指名されたばかりで、経験は浅かったものの決め球であるシンカーには絶対的な自信を持っていた。

もちろん、プレッシャーのかかる場面ではあったが、「仮にホームランを打たれても同点だ」と開き直れるメンタリティーの強さを高津は誇っていた。

八番・伊東は空振りの三振。九番・田辺の代打に安部理が登場するものの、ここもまた空振り三振。高津のシンカーにまったくタイミングが合わない。

しかし、西武もここで意地を見せる。一番・辻がレフト前ヒットを放った。

これで二死一、二塁。ホームランが出れば逆転という舞台が整った。

「確かに、一発出れば逆転という場面でしたけど、ホームランのことは考えずに、〝長打だけは警戒しよう〟という思いでした。次のバッターは吉竹さんでしたよね?」

高津の記憶通りだった。二番には途中出場の吉竹春樹が入っていた。

「確か入団一年目だったと思うんですけど、僕、オープン戦で吉竹さんにホームランを打たれているんです。それが頭をよぎりました。でも、低めにさえ投げておけば長打を打たれることはない。要は一塁ランナーが返ることはない。だから、〝とにかく低め、低め〟ということを意識していました」

ここでも高津はさらに丁寧なピッチングを心がけた。渾身のシンカーで吉竹をレフトフライに打ち取り、この回も無失点で切り抜けた。

2点のリードを守ったまま、試合はついに最終回に突入する。

47時間13分――激闘の終結のとき

9回表、ヤクルトの攻撃は簡単に三者凡退で終わった。

二年にわたって繰り広げられた西武とヤクルトの死闘も、いよいよフィナーレのときを迎えようとしていた。サードにはハウエルに代わって、守備固めとして角富士夫が起用された。78年、チーム初優勝を経験したV1戦士だ。

試合開始直後からアウトカウントを数え続けていた広沢も「あと三つだ」と心の中でカウ

ントしていた。第三戦で左肩を負傷して以来、打撃面では精彩を欠いていた池山もマウンド上の高津に「頑張ってくれ」とエールを送っていた。

最終回、西武の攻撃は三番・石毛からだった。

(とにかく先頭、先頭だ。先頭の石毛さんを抑えれば何とかなる……)

マウンド上の高津は冷静だった。

徹底的にインコースを攻める。自分のイメージ通りの投球でサードゴロに打ち取った。このとき、マウンド上の高津も、一塁を守る広沢も同じことを考えていた。

(あと二つ。二人抑えれば日本一だ……)

打席には四番の清原が入った。

清原もまた高津のシンカーにまったくタイミングが合わない。高津・古田のバッテリーはシンカーを連投する。4球続けてシンカーを投じ、ウイニングショットにストレートを選択すると、清原はなす術もなく見逃し三振となった。

三塁側ベンチでは、胴上げの瞬間に備えて丸山完二ヘッドコーチがウインドブレーカーを脱いだ。野村はそれを見て言った。

「ちょっとええ加減にせぇ。野球をなめたらあかん」

野村自身は頑なに自身の上着を脱ごうとはしなかった。

1992(平成4)年も、93年もリーグ優勝直前には野村自身も上着を脱いで「そのとき」に備えていた。しかし、西武相手には最後の最後まで気を抜いてはいけない。まるで自分を戒めるような思いで口にした言葉だった。

二死走者なし。五番の鈴木健に対しても高津はシンカーを投じる。何球続けても決してバットに当たらないのではないか？　そう思わせるほどの圧倒的な自信があった。

カウントはスリーボールツーストライクとなった。鈴木もファールで意地を見せる。

そして投じられた9球目——。

鈴木のバットが空を切った。高津が咆哮する。古田がマウンド上に駆け寄ってくる。バッテリーが熱く、強く抱擁を交わす。そこにサードの角、セカンドのハドラーが覆いかぶさってくる。少し遅れてファーストの広沢が駆けつける。

日本一が決まった瞬間、広沢は「本当にスリーアウトだよな。優勝したんだよな」と自問自答したことで、歓喜の輪に入るのが少し遅れたのだ。ショートの池山はレフトスタンドを振り返り、ガッツポーズを見せる。瞳を潤ませながら、ひと呼吸おいてやってきた。

ベンチからは野村が白い歯をこぼして飛び出してきた。一塁側ベンチでは森がじっとその光景を見つめている。川崎に涙はない。飯田が泣いている。荒木も伊東も感極まっている。そして、指揮官の瞳もまた潤んでいた。

野村の胴上げが始まる。一回、二回、三回……、野村が西武球場の宙を舞う。揉みくちゃにされながらユニフォームが乱れる。その瞬間、ピンクのパンツが顔をのぞかせた。

ヤクルトが日本一になった。
西武がついに敗れた。
92年、そして93年──。
47時間13分に及ぶ二年間の激闘が、ついに幕を閉じた──。

第三部　2020年

――それぞれの秋

第十一章

王者たちのその後

黄金時代を支えたメンバーたちが続々と流出

王者・西武ライオンズと、挑戦者・ヤクルトスワローズによる二年にわたる激闘から、三十年のときが流れた。時代は平成から令和に変わり、誰もが等しく年齢を重ねた。両チームによるあの二年間も、少しずつ歴史の彼方に埋もれつつある。

1992(平成4)年にヤクルトを倒し、三年連続日本一に輝いた西武は、翌93年にヤクルトに敗れて以来、その後しばらくの間栄光から遠ざかり、次に日本一となったのは伊東勤が監督となっていた2004年のことだった。

広岡達朗の後を継ぎ、1986(昭和61)年に監督に就任した森祇晶は、94年もパ・リーグを制し、日本シリーズ進出を決めた。しかし、長嶋茂雄率いる読売ジャイアンツに二勝四敗で敗れ、二年連続で日本一を逃した。

日本シリーズ第六戦の試合前、東京ドームの電光掲示板に「西武・森監督辞任」の報道が流れた。シリーズ途中の異例すぎる事態に世間は驚いた。

シリーズ終了後、森はこの年限りでチームを去ることを正式に発表する。監督在任九年間で八度のリーグ優勝、六度の日本一を成し遂げた名将にしてはあまりにも寂しい退任劇だった。このとき、森の後任として指名されたのは球団OBの東尾修だった。

森の退任と軌を一にするように、「黄金時代」を担ったメンバーたちも、それぞれが、それぞれの理由でチームを去った。

ヤクルトとの激闘を終えた直後の93年オフには、ダイエーホークスに転じていた根本陸夫の画策により、渡辺智男、内山智之、そして秋山幸二の三人と、佐々木誠、村田勝喜、橋本武広の三人による大型トレードが実現する。さらに、この年限りで戦力外通告を受けた平野謙は千葉ロッテマリーンズへ移籍する。

95年にはFAで工藤公康、石毛宏典がダイエーホークスに移籍。96年には辻発彦が自由契約となり、野村克也率いるヤクルトに入団する。また、97年には清原和博がFAで、憧れ続けた巨人への入団を決めた。

さらにこの年限りで郭泰源、鹿取義隆は現役を引退。98年には渡辺久信が戦力外通告を受けてヤクルトへ、石井丈裕と奈良原浩は日本ハムファイターズへ、それぞれが新天地を求めた。そして00年には田辺徳雄が巨人、新谷博が日本ハムのユニフォームに袖を通すことになる。わずか数年で、黄金時代のメンバーは散り散りとなった。

わずかに、伊東勤、潮崎哲也にあの時代の痕跡が残るだけとなった。

99年からは西武球場にも屋根が架設され、「西武ドーム」と改称された。

時代は変わる。あれだけ栄華を極めた「常勝西武」も、新指揮官の下、新たな顔ぶれで再出発を余儀なくされることとなった。だからこそ、92年、そして93年、ヤクルトとの息詰まるような激闘が新たな光とともにまぶしくよみがえる。

二年間の両者の対決は、計14試合を戦い、七勝七敗だった。ともに一度ずつ日本一に輝いた。両者の力が拮抗していたからこそ、名勝負は誕生した。

しかし、あえて問いたい。

——両者の決着はついたのか？　一体、どちらが強かったのか？

かなりの時間が経過した今、黄金時代のメンバーたちに同じ問いを投げかけた——。

*

「あれからもう、三十年近く経ったんだね……。僕はあまり過去のことを振り返るタイプではないから、〝長かった〟とも、〝あっという間だった〟とも思わないけど、こうして、あの日本シリーズのことは何度も取材を受けているんで、話しているうちにいろいろ思い出すでしょう」

都内自宅近くの喫茶店で出迎えてくれたのは石毛宏典だった。

「ヤクルトとのシリーズでは《ID野球》ということが、事前に喧伝されていましたよね。でも、僕は《データ》とか《情報》ということに、マスコミやファンの人たちの意識が持っていかれるのは嬉しくなかったです。我々プロ野球選手は技術を売り物にした技術屋なんです。決してデータや情報を売り物にしているわけじゃないんです。だから、当時の心境としては、〝ID何するものぞ、オレたちは気持ちで勝負だ〟っていう意識が強かったことを覚えていますね」

チームリーダーとして黄金時代を牽引した石毛の言葉は力強かった。

「それに、僕は基本的にチームワークってプロの世界では必要ないと思っているんです。小、中、高、大、社会人野球ではチームワークは大事だと思いますよ。でも、プロの世界は個人事業主の集まりですから、みんな個々の成績、数字に執着するわけですよ。あの当時の西武にもチームワークはなかった。でも、レギュラーを張る人間には使命感、責任感がある。僕たちの成績によって裏方さん、球団職員たちの待遇も変わってくる。それは原動力にもなるし、自分を律する糧にもなりますよね」

96年限りで現役を引退した石毛はその後、オリックス・ブルーウェーブの監督を務めた。さらに04年には四国アイランドリーグを創設するなど、野球人口拡大に尽力している。

石毛に問うた。「両チームは互角だったのか、それとも……？」と。

「何をもって《互角》と言うかですよね。たとえば、92年も第七戦の広沢の変なスライディングがなければうちは負けていた。どちらが勝っている、どちらが劣っているというのは、本当に難しいことですよ。それに、僕らは93年には敗れたけど、それでも、〝決してID野球に負けたわけではない〟と今でも思っていますよ。今でも、〝IDを学べば、どんなボールでも打てるようになるのか？〟って思いもありますよ。ただね、一度でいいから野村さんのミーティングは聞いてみたかったな。それは強く思いますね」

現役時代から、石毛は野村の本を何冊も読んでいたという。

92年は勝利し、93年は敗れた。いずれも、一つのプレーで結果はまったく違うものになっていたことだろう。実力が拮抗する両チームによる熾烈な戦い。それが、結果として一度ずつの日本一となった。

誰よりも「ID野球」を意識していた石毛は今、最新鋭のAI技術と自らの経験をミックスした新しい野球指導を模索している。

渡辺久信、石井丈裕、潮崎哲也の「その後」

黄金時代を築いた立役者が西武の誇る超強力投手陣だった。投手陣の踏ん張りがあったからこそ、森の長期政権が誕生した。

渡辺久信はGM（ゼネラルマネージャー）として、石井丈裕は少年野球の指導者であるライオンズアカデミーのコーチとして、潮崎哲也は二軍監督を経て編成ディレクターとして、現在でも西武の一員としてライオンズに携わっている。

「あの二年間、どっちが勝ってもおかしくなかったよね……」

宮崎・南郷で話を聞いたのは、激闘の幕開けとなる92年初戦を託された渡辺だった。

「僕らには長年、日本シリーズで戦ってきたという経験があった。そうした場慣れ感は多少なりともあったでしょうね。短期決戦は何があるのか、どっちが勝つのか、負けるのかっていうのはわからない。だから僕は〝日本シリーズはご褒美なんだ〟っていう感覚でしたね」

97年オフ、プロ入り後初となる一軍未勝利に終わった渡辺は、この年限りで戦力外通告を受けた。新たな戦いの場として選んだのは野村率いるヤクルトだった。

「ヤクルトへの移籍を決めたのは、〝野村監督の下で野球をやりたい〟と思ったからです。実際に森さん、野村さんの下でプレーしたけど、野村さんはしっかりと言葉で納得させてくれる監督でした。たとえば、カウントごとの投手心理、打者心理。もちろん、自分も野球選手だからある程度は理解しています。でも、野村さんはそれをきちんと言葉で説明してくれた。すごく共感できたし、〝すごいな、この人〟って腑に落ちることばかりでした」

西武とヤクルトに所属したことで、伊東勤、古田敦也という二大名捕手とバッテリーを組む経験もした。

「伊東さんはオーソドックスなリードをしますね。これはすごく大事なことなんです。たとえば、たまに出た捕手が意表を突くリードで抑えることもあります。でも、レギュラーキャッチャーが見ているのは目の前の試合だけじゃないんです。明日の試合に備えて、あるいは次の対戦に備えて、エサを撒くリードが必要になってくる。そうすると必然的に冒険をしないオーソドックスなリードになるんです。……〝冒険をしない〟って言い方は語弊があるな。〝安定感のあるリード〟って書いておいてください（笑）」

さらに、渡辺が古田のリードを解説する。

「フルは同い年だったのでずっと組んでみたかったんです。フルのリードはひと言で言えば大胆不敵。〝なるほど、そう来るか〟みたいな感じ。そして打ち取ると、腹の中でクスクス笑っているような感じかな。伊東さんとフルの二人に共通するのは腹黒さ。やっぱり、それぐらいじゃないとプロの世界では通用しないんでしょう。……いや、〝腹黒さ〟はよくないな。えっと、〝したたかさ〟とか、〝計算高さ〟って書いてください（笑）」

そして、この二年間の両チームについて渡辺が評する。

「あの当時の西武はすでに完成されていて、ちょっとピークからは落ち気味なところはあったかもしれないですね。一方のヤクルトは勢いがすごく、まだまだ伸びしろがあるチーム。当時、僕は27、28歳か。この頃は僕自身のピークは過ぎていましたね。何しろ18から一軍で投げてきましたから、使い減りも半端ない頃でしたからね」

改めて、「両者の決着はついたのか？」と尋ねると、渡辺は小さく笑った。

「決着か……。別に決着をつけなくてもいいんじゃないですか？　二年続けて第七戦まで行くっていうことはどっちも精神力が強いんですよ。どちらかがプツンと切れちゃったら四勝一敗ぐらいで終わっていますよ。特に92年は延長戦が4試合もありましたよね。技術はもちろんだけど、精神的なタフさをどちらも持っていたんですよ」

98年シーズンを最後にヤクルトを退団した渡辺はその後、台湾球界に渡り、帰国後の08年には監督として西武を日本一に導いた。

そして現在では、GMとして新たな黄金時代を築くべく奮闘を続けている。

＊

「人間というのは勝手なもので、自分が活躍させていただいた92年のことはよく覚えているんですが、身体がボロボロだった93年は〝ただきつかった〟という印象しか残っていないんです……」

92年の日本シリーズは石井丈裕の右腕が西武に栄光をもたらした。第七戦での鬼気迫るピッチング。そして同点タイムリー。シリーズMVPの名に恥じない活躍ぶりだった。

「あの二年間は本当に苦しい野球をしたという実感があります。嬉しい思い出もありますが、きつい思い出もあります。いずれにしても、僕にとっては〝野球をした！〟という実感が強い二年間でした。苦しかったし、きつかった。でも、92年も93年も結果ばかりを気にするのではなく、純粋にバッターと対戦する楽しさ、勝負の楽しさに集中できた二年間だったような気がします。僕にとっては本当に幸せな二年間でした……」

石井にとって、自らが胴上げ投手となった92年の第七戦が印象深いという。

「あの試合、清原君が途中交代しましたよね。普通、あれだけのスター選手が途中で代えられたら、ふて腐れたり、ベンチの後ろに座ったりするものじゃないですか。でも、彼がベンチの最前列で大声を出して、僕に声援を送ってくれた姿が、今でも目に焼きついているんです。思い出すだけでウルウルきちゃいます。それぐらい、あの年のライオンズはチームが一丸となっていたんだと思います。大の大人が、そこまで熱くなるのが日本シリーズという舞台なんです」

そして、改めて「決着はついたのか?」と尋ねる。石井もまた小さく笑った。

「どうなのかな?　まぁ、ちょうどよかったんじゃないですか?　森さんも、野村さんも全力を尽くしてイーブンに終わった。それでよかったんじゃないですかね」

*

「ピッチャー陣が若くて、キャッチャーがしっかりしていて、主力バッターがドシッと控えている。西武とヤクルトは似たようなチームでしたよね」

黄金時代の多くの戦士たちが他球団に移籍する中で、潮崎哲也は04年シーズンまで西武ひと筋で現役を終えた。プロ三年目の92年シリーズでは5試合、翌93年も5試合でマウンドに上がった。二年間の全14試合において、実に10試合も登板した。

「あの頃は体調は万全でした。日本シリーズというのは非常に注目度の高い舞台だったので自分自身でも楽しみだったし、意気に感じる思いが強かった。勝てるチャンスがあればすべて投げる心構えでいたから、登板機会が多かったのは嬉しかったです」

この二年間の激闘から四年後の97年、森の後を継いだ東尾修監督率いる西武は三たび、野村ヤクルトと日本シリーズで激突している。このときはヤクルトが四勝一敗と完勝した。もちろん、潮崎もこのシリーズに出場している。

「92年と93年はひと続きのシリーズだという感じがするんですけど、97年はまったく別のシリーズでしたね。すでにヤクルトは常勝球団のようになっていて、西武はかつてのメンバーから若い選手に代わっていました。97年のヤクルトはそれぞれの役割分担がしっかりしていて、昔西武がやっていたような細かい野球をやっていました。〝いいチームだな〟と思いながら戦っていましたけど、完全にヤクルトの横綱相撲でしたよね」

そして、潮崎がこの二年間を総評する。

「勢いがあったのは間違いなくヤクルトでしたね。西武もヤクルトもよく似ているチームでした。でも、ヤクルトの方が若い選手が多かった。勢いのある選手が多かった。そんな二年間だったと思います」

かつて同僚だったデストラーデは潮崎を評して、「かわいい顔をしているので安心して彼の自宅に行くと、部屋に入った瞬間に豹変してナイフでめった刺しにされるようなピッチングをする」と語っていた。

そんな片鱗を微塵も感じさせない、穏やかな笑顔で潮崎は当時を振り返った。

「AKD砲」から見たヤクルトとの激闘は？

西武の強さは強力投手陣によるものだけではなかった。当然、好打者たちによる豪打で多くの白星をつかみ取っていた。その中心となったのが「AKD砲」こと、秋山幸二、清原和博、オレステス・デストラーデのクリーンアップだ。

秋山には福岡・博多で話を聞いた。他の人同様、「もうそんな昔のこと、覚えてないよ」と笑顔で当時の思い出を語り始めた。

「森さんも、野村さんもお互いにキャッチャー同士で、当時としては細かい野球をやっていた監督で、似た者同士のチームだったよね。でも、誤解してほしくないのは、いくら《ID野球》が話題になっていたとはいえ、うちだってそんなことはとっくにやっていたんだからね。いちいち言わなくてもできたのは、広岡さんの時代から勉強していたからだよ。むしろ、野村さんよりももっと早くからデータ野球はやっていたわけだから」

広岡達朗監督時代に西武に入団した秋山、石毛、辻、工藤らは徹底的に「考える野球」の訓練を受け、それは森監督時代にも引き継がれていた。

「当時の西武はプライベートではみんなバラバラ。練習の間もバラバラ。でも、〝さぁ、試合が始まりました〟ってなると、一瞬でパッとまとまる。それぞれに役割があって、この場面で自分は何をすべきかをみんなが理解していた。そんなチームでしたよね」

94年にダイエーに移籍後も、秋山は主力選手として活躍を続けた。二十二年間のプロ生活で通算2157安打を放ち、名球会入りも果たした。

05年には福岡ソフトバンクホークスの二軍監督に就任し、09年から14年までは一軍監督を務めた。この間、三度のリーグ優勝、二度の日本一に輝いた。

選手としても、指導者としても充実した野球人生を送った秋山にとって、あの二年間はどんな意味を持つものなのか？　そして、両チームの決着についてはどう考えているのか？

「あの二年間、両者の力はそんなに変わらなかったと思うんです。ただ、短期決戦というのは一つのプレーが大きく影響したり、シーズン中に活躍した選手がまったく活躍できなかったり、いろいろな要素が絡み合う本当に紙一重のものなんです。その結果、二年とも四勝三敗で両チームが日本一になった。ということは両方ともいいチームだった。両方とも強いチームだった。そういうことなんじゃないのかな？」

秋山の考えは、実にシンプルだった。

「あのときは自分たちの力を信じていたし、普通にやれば勝てると思っていました……」

受話器の向こうから、清原和博が思い出を語っている。

「……自分は四番を打たせてもらっていました。三番を打つ秋山さんは三拍子そろったプレーヤーでした。秋山さんが塁に出ると、相手バッテリーは盗塁を警戒しますんで、どうしても速球中心の配球になります。僕にとってはすごく打ちやすかったです。そして、後ろにはデストラーデがいました。彼には長打がありますから、〝ランナーをためたくない、清原を歩かせたくない〟という意識で、僕と勝負してくれました。三人そろうことで、相手に圧力をかけるという役割分担ができていたと思います」

あの二年間の後の清原の人生は波乱万丈だった。

＊

96年オフ、清原はFA宣言する。巨人と阪神との間で熾烈な獲得競争が繰り広げられたが、長嶋茂雄の「僕の胸に飛び込んできなさい」という口説き文句とともに、憧れだった巨人に入団。巨人には05年まで在籍したものの、たび重なる故障の影響もあって、西武時代のような輝きを見せることはなかった。

その後、オリックスに移籍し、08年シーズンオフに現役を引退。

そして16年2月――。清原は逮捕される。有罪判決を受けたものの、20年6月、執行猶予が明け、再起の道を歩み始めている。

「ヤクルトは本当に強かったと思います。ものすごく神経も使いましたし、体力的にも疲れました。この二年間は、本当に死力を尽くした戦いでした。それまで、何度も日本シリーズに出ていましたが、普通は三戦目、四戦目ぐらいで〝これなら勝てるな〟っていうのがわかるんです。でも、ヤクルトとの戦いは最後の最後までわかりませんでした……」

そして、清原はつぶやいた。

「……西武が強かったのか、ヤクルトが強かったのか、僕にはわかりません。強いて言えば、〝一勝一敗で互角だった〟、そう言えるんじゃないですかね」

92年の第二戦で「中学時代の憧れだった荒木さんから打ったホームランが忘れられない」と語る清原は淡々と振り返った。

＊

デストラーデが西武球場に帰ってくる――。

18年初夏、そんなニュースを耳にした。記念イベント「ライオンズフェスティバルズ2018」の一環として、デストラーデが来日するという知らせを聞き、西武球団の協力を得て、メットライフドームで対面した。

「90年の日本シリーズ初戦第一打席でジャイアンツのマキハラ（槙原寛己）からホームランを打ちました。そして91年の初戦も第一打席でカープのササオカ（佐々岡真司）からまたもホームラン。92年の初戦、第一打席に入るときに〝ここでも絶対にホームランを打とう〟と決めてバッターボックスに入ったんです」

デストラーデの記憶は実に鮮明だった。そして、この年はヤクルト先発の岡林洋一から豪快な一発を叩き出し、見事に「三年連続初戦第一打席本塁打」を実現した。

「僕はジャイアンツ、カープ、スワローズと三年続けて日本シリーズに出場しました。間違いなく、ピッチング、バッティング、ともにナンバーワンだったのはスワローズでした。イトウとフルタ、アキヤマとイケヤマのマッチアップはすごかったし、モリさん、ノムラさん、ともにすばらしいマインドの優秀な監督でした」

デストラーデにとっても、一緒にクリーンアップを組んだ「AKD砲」には、今でも格別な思いがあるという。

「AKDの三人には、それぞれ役割があり、特徴がありました。アキヤマはベストアスリート、弟のようなキヨハラはベストヒッター、そして僕はナンバーワンパワー。それぞれタイプが違うバッターが並ぶのは相手ピッチャーにとっては脅威だし、チームにとっても大きなメリットだったと思いますね。アキが打てば僕も、キヨが打てば僕も、そんな感じで刺激し合っていましたから」

92年の日本一に大きく貢献したデストラーデは、93年には地元に誕生したフロリダ・マーリンズ（現マイアミ・マーリンズ）に入団。この年限りで日本を去った。

「92年は、僕にとっていちばん印象に残るシリーズです。91年も第七戦まで行ったけど、そのときはそれほど焦りを感じていなかった。でも、92年は第五戦、第六戦を続けて負けて、〝ちょっとまずいぞ〟と感じてようやく勝ったシリーズでしたから。この年を最後に僕はアメリカに帰りました。本当はもうちょっとライオンズの一員でいたかった。93年は〝シリーズの期間だけでも復帰させてほしい〟と願っていました」

西武ファンに強烈な印象を残した「オーレ」ことデストラーデは、95年に東尾修率いる西武に復帰するも、往時の活躍は見せられなかった。その後、タンパベイ・デビルレイズ（現タンパベイ・レイズ）のフロントとして、現在も野球とともに生きている。

笘篠誠治、伊東勤、「現役ユニフォーム組」の現在

新型コロナウイルス感染拡大により、多くの混乱とともに始まった2020（令和2）年ペナントレースにおいて、ユニフォームを着て戦いに挑んでいる者もいる。

東北楽天ゴールデンイーグルスの外野守備走塁コーチを務めている笘篠誠治には宮城・仙

台で話を聞いた。

「あの頃の西武について、僕は〝本当に強いチームだった〟と思っています。92年は〝全勝で勝つんじゃないのかな？〟って思っていました。それは〝ヤクルトが弱い〟という意味ではなく、〝西武が強い〟という印象が強かったからです。92年は岡林一人にやられたという印象です。結果は第七戦までいって四勝三敗でしたけど、それでも、西武の強さに対する自信は何も揺らがなかったです」

この二年間のシリーズにおいて、笘篠が主役となったのが93年第四戦、飯田のバックホームによるホームでの憤死の場面だ。

「みなさんもそうだと思いますけど、僕にとってもこの場面だけは忘れられないです。あの場面、（鈴木）健が打ったときに少しスタートが遅れているんです。それだけで確実に一歩はロスしているから、〝あっ、ヤバい！〟と思いながら走っていたことを覚えています。古田が捕球態勢に入っているのが見えたので、彼をかわして手でベースタッチにいこうと思ったんですけど、飯田の送球が想像以上に速くて間に合わなかったんです」

代走の笘篠がアウトになったことで、西武は第四戦を落とした。そして、最終的に日本一を逃す遠因ともなった。それでも、笘篠の言葉は力強い。

「確かにスタートはちょっとだけ遅れはしました。でも、あの場面に自分も関わったということは誇りに思います。アウトにはなったけど、全然、恥じていません。今でも、ベースコーチとして試合に出ていると、あの場面が脳裏によみがえることがあります。一歩遅れただけで取り返しのつかない結果になる。あの走塁は本当に勉強になりました。それから、さらに練習をするきっかけになりました。その経験があったから、今、こうしてコーチとしてユニフォームを着ることができているんだと思います」

走塁のスペシャリストとして鳴らした笘篠は古田の印象も強いという。

「フルは捕ってからがとにかく速かった。送球に関して言えば、伊東さんよりも上だったと思います。当時、〝12球団でオレがいちばん走塁がうまい〟と思っていました。それだけ練習してきた自負がありました。でも、フルの送球は本当にすごかった」

笘篠にも「決着はついたのか?」「どちらが強かったのか?」と尋ねる。

「当然、西武ですね。数字的には二年間で七勝七敗ですけど、僕はこのときの西武メンバーのすごさを身に沁みて知っています。本当にすごい選手ばかりがそろっていた。そういう意味では、そんな西武を相手に互角に戦ったヤクルトも強いんです。でも、それ以上に西武が強かったと、僕は今でも思っています」

その言葉には、何も迷いがなかった。

*

「シリーズ前のヤクルトの印象は、それほど強いものではなかったと記憶しています。むしろ、個々の選手よりも野村さんについて、〝どういう人なんだろう?〟と意識したことは覚えていますね」

中日ドラゴンズのヘッドコーチとして、与田剛監督を支えていたのが、西武黄金時代の司令塔だった伊東勤だ。ナゴヤ球場の小部屋で、伊東は往時を振り返った。

「92年のシリーズに関して言えば、開幕前は四勝一敗か四勝二敗ぐらいで勝てるだろうというイメージを持っていました。でも、初戦でいきなり杉浦さんの満塁ホームランでサヨナラ負けを喫して、流れと勢いがヤクルトに行きました。そこで、《余裕》は《焦り》に変わりました。その後もヤクルトの勢いはすごかった。〝何とかしてこの勢いを止めなければいけない〟と、そんなことばかり考えていましたね」

この二年間の日本シリーズでは、ヤクルトの正捕手だった古田敦也との比較が「森と野村の代理戦争」として話題となった。

「僕は意外と冷静でしたね。だって、別に古田と戦うわけではないですから。プロ三年目の古田に対して、〝眼中にない〟と言ったら失礼な言い方になるけど、古田というよりは、当然ヤクルトというチーム全体をどうやって潰していくかということに頭を使っているわけですから」

さらに、伊東の話は続く。

「お互いにキャッチャー出身の監督同士の対戦だったから、僕も古田も《秘蔵っ子》とか《教え子》とか呼ばれていましたけど、僕はすごくイヤでしたね。きっと古田も同じ感覚だったんじゃないのかな？　ただ、僕と古田はキャッチャーとしてのタイプは違ったと思います。僕はボールを散らして抑えるタイプだったけど、古田の場合はストライクをどんどん投げさせるタイプだと思うんですよね。無駄球を使わずにいいボールをどんどん使う。タイプとしては谷繁（元信）も、そんな感じだったな」

もちろん、伊東にも「どちらが強かったのか？」と尋ねる。彼の言葉は簡潔だった。

「……両方、強いんじゃないですか？　シリーズの勝ち負けはもちろん重要でしょうけど、二年連続して同じチームが対戦して、ともに第七戦までもつれ込んだわけですから。ただ、あの頃は西武とヤクルトの勢いが入れ替わる時期だったのかもしれないですね。何とか92年は西武が日本一になったけど、93年はもうピークを過ぎていましたね」

他の選手がどんどん他球団に流出する中で、伊東は西武で現役をまっとうした。だからこそ、西口文也、松坂大輔など、次世代のエースたちともバッテリーを組むことができた。

現役を引退した直後の04年から07年まで西武の監督を務め、04年には落合博満監督率いる中日を撃破して監督就任初年度にして、チームを十二年ぶりの日本一に導いた。

やはり、西武に対する愛着はひときわ強かった。

「僕も他球団にまったく興味がなかったわけではないんです。でも、やっぱり西武でこれだけいい思いをしてきたので、〝もう一度ライオンズで日本一になりたい〟という思いが強かった。だから、外に出るという選択はなかったですね。ただ、当時の主力メンバーが次々と抜けたことで、90年代半ば以降はまったく別のチームに変わったのは事実です。97年もヤクルトと日本シリーズを戦ったけど、かつてのように〝絶対に今年も日本一にならなければいけない〟という意識はすでになくなっていましたからね」

そして、伊東はこんな言葉をつぶやいた。

「歴史というのは勝って初めて作られるものなんですね……」

実感のこもった言葉だった。

工藤公康、辻発彦、現役監督たちの「あの二年間」

「全然、覚えていないですよ。それでもいいんですね、大丈夫ですか?」

指定された控室で待っていると、笑顔とともにユニフォーム姿の工藤公康が登場した。その胸には「ソフトバンクホークス」と書かれている。

「当時の西武は《常勝チーム》と言われていましたけど、相手のヤクルトは野村さんの《ID野球》と言われていたので〝苦労するだろうな〟とは思っていました」

シリーズ前、工藤は野村克也を警戒していたという。

「僕は野村さんと一緒に野球をしたことがなかったので、ＩＤ野球というものがどういうものかわかりませんでした。だから、〝おそらく自分たちが気づいていない弱点を見抜いているんだろうな〟って思っていました。どちらかというと、各選手たちよりは、野村監督と、そしてその司令塔である古田を見て野球をやらなくちゃいけない。そんな意識で臨んだシリーズでしたね」

西武からダイエーに移籍した工藤は、その後も巨人、横浜に在籍し、10年に古巣の西武に復帰後、現役を引退した。歴代一位タイ記録となる実働二十九年の現役生活を送り、十四度のリーグ優勝、十一度の日本一を経験。「優勝請負人」と称されていた。

現役通算２２４勝１４２敗３セーブ、防御率は３・45という堂々たる成績だった。

そして、15年には福岡ソフトバンクホークスの監督としていきなり日本一になると、その後も17年から19年まで三年連続で日本一に輝き、20年もリーグ優勝を実現した。

「今、自分が監督となってつくづく思います。選手たちに自分の考えをどれだけ伝えることができるか、浸透させることができるかというのはすごく大事だし、難しいんです。野村さんのミーティングがすごく長いということが話題になりましたよね。野球って、頭で理解したことを身体で表現するスポーツなんです。そして、足りないものをまた学んで、身体で覚える。その繰り返しなんです。そういう意味では、野村さんはものすごく野球のことを理解していて、どうすればチームは強くなるのか、選手は成長するのかを考え、長期的に伝えることのできた監督だったんだなと、今ならわかりますね」

その野村を相手に、二年間で七勝七敗、ともに一度ずつ日本一に輝いた。工藤はこの二年間をどうとらえているのか?

「〝オレたちは強いんだ〟と信じることができなければ勝つことはできないと思います。現実としては92年は勝ったから西武が強かった。93年は負けたからヤクルトが強かったって言えるのかもしれないけど、それでも僕は当時は西武の一員でしたし、〝自分たちのチームは強い〟という意識で野球をやっていた。それは変わらぬ思いですね」

西武に変わる新たな「常勝球団」を率いる指揮官は自負を込めて語った。

＊

20年シーズン、西武を率いているのが黄金時代のトップバッターとして活躍した辻発彦だ。17年の監督就任以来、二位、一位、一位とかつての強さを取り戻しつつある。

「あの二年間は本当にすごかったですよね。七戦まで進んで、どちらに転んでもおかしくないシリーズでしたからね。あの二年間は監督同士の戦い、《森監督対野村監督》がいちばん注目されたんじゃないのかな? 〝キツネとタヌキの化かし合い〟って言われていましたよね。どちらがキツネで、どちらがタヌキかわからないけど」

95年限りで西武を去った辻は96年からはヤクルトに移籍。同年にはキャリアハイとなる打率・333をマークして見事な復活を遂げた。

ヤクルト移籍後の思い出を尋ねると、辻の口から白い歯がこぼれた。

「試合前のロッカーで驚きました。いろんなところで音楽がバンバン流れていて、ある者はサッカーゲームをしていて、ある者は大笑いをしていて、〝こいつら学生か？〟と思うと同時に、〝西武はこんなチームに負けたのか〟って。でも、試合前にはみんなでリラックスして、試合が始まると一気に一つになる。あれが、あの頃のヤクルトの強さの秘密だったんでしょうね」

森と野村、二人の指揮官の下で野球をした辻は言う。

「野村さんはあれだけの大打者だから、打つことに関していろいろ考えていた印象で、森さんはピッチャーを含めたディフェンスのチームという感覚でしたね」

さらに辻は続ける。

「森さんは勝負に対してはとても厳しい半面、選手に対する気配りが上手な監督でした。どういう環境だと選手が野球に集中できるのか、気持ちよくプレーできるのかを常に考え、それを実行してくれました。ある試合のサヨナラのチャンスで、僕はバントを失敗しました。結果的に秋山のヒットでチームはサヨナラ勝ちしました。でも、僕自身は〝もしも負けていたら取り返しのつかないことになっていた……〟と恐怖心に襲われていたら、その日の夜、森監督から直々に電話をいただきました……」

電話口で森は言った。

「お前のおかげで何試合勝たせてもらったと思っている。たとえ今日負けたとしても、お前に文句をいうヤツは誰もいないぞ」

このひと言で、辻は一気に気がラクになったという。

「あの当時の西武があれだけの結束力を誇っていたのは、森さんの下にいたからこそだと、僕は今でも思っています」

一方の野村に対してはどのような印象を持っているのか？

「僕は西武時代に、〝とにかく1点を守り抜け〟という野球を学んできました。でも、野村さんの場合は〝スリーボールからでも打っていい〟という大胆な考えの持ち主でした。古田や池山が、ここぞという場面でヤマを張ってヒットを打っているのを見たときは、〝これがID野球か〟と驚きました」

改めて、「あの二年間」を振り返ってもらった。

「本当に紙一重の差でしたよね。当時、〝西武がいちばん強いんだ〟って自信を持っていました。でも、戦ってみたらヤクルトは強かった。その印象が強いですね」

ヤクルト移籍後、野村は辻に言ったという。

――最初の日本シリーズはお前の守備で負けたんや。

92年第七戦、三塁走者だった広沢のホームインを許さなかった辻によるスーパープレー。その結果、ギャンブルスタートは誕生した。

辻もまた野球界の進化発展の立役者の一人だった。

森祇晶の語る野村克也

「私は、過去いろいろな日本シリーズを戦ってきました。その中でも、あの二年間のシリーズは、他とはまったく違うシリーズというのかな。結論から言うと92年、93年、西武とヤクルトの戦いは球史に残る日本シリーズだったと自分でも思いますね」

西武黄金時代の立役者である森祇晶はハワイで暮らしている。森もまた、デストラーデと同様に古巣のレジェンドイベントに参加するべく来日していた。

「あの戦いは、さらに言うならば《野村ヤクルト》との個人的な戦いでもあったんだな。〝ここで相手はこういう手を打ってくる〟〝ならばこちらはちょっと我慢しよう〟〝こちらがこんな手を打つ〟〝相手は我慢する〟そういう本当の戦いの面白さがあった。それは他のシリーズではなかったことだったね。二年連続で四勝三敗でしょう？　日本一にも一回ずつなった。でも、一つ間違えたらどうなっていたかわからない。久々に勝敗を忘れて、監督同士の戦いを感じたな」

森の口調は滑らかだった。次から次へと思い出がよみがえる。

「野村さんも私も、お互いが野球を知り尽くした者同士。用兵にしても、采配にしても、すべてが読み合いなんだね。〝ここでピッチャーを代えてくるだろう〟と思ったら、野村さんは動いてこない。こちらが誘いを出しても、まったく乗ってこない。だから私も我慢して動かない。その好例があの第七戦ですよ……」

森が口にしたのは、92年の第七戦、好投する石井丈裕、岡林洋一の投手起用をめぐる駆け引きだった。森も野村も、相手の誘いに乗らず我慢して、我慢して、「不動」を貫いた。

その結果、石井も岡林もともに完投し、西武は勝ち、ヤクルトは敗れた。

詰むや、詰まざるや――。

まさに、一流の棋士同士による火花散る腹の探り合いがあった。

「野村さんとの駆け引きは本番前から始まっていたからね。監督会議において、いわゆる《口撃》がすごかった。それが野村さんの戦術ならば、あえて挑発に乗らない。それもまたこちらの戦術でしょう。だからこちらは黙して語らずを貫いた。そうすればケンカにならないでしょう。《野村克也》というすばらしい監督相手じゃなかったら、私もそこまで考えないし、読み合いもしなかったよね」

この二年間で印象に残っている場面を尋ねると、92年の第七戦に加えて、森は93年第六戦を挙げた。

「ヤクルトが2対4とリードされていた場面、一死一、三塁で野村監督はエンドランを仕掛けてきた。結果的に八重樫がレフトライナーに倒れ、飛び出していた三塁走者の広沢はタッチアップができなかった。マスコミはこの采配を酷評した。でも、私は理にかなった作戦だと感じましたね。2点差をひっくり返すためのエンドランは英断ですよ。相手はギリギリの勝負を挑んできたんです。逆の立場なら、僕も同じことをしていたかもしれない。決して奇策ではない。野球を熟知している野村監督ならではの作戦ですよ」

後に「ギャンブルスタート」と称されることになる野村の決断の意味を、森は的確に理解していた。

「本当にあれだけ死力を尽くした戦いはヤクルトとの日本シリーズだけだったな。勝負というのは互角の力であれば時の運ですよ。後手に回ればやられる。そうかといって先手、先手で勝負すれば相手の術中にハマることもある。ここは動くか、動かないか。その判断をずっと求められていた。本当に大変だった。でも、本当に楽しかった。すべては野村監督との戦いだったから可能になったんだね」

互いに力を認め合ったからこそその敬意と畏怖が、そこにあった――。

第十二章

ID野球 継承者たちのその後

「一つのミスで一生の笑い者になるんです」と広沢克己は言った

1990（平成2）年にヤクルトスワローズの監督に就任した野村克也は、98年までの九シーズンにわたる長期政権を築き上げた。

92年に初めてセ・リーグを制し、森祇晶率いる西武ライオンズに善戦した。翌93年にはリーグ二連覇を成し遂げ、日本シリーズではついに西武を撃破した。「挑戦者」として挑んだ最初のシリーズを経て、王者・西武を倒し、ヤクルト黄金時代の到来を予感させるとともに、実際にチームは確実に強くなっていた。

90年代は長嶋茂雄率いる読売ジャイアンツと激しい優勝争いを演じ、95年、97年と隔年でセ・リーグを制覇した。日本シリーズでも95年は仰木彬が指揮を執るオリックス・ブルーウエーブ、97年には東尾修監督下の西武ライオンズを相手に日本一に輝いた。

80年代は一度しかAクラスにならなかったチームが、野村が率いた九年間で四度のリーグ制覇、三度の日本一に輝いた。彼がもたらした功績はあまりにも大きかった。

野村の下で野球を学んだID野球の継承者たちも、それぞれの野球人生を歩んだ。

94年オフには打線の主軸を担っていた広沢克己、ハウエルが相次いでチームを去り、長嶋巨人への入団を決めた。それでも、真中満、稲葉篤紀、宮本慎也ら若手の台頭が屋台骨を支えた。

あるいは、田畑一也、吉井理人、小早川毅彦ら「野村再生工場」と称された他球団からの移籍選手の見事な復活劇もあった。

その一人が、95年オフに西武からヤクルトにやってきた辻発彦だった。あの二年間の日本シリーズにおいて、西武のリードオフマンとして大活躍した辻は、移籍初年度となる96年には自身のキャリアハイとなる・333を記録して、もうひと花咲かせた。

チームは強くなったが、一方ではその代償も大きかった。

92年日本シリーズで孤軍奮闘した岡林洋一は、往時の輝きを取り戻すことはなく、故障に苦しんだまま、00年に引退を決めた。わずか十年間の太く短いプロ野球人生だった。

あるいは、93年シリーズでMVPを獲得した川崎憲次郎は、翌年以降は故障に苦しめられた。その一方で、一軍未勝利ながら、高卒ルーキーで92年第三戦の先発マウンドに立った石井一久は、堂々たるエースに成長した。

95年には13勝、97年には10勝を記録して日本一に貢献。さらに、野村の後を引き継いだ若松勉監督時代の01年にも12勝。球界を代表するサウスポーへと成長を遂げ、02年から05年まではメジャーリーガーとして活躍の舞台を世界に広げた。そして18年からは東北楽天ゴールデンイーグルスのGM（ゼネラルマネージャー）職を務めている。

93年の胴上げ投手となった高津臣吾は、その後も堂々たるピッチングを続け、日本を代表するクローザーとして、チームの黄金時代に君臨した。

そして、04年からは石井同様に活躍の舞台を海外に移し、シカゴ・ホワイトソックス、ニューヨーク・メッツでプレー後、06年からは再びヤクルトに戻った。さらにその後も韓国、台湾、日本の独立リーグでプレーを続け、二十二年間の充実した野球人生を送った。

攻守の要となっていた古田敦也は、ヤクルトひと筋でプレーを続け、野村監督時代の92、93、95、97、若松勉監督時代の01年とすべての優勝の立役者となった。

さらに、06年と07年の二年間は若松の後を引き継ぎ、南海ホークス時代の野村以来となる選手兼任監督に就任する。監督時代に結果を残すことはできなかったが、球史に残る大選手として、この年限りで現役を引退。現在ではスポーツキャスターとして大活躍を続けている。

西武同様、ヤクルトナインにも、等しく三十年のときが流れた――。

彼らにとって、「あの二年間」はどんな意味を持つものだったのか？

＊

「みんなが注目している日本シリーズのような大舞台でとんでもないミスをすると、一生の笑い者になるんですよ……」

開口一番、かみしめるように広沢克己は言った。

92年第七戦、広沢によるホームでの憤死。世間はそれを「お嬢さんスライディング」と揶揄した。善戦したものの、惜しくも敗れ去ったヤクルトの「戦犯」と叩かれもした。

あのときの記憶が、今でも広沢に重くのしかかっている。

「あるテレビ番組で、あの場面をビデオ検証したんです。そうしたら、僕の足が先に入っていた。今のようにリプレー検証があれば、また結果も違っていたかもしれないんです」

92年シリーズは、あと一歩のところで涙を呑んだ。この年のオフは広沢にとって、長く苦しいものとなった。

「あのときは、〝リーグ優勝なんかしなければよかった……〟、そう思っていましたよ。《お嬢さんスライディング》とみんなに言われたし、書かれたし、叩かれたし。しばらくの間は引きずりました。でも、一度起きてしまったことはもう取り返すことはできない。だから、〝来年に懸けるしかないな〟って、そんな思いで93年を迎えたんです」

92年シリーズ第一戦開始前は、自ら「雰囲気に呑まれていた」と語った広沢は、93年シーズン中にはチームが強くなっていることを実感していたという。

「普段のペナントレースを戦っていても、ジャイアンツやカープに対して、〝西武と比べればたいしたことないや〟っていう気になっていました。同時に、〝オレらの敵はジャイアンツじゃない、ライオンズだ〟っていう気持ちは常にありましたね」

こうして93年シリーズでは見事に雪辱を果たした。日本一を決めた最終戦で全打点を挙げる活躍を見せたのは、前年の悔しさがあったからこそだった。

改めて、「この二年間は、あなたにとってどんな意味を持つのか？」と広沢に問う。

「最初は負けたけど、93年に日本一になったことで、〝球界の勢力図が変わった〟という意見もありました。でも、僕はまったくそう思わないですね。やっぱり西武が上ですよ。二年間戦ったけど、〝西武は強いチームだな〟っていう思いが強いですよ。自分たちのことを過小評価しているのかもしれないけど、今でも僕はそう思いますね」

取材中、広沢がこんな冗談を口にした。

「僕の走塁の一件以来、ギャンブルスタートが誕生し、今では当たり前の戦術になりましたよね。そういう意味では、僕もプロ野球史に何らかの貢献をしたのかもしれません。ならば、《ギャンブルスタート》ではなく、《広沢スタート》って呼んでもいいんじゃないのかな？」

たった一つのプレーに翻弄された。かつては「取り返しのつかないプレー」だと思っていた。しかし、ときが流れ、ようやく笑顔で振り返ることができるようになっていた。

身を削って投げ続けた岡林洋一と川崎憲次郎の述懐

二年間の日本シリーズにおいて、92年は岡林洋一が、93年は川崎憲次郎が、文字通り鬼気迫るピッチングを披露した。その代償として、両者ともに故障がちな選手生活を送ることとなった。それでも、岡林にも川崎にも悲壮感や悔いはない。岡林は言う。

「92年のシリーズ開幕戦、第一球を投げるときにプレートの上で足が震えていました。それは〝みんなに気づかれるんじゃないか〟と不安になるほどの震えでした。だけど、それは気持ちのいい緊張でした。西武打線は怖かった。西武は強かった。でも、そんなチームを相手に思い切り投げられる喜びがありました」

岡林は楽しそうに振り返る。

「第七戦では、〝このままずっと投げ続けていたい〟とマウンド上で思っていました。あのときは自分の持っている以上の力が発揮できました。それはお客さんのおかげかもしれないし、西武打線のおかげかもしれない。すべてが、自分のいいように運んだのがあの年のシリーズでした」

完全燃焼した92年シリーズとは対照的に、右肩痛に苦しめられた93年はベンチ入りすらかなわなかった。川崎の力投をただ見つめることしかできなかった。

「93年は西武球場には足を運んでいないと思います。正直言えば、見たくなかったからです。日本シリーズの期間、僕はほとんど（ファームのある）戸田にいたと思います。日本一になった瞬間のことも記憶が曖昧です。高津が抑えて、監督が胴上げされている場面は自宅のテレビで見たような気がするけど、そんなはずはないか？　それもよく覚えていません」

改めて問う、「両者の決着はついたのか？」と。岡林は即答する。

「決着はついていないんじゃないですか？　僕自身のことで言えば92年は自分の持っているものをすべて出し尽くしました。完全燃焼です。でも、93年は……」

92年日本シリーズ――。岡林は3試合に先発し、すべての試合で完投した。一人で30イニング、430球を投げ抜いた。

岡林の力投がなければ、後世に語り継がれる名勝負は誕生しなかった。身を削るような魂のこもったピッチングは、今でも多くの人々の脳裏に焼きついている。

＊

92年、岡林の力投を神宮球場のスタンドから観戦していたのが川崎憲次郎だ。

「優勝目指してプロ入り以来ずっと頑張ってきたのに、〝何で、この場にオレはいないんだ〟って、そんな思いだけですよ。その思いがあったから、93年シーズンは頑張れました。この年のシリーズは投げられる喜びと前年の悔しさ。そんな思いを抱いてマウンドに上がっていました」

93年日本シリーズでは第四戦、第七戦に先発していずれも勝利投手となった。シリーズMVPは当然の大活躍だった。

「この二年間は悔しいことと、嬉しいことと、とにかく山が激しすぎましたよね。ドンと奈落の底に突き落とされ、グンと頂上まで上がるような感じ。そこでシリーズMVPというご褒美をいただけた。起伏の激しすぎるひとときでした」

川崎にとって、今でも忘れられないのは第四戦、飯田哲也の見事なバックホームだ。

「セカンドランナーの笘篠さんがサードを回った時点で、僕は〝もうダメだ〟と思っていました。絶対にセーフだと覚悟していました。ところが、ベースカバーに入った僕の目の前で笘篠さんがアウトになった。哲っちゃんの送球もすごかったし、古田さんのブロックもすごかった。僕の中では神ですよ。奇跡ですよ。ベンチの指示を無視して前進守備を敷く。こういうことができるようなチームになっていた。知らないうちに強くなっていたんです。あの場面は一生忘れられないプレーとなりました」

しかし、その後の川崎は故障がちなプロ野球生活を送ることになる。それでも、懸命にリハビリ活動を続けた。98年には17勝を挙げて沢村賞、最多勝を獲得し、見事な復活劇を演じた後、FA権を行使して01年には中日ドラゴンズに移籍。中日では再び故障に苦しみ、1勝も挙げることができないまま、04年を最後に現役を引退した。

現役引退後は千葉ロッテマリーンズで投手コーチも務めた。当時のロッテの監督は日本シリーズで死闘を繰り広げた西武の司令塔・伊東勤だった。

「古田さんもそうでしたけど、伊東さんもピッチャー、キャッチャー両方を見ている方でした。たとえば先発投手が1試合100球投げるとします。年間で30試合投げれば3000球です。伊東さんはその３０００球のすべてを覚えているような方でした」

前述したように、森が去り、東尾がチームを率いていた97年にもヤクルトと西武は日本シリーズで激突した。この年、川崎は第四戦に先発して勝利投手となっている。

「この年の西武は、松井稼頭央ら若手が出始めのチームで、92年や93年の西武とはガラッと変わっていました。逆に、この頃の僕たちはトータルで考えたらすべてを兼ね備えたチームになっていました」

この年、ヤクルトは四勝一敗と完勝。かつて「王者」と謳われた西武を、完膚なきまでにやっつけた。だからこそ、改めてあの二年間の重みを理解したという。

「僕たちは西武に勝った。西武を超えた。それはあの頃の僕たちの最大の目標でした。あの頃の強かった西武を倒した。それが本当に嬉しかった。だって、それが僕たちの最大の目標だったんですから。両者の決着がついたのかどうか、僕にはわかりません。でもあの年、僕たちは確かに西武に勝ったんです」

92年は岡林の、そして93年は川崎の右腕がチームに勇気を与えた。見る者に感動を与えた。両者の活躍なくして、あの名勝負は決して誕生しなかった。

荒木大輔、高津臣吾が振り返る「あの二年間」

2020（令和2）年シーズン、荒木大輔は北海道日本ハムファイターズの二軍監督兼投手コーチとして若手選手たちと泥にまみれている。

「あの二年間はめちゃくちゃ楽しかったです。ケガから復帰した後だったし、〝日本シリーズで投げられる〟という喜びだけでした。〝勝てる〟とか、〝負ける〟とか、そんなことは何も考えずに楽しめた二年間でした」

この二年間のシリーズでは早稲田実業学校時代の同級生、石井丈裕との対決が実現したことも忘れられない思い出となった。

「石井と投げ合いたいという思いはずっとありましたね。向こうはエース格だし、僕は故障明けのピッチャーだから同じ試合で投げ合うことはないだろうけど、願いが叶うのであれば投げ合いたい。そんな思いは強かったです」

石井との投げ合いは実現しなかったが、自身も第二戦、第六戦の先発を託された92年日本シリーズ。荒木の脳裏に残っているのはチームメイト・岡林の奮闘だった。

「岡林は大エースですよ。アイツは弱音を絶対に吐かないし、本当にチームのことを考えられる。言われた場所できちんと仕事をする。野村さんの言う《エース像》にぴったりと当てはまる男です。あの年の頑張りが原因となって肩を壊してしまった。でも、あの頑張りがあったから、岡林は今でも評価されているんだと思います」

自身も故障に苦しんだ経験を持つ荒木は、シリーズでの激闘の代償として選手生命を縮めてしまった岡林のことをどう思っているのか？

「ケガをしたことは残念なことだけど、プロ野球選手としてはある意味、当たり前のことなんで。アマチュアでは絶対ダメですよ。でも僕らプロなんで。仕事なんで。ケガをしないでそこそこの成績を残すよりも、リーグ優勝したり、日本一になったりすることの方が、プロにとっては大事なことなんです。極端な話、七戦全戦でリリーフ待機することもあり得るのが日本シリーズなんです」

93年の第一戦、荒木は初回に二つの死球を与えた。石毛宏典はこの死球の後遺症で、今でも満足にペンが持てないという。

「えっ、そうだったんですか……。今度、石毛さんに会ったら謝っておきます。でも、石毛さんらしいですね。僕にはそんなことはひと言も言ってこないのに……」

改めて荒木がこの試合を振り返る。

「相手打者には本当に申し訳ないんですけど、罪悪感というのはないです。頭に当てたり、ゲームに出られなくなるような骨折をさせたりしたら、さすがにちょっとアレですけど、そうでもないのに内角攻めを気にし始めたらピッチャーやれないんで。あの試合でも、もちろん当てるつもりはないけれど、内角を攻めるつもりで結果的にデッドボールになってしまった。そこに関しては動揺はありませんでした」

野村が荒木に初戦を託した理由が垣間見える発言だった。

「えっ、そうですか？　僕が監督だったら、《初戦荒木》には絶対にしないですけどね」

93年の初戦に先発した荒木の奮闘によって、チームは勢いづき見事に日本一に輝いた。

「第七戦まで行って、初戦に先発した勝利投手が、その後は一度も投げなかったなんて、オレくらいじゃないの？」と笑う荒木に最後の質問をする。西武とヤクルトとの息詰まる死闘。はたして決着はついたのか？　その見解は明瞭だった。

「本当の強さは西武にあったんじゃないのかな？」

そして荒木は続ける。

「……ヤクルトは若いチームで、ちょうど若手選手が台頭し始めた頃だったけど、西武は大人ばかりのチームでしたから。93年は若い選手たちがその気になって日本一になったけど、94年はセ・リーグ四位だったし、あの頃は一位、四位、一位、四位の繰り返しだったでしょう。それはやっぱり本当の強さではないですよね」

現役引退後、西武のピッチングコーチも務めた。伊東勤が監督に就任していた頃だ。

「伊東監督もすごかったですね。伊東さんはすべての投球内容を覚えていました。試合後のミーティングでも、〝あの場面の3球目が……〟と何も見ずに話していました。僕は必死でノートを見ていたのに。あの日本シリーズのときの古田もそうだったけど、キャッチャーは本当に大変だと痛感しましたね」

川崎同様、荒木もまた、現役引退後に改めて伊東の凄みを体感していた。

*

新型コロナウイルス感染拡大で揺れに揺れた20年シーズン、高津臣吾はヤクルトの監督となった。前年最下位のチームを引き受け、黄金時代復活を目指して日々、奮闘している。

高津の転機となったのは、一度も試合に出ることがなかった92年シリーズだという。

「年齢も一緒、ドラフトも同期の岡林が、92年は一人で頑張っていました。彼は高校時代から有名なピッチャーで、大学時代は同じ東都リーグで戦いましたが、彼はリーグを代表するピッチャーでした。大学時代の彼と僕との差が、プロに入ってさらに開いてしまったんじゃないか。そんな思いで92年のシリーズを見ていました」

同学年として、岡林の活躍はまぶしかった。自分がふがいなかった。

「岡林があんなにしんどい思いをしているのに、自分は何も手助けをしてあげられない。このときの悔しさが93年のシリーズで爆発したのだと思います。それもすべて、前年の岡林の活躍がなければ、そんな思いにもならなかったのかもしれないですね……」

92年、西武・潮崎哲也のシンカーを見て、「お前も真似てみろ」と野村が高津に命じたのは有名な話だ。潮崎もまた岡林、高津と同じ1968(昭和43)年生まれだった。

「高校時代の潮崎のことは何も知らなかったです。でも、彼が松下電器(現パナソニック)に入ってソウル五輪で活躍して、ドラフト一位で西武に入団しました。年も一緒、投げ方も一緒、チーム内での役割もよく似ているということで、めちゃくちゃ意識しました。でも、潮崎の方が球も速いし、変化球の精度も優れている。僕が勝っている点は何もない。唯一、僕の方が背が高いということくらいでしたね」

こうして、満を持して高津は93年シリーズに挑んだ。

「93年第二戦がシリーズ初登板でした。ちょっとドキドキもあったけど、特に緊張もないしワクワクの方が強かったし、割と冷静な判断をしながらマウンドに立っていました。それまでは、〝僕の何が通用して、何が通用しないんだろう?〟という思いもあったけど、実際に試合で投げてみて、僕のシンカーに全然タイミングが合っていないことがわかりました。みんな崩れたスイングで空振りをしていました。そこで、〝これはいけるんじゃないか〟と手応えをつかんだ気がします」

意識したのは「低く遠く、近く強く」ということだった。こうして迎えたのが川崎も、高津も「生涯でもっとも緊張した」と語る第四戦だった。

「川崎もまた、前年にシリーズで投げられなかった悔しさを背負って投げていました。それにこの年のシリーズは岡林も、トモ（伊藤智仁）もケガで投げられなかった。僕らは彼らの思いも背負って投げなきゃいけない。勝たなきゃいけない。そんな気持ちでした」

この日の川崎は8回まで力投を続けた。得点は1対0。1点も許されない場面で高津はマウンドに上がった。

「引退後、〝今までいちばん思い出に残っている試合は？〟と質問されたら、僕はこの試合を挙げています。いちばん緊張した、いちばん興奮した、いちばん難しかった、いちばん思い出に残っているのがこの試合です。その後、何百試合も投げましたけど、この試合だけは試合後ののどの渇きが尋常じゃなかったんです。試合後、ベンチ裏で記者さんに囲まれて話を聞かれたんですが、申し訳ないですけどうまくしゃべれませんでした。何杯水を飲んでも、のどは渇くし、落ち着かないし、興奮も覚めなくてうまく言葉にできなかったんです」

今回の取材で西武ナインに話を聞くと、異口同音に「93年は高津にやられた」「あのシンカーはわかっていても打てなかった」と繰り返した。特に、名参謀だった伊原春樹は何度も「高津一人にやられた」と繰り返した。

「やっぱり、相手チームからそういう評価を受けるのは嬉しいですよね。93年は、僕にとってはプロ三年目でしたけど、実質的にはルーキーみたいなものでした。だからこそ、この年が、その後の僕の基盤となりました。そして、その原点となったのが92年の悔しさでした。それがあったから、95年以降の日本一も経験できたし、アメリカにも行ったし、いろいろなチャレンジをするきっかけになったんだと思います」

両チームの決着はついたのか？　この質問に対して、高津に迷いはなかった。

「日本シリーズは一勝一敗、全対戦成績は七勝七敗でしたけど、断然、西武の方が強いと思います。西武の野球は大人でした。僕たちは監督の力があり、若さがあり、勢いがありました。野村監督に乗せられた、踊らされた部分があって、実力以上のものを発揮した二年間でした。でも、西武はどっしり構えていましたよ。少々のことでは崩れない、負けない、勝たせてくれない。投手陣も攻撃陣も、本当に強いチームのあり方が、あの頃の西武でしたよ」

ＮＰＢで２８６セーブ、アメリカで27セーブ、韓国で８セーブ、台湾で26セーブ。

世界中のプロリーグで、合計３４７セーブを記録した不世出のクローザーは、何の迷いもなく、そう語った。

杉浦享の鮮烈な一発、飯田哲也の驚愕の強肩

「すでに体力の限界を感じていたので、92年限りでユニフォームを脱ぐつもりでいました。それなのに、最後だと思っていた日本シリーズでいちばん目立つことになってしまって……」

真っ白なあごひげをたくわえた杉浦享が振り返ったのは、92年日本シリーズ第一戦での代

打サヨナラ満塁ホームランだった。

「二十三年間の現役生活でもっとも忘れられない一発となりました。打席に入るときには足が震えていました。ホームランを打った瞬間、自分でも、〝オレ、何てことをしたんだろう〟って感激していました。セカンドを回る頃にはジワッときて、首をかしげながら半分泣いていました」

杉浦の劇的な一発でシリーズは幕を開けた。しかし、善戦むなしくヤクルトは西武に敗れた。この年限りでユニフォームを脱ぐ決意をしていた杉浦に心境の変化が訪れる。現役続行を決意したのだ。翻意の理由を本人が語る。

「負けたからです。負けたからこそ、みんなに悔しい思いが芽生えたし、〝みんなで一つにならなくちゃ〟という思いになりました。こうして、〝このままじゃ、悔しくて辞められない〟という思いが強くなりました。それに、〝西武はこれから落ちていく一方だけど、こちらは上がるだけだ〟と思っていました。こちらはなおも伸び盛りだし、広沢のスライディングというほんのわずかな差で負けただけ。〝もう一度やれば、次は絶対に勝てる〟と思ったから、野村さんに頭を下げたんです」

シリーズ終了後、杉浦は野村に言った。

――今年で辞めようと思っていました。でも、このチームは来年間違いなく日本一になります。だから、もう一年だけチームにいさせてください。

野村は快く「やりたければやってもいいぞ。来年も頼むぞ」と答えたという。

93年はほとんど出番がなかった。それでも、杉浦は78年以来、二度目の日本一を置き土産に、幸せな幕引きを図ることができた。

「僕にとって、本当にいい二年間になりました。正直言えば、〝あと十年遅く生まれていたら……〟という思いもあるんです。でも、本当にいい二年間でした」

杉浦は、しばしば「あと十年若かったら……」と考えるという。

「あと十年遅く生まれて、古田たちと一緒に野球をやりたかったですね。そうすれば、《億》という金を必死に目指したし、いい環境の中で、しがみついてでも2000本安打を目指しただろうからね」

現役通算1434安打を記録した杉浦は、静かに「あの二年間」を振り返った。

＊

92年シリーズの象徴的シーンが初戦の杉浦の一発ならば、93年シリーズのそれは間違いなく第四戦、飯田哲也のバックホームだろう。

このとき、福岡ソフトバンクホークスの三軍外野守備走塁コーチを務めていた飯田には、キャンプ地である宮崎県・生目の杜運動公園で話を聞いた。

「92年シリーズ前には、正直、〝○勝四敗だけは避けよう〟〝無様な姿を見せないようにしよう〟、そんな思いだけでしたね。僕自身は初めてだし、チームとしても本当に久しぶりのシリーズだったから、どう戦っていいのかもよくわからない状態でした。とにかくワンサイドゲームだけは避けたいという思いだけでしたね」

多くのヤクルトナインが「初戦は足が震えた」と緊張を隠せない中、飯田はまったく様相が異なっていた。

「僕にとって、日本シリーズはお祭りみたいなものでした。あくまでもリーグ優勝がすべてだと今でも僕は思っています。だから、《日本一》というものに重点を置いていなかったんです。お祭りというかご褒美ですから、まったく緊張しなかったです」

この二年間のシリーズにおいて、飯田は二度の「サイン無視」を行っている。

一度目は92年の初戦、3回裏1対1の場面で二塁走者の飯田は、三塁コーチ・水谷新太郎の制止を無視して、一気にホームインを決めた。

「二塁ベース上では、〝ワンヒットでホームインしよう〟というごく普通の考えでした。そうしたら、二番の荒井さんがライト前ヒットを打った。このとき、すごくスタートがよかったんです。サードコーチが止めていたのはもちろんわかりました。でも、〝勢いがつきすぎて止まれなかった〟というのが正直なところです。いい送球が返ってきたし、伊東さんがすでに捕球態勢に入っていたので、〝ヤバい〟と思いました。だから、もう回り込むしかなかったんです」

飯田は頭から突っ込んでベースタッチを試みる。伊東のタッチをかいくぐる右手からのヘッドスライディング。見事な走塁だった。

「会心でした。大満足のスライディングでした」

そして、もう一つの「サイン無視」は、翌93年第四戦、後に「世紀のバックホーム」と称される一連のプレーだ。

「1点リードの8回表、二死一、二塁の場面。セオリーとしては〝1点あげてもいいから後ろに守れ〟というものだし、実際にベンチからは〝深めに守れ〟という指示が出ていました。でも、僕自身としては〝ここで1点でも許したら負ける〟という思いがありました。だから無視して前に行ったんです」

この日はセンターからホームにかけての強風が吹いていた。風向きはもちろん頭に入っていた。さらに、飯田は古田のミットの構えから川崎の球種を判別していたという。

「右打者が打席に入ったときの川崎の場合は、古田さんのミットの位置がインサイドならシュート、真ん中ならフォーク、外ならスライダーという傾向がありました。あの場面は左打者の鈴木健でしたが、古田さんのミットの位置から球種を予想して、古田さんが構える方向に体重を乗せながら準備していたんです」

こうして、世紀のバックホームは誕生した。前年の第七戦では石井丈裕の打球をグラブに当てて落として悔しい思いをした。しかし、その一年後には球史に残るバックホームで日本一を大きく手繰り寄せる活躍を見せた。

この二年間は、飯田にとっても忘れられない時間となった。最後に、「はたして決着はついたのか？」と尋ねると、その答えは明快だった。

「うーん、ヤクルトの勝ちじゃないですか？　だって王者を苦しめたんですから。二年間戦って王者を苦しめて、最後には勝った。だったら、ヤクルトの勝利ですよね」

飯田を評して、野村はこんな言葉を残している。

「俊足、強肩もさることながら、飯田には打球の方向や強さを瞬時に判断する動物的な勘、それに対応するスピードがありました」

同僚だった橋上秀樹によれば、「監督は飯田に対してはあまり細かい注文は出さずに好き勝手にやらせていた」と証言している。まさに、飯田の「動物的な勘」があったからこそ、後世に語り継がれることになる世紀のバックホームは誕生したのだった。

ジャック・ハウエル、秦真司、そして池山隆寛の回顧

「あの二年間は僕にとっても、ヤクルトにとっても特別な二年間でした」

新型コロナウイルス感染拡大による緊急事態宣言下にあった20年5月、リモート取材でア

メリカで暮らすジャック・ハウエルに話を聞いた。

「92年はシーズンでMVPを獲得したのに、日本シリーズではボロボロの成績しか残せませんでした。三振も15個か16個くらいしました。本当に悔しい思いをしました。だから、93年の第一戦、第一打席のことは今でも忘れられません」

ハウエルの言葉にあるように、92年シリーズでは16三振という不名誉な記録を残した。しかし、翌93年の初戦は初回のハウエルによる先制スリーランホームランで幕を開けた。

「あのホームランは私にとって、ものすごく大きな意味を持つ一発だったんです」

笑顔で往時を振り返るハウエルにも、「決着」について尋ねる。

「スワローズとライオンズ、とてもよく似ているチームでした。両チームともいい先発ピッチャーがいて、いいリリーフピッチャーがいた。両チームの監督も名監督でした。ヤクルトにはイケヤマ、ヒロサワがいて、ライオンズにはアキヤマ、キヨハラがいました。もちろん、外国人選手もどちらもよかった（笑）。そんな二チームが二年間通じて、シリーズという最高の舞台で戦うのはとてもグレートなことでした。……決着？　やっぱり、ナンバーワンはスワローズですよ！」

ハウエルは笑顔で続けた。

「僕は今でも日本時代の応援歌を歌えます。〝ゴー、ゴー、サァイコウ、ゴー、ゴー、ユメノセテ、タヨレル、ナイスガイ、ジャック・ハウエル！〟。ところで、〝タヨレル〟ってどんな意味なの？」

意味を伝えると、ハウエルは微笑んだ。

「……タヨレルか、いい言葉だね」

＊

あの二年間において、秦真司がもっとも輝いたのは92年の第六戦のことだった。

「当時の西武は12球団でも突出したタレントの集まりで、個々の能力はすごく高いものがありました。それに対して我々は十四年ぶりにようやくセ・リーグを制して、文字通り《挑戦者》という立場にありました。あのとき、我々は知恵を持って臨みました。相手の強いところを見てしまうと、こちらにとって厳しいデータばかりになってしまう。だから、西武打者の弱点、投手の欠点を深く掘り下げて試合に臨みましたね」

こうして、二勝三敗で迎えたのが崖っぷちの第六戦だった。

「あの当時は、西武としては〝絶対に負けられない〟という思いだっただろうけど、僕たちは〝負けてたまるか〟という思いでした。王手をかけられた第六戦。9回表の土壇場で追いつかれてしまった。だからこそ、10回裏の打席は気合いが入りました。〝ホームランを打とう〟とは思っていなかったけど、〝オレが決めてやる！〟という強い思いで打席に入った気がしますね」

こうして、秦は記憶に残るサヨナラホームランを放った。

「僕の野球人生において、全国でいちばん注目された瞬間でした」

改めて、秦にも「決着はついたのか？」と尋ねる。

「決着はついていないと思います。首脳陣の戦略を含めたベンチワーク、選手たちの能力、技術、西武グループとヤクルトグループの対決……。どれも真正面からのぶつかり合いでしたから」

続けて、「どちらが強かったのか？」と質問を重ねる。

「やっぱり、西武の方が強かったと思います。組織力、個々の力は西武の方が上でした。ただ、僕らはみんな若かったし、優勝に飢えていた。あの二年間の戦いを通じて、少しずつ実力をつけてきた。でも、当時の実力でいえば西武の方が強かったと思いますね」

92年10月25日――。この日、秦真司は確かに、日本中の注目を集めた。

＊

「今から思えば、ヤクルトがいちばん強かった時代だと思うし、自分も主力として戦えたし、本当に成長できたのがあの二年間でした」

ヤクルト躍進の象徴的存在として、しばしば森祇晶の口から名前が挙がったのが「ブンブン丸」こと、池山隆寛だった。

「野村監督が就任したときに、〝タレントはいらない〟とマスコミを通じて言われました。何度も、〝大振りするな、三振を減らせ〟と言われて、〝自分の持ち味を失ってしまうんじゃないのか?〟と迷いました。でも、優勝、日本一の瞬間にそんな思いもすべて吹っ飛びました。それは古田にしろ、広沢さんにしろ、波乱万丈なシーズンをみんなで戦ってきたから達成できたものでした。日本一の瞬間にすべてが報われましたね」

ヤクルト急成長の象徴として、敵将である森が具体例として挙げたのが、93年第四戦で池山が放った決勝犠飛だった。その場面について話を聞こうと考えていると、池山から先に切り出した。

「このシリーズの頃には、追い込まれるまでは思い切りスイングして、追い込まれたらノーステップで打つことを意識し始めていましたね。それまでは足を大きく上げ続けることに葛藤というか迷いがあったけど、こうした切り替えができ始めたのが93年の日本シリーズだったのかな?　第四戦だったと思うけど、この試合でノーステップで犠牲フライを打ったんです。あの場面はやっぱり印象深いですね」

葛藤の果てに、チームは日本一を手にした。93年第七戦、この日の試合後、池山には忘れられない思い出がある。

「西武球場から都内の祝賀会場に向かう途中のバスのことです。バスの最後列の窓を全開にして、僕と広沢さんで、〝ヤクルト、ついに日本一になりました！〟〝みなさん、ご声援どうもありがとうございます！〟って、優勝パレードの真似事をしたんです。あれは忘れられない思い出ですね」

このときの出来事は高津もよく覚えていた。

「日本一を決めてからも、満足に記者さんたちに受け答えができなかったんですけど、帰りのバスに乗る頃にはようやく、〝オレたち、とんでもないことをしたんだな〟って感激していたんです。すると、バスの後ろの席から、広沢さんや池山さん、そして古田さんが〝いやー、どうも！〟って、誰もいないのに沿道に向かって手を振っているんです。あれは青梅街道だったんじゃないかな？ チームの中心でリーダーだった広沢さんが、はしゃいでいる姿がとても印象的でしたね」

02年シーズンを最後に、池山は現役を引退する。

その後、評論家活動を経て、06年からは恩師と慕う野村の下で楽天一軍打撃コーチとして後進の指導にあたった。それから、ヤクルト、楽天で指導者として活躍し、20年にはヤクルトの二軍監督に就任した。野村の教えを令和の時代に受け継いでいる池山に、「この二年間の戦いにおいて、両者は互角だったのか？」と尋ねる。

「互角……じゃないよね」

続く言葉を待った。

「西武の方がずーっと上ですよ。92年は惜しいところまでいったけど、ヤクルトは負けた。93年は日本一になってようやく一回は西武に並んだ。でも、だからといって西武に追いついたわけでもないし、〝西武を超えた〟とも思わないですよ。ただ、ひとつだけ言えるのは92年の敗北によって、選手個々が力をつけたし、成長した。それだけは確かなことだと思いますね」

野村との出会いによって池山は大きく変わった。その成果が最初に表れたのが、あの二年間の激闘だった。

古田敦也がいたから、ヤクルトは強くなった

「92年はセ・リーグで優勝したけど、日本シリーズでは敗れました。最後、負けて終わっているんです。やっぱり、負けて終わるとオフが楽しくないんですよ。リーグ優勝はもちろん大事なんだけど、日本シリーズで勝たなくちゃ、〝価値が半減する〟とまでは言わないけど、嬉しさは半減するんです。みんなから〝よくやったね〟って言われても、何しろ相手の胴上げを見て終わっているわけだから、辛いというか苦い思い出ですよね」

野村の監督就任と同時に、ヤクルトに入団したのが古田敦也だ。

一年目から徹底的に鍛えられた。野村は言う。

「初めて古田のプレーを見たのは90年春のユマキャンプだったね。その時点ですでにスローイングもキャッチングも天才的なほどすばらしかった。股関節も柔らかく、腰がしっかりと落ちるから安定感も抜群。肩は特別強いとは思わなかったけど、捕ってからがとにかく速い。〝あとは配球術だけ教え込めば正捕手としてモノになる〟、そう思ったことを覚えていますよ」

ルーキーイヤーの途中から正捕手となり、プロ三年目についにセ・リーグを制した。相手は黄金時代を迎えていた西武だ。古田が振り返る。

「投手力は圧倒的に西武が上だったと思います。でも、打線に関していえば決して負けていないし、〝いい勝負かな?〟って思っていました。シリーズ直前合宿では部屋にビデオが山積みになっていました。何本あったか覚えていないけど、百本じゃきかないほどでした。寝ていても、目をつぶっていても映像が出てきました。〝ノイローゼになるわ〟って思うくらい。でも、打者に関していえば、いくら強力打線といっても、打率は・270とか、・280のバッターもいるんですよ。だから、テレビ局の知り合いに、〝凡打のシーンも集めてほしい〟って頼みました」

戦前は「まったく歯が立たないとも思っていなかったけど、自信満々でもなく、〝西武とやれるのか、楽しみだな〟という思いしかなかった」という。

そして、善戦むなしく三勝四敗で敗れ去った。そのときの心境が冒頭で紹介したものだった。だからこそ、翌93年は燃えていた。

「冷静な戦力分析をしたら92年はうちの方が戦力は低かったでしょう。岡林におんぶに抱っこでしたから。でも、93年は自信もあったし、〝絶対に負けない〟と思っていました。〝四タテしてやろう〟という思いでシリーズ開幕を迎えました」

西武相手に四連勝を飾ることはできなかったものの、それでも四勝三敗で前年の雪辱を見事に果たした。はたして、両者の決着はついたのか？

「それはわからないですね。こっち（92年）の戦いと、こっち（93年）の戦いがあったという話なわけで。むしろ、97年にも西武と日本シリーズを戦いましたけど、このときの西武は若いチームで、僕らは95年にも日本一になっていて、それなりに力をつけていました。このときの方がヤクルトと西武の立場は逆転していたような気がしますね」

この二年間の激闘を、古田はどのようにとらえているのか尋ねた。

「この二年間で僕が学んだのは、〝やっぱり日本シリーズは勝たな意味がないな〟っていうのがいちばんですね。短期決戦なんで言い方は悪いけど、いかに策を練って相手をハメていくかなんです。だから修羅場をくぐってきたチームは強いんです。92年、93年の戦いを経て、僕らも修羅場を経験した。だから、その後の日本シリーズは若いチームが出てきても負ける気がしなかった。そんな思いになれたのは、あの西武との戦いがあったからだと思います」

古田の言葉にあるように、95年はイチローを擁するオリックスを、97年は松井稼頭央が台頭していた西武を、01年は中村紀洋、タフィ・ローズらが豪打を振るい「いてまえ打線」と恐れられた近鉄をまったく寄せつけずに日本一に輝いた。

その裏には、球界を代表する名捕手・古田の存在があった。

古田が故障なく過ごしたシーズン、ヤクルトは日本一となり、古田が故障で欠場がちだったシーズンはチームも低迷した。

古田がいたからヤクルトは強くなった。それは、疑いようのない事実だった。

「決着はついていない。だから……」と野村克也は言った

「全然覚えてないよ……」

野村克也の第一声だった。

「……でも、イヤだったことだけはよく覚えている。キャッチャー出身監督対決でしょ。森野球は川上（哲治）野球。オーソドックスでセオリー通りのクソ真面目な野球」

「全然覚えてない」と言いつつ、野村は流暢に往時を振り返った。

「私はいい加減だから、弱いチームばかりを引き受けてきた。でも、森は慎重な男だからそんなミスはしない。強いチームの監督を引き受け、着実に強いチームに育て上げる。彼がど

う思っているかはわからないけど、〝森には負けたくない〟っていうライバル意識が、私にはあった。それは彼が巨人出身だからかもしれないね。ずっと頭の片隅にあったよ、〝森には負けたくない〟っていう思いが」

世間は森と野村を称して「似た者同士」だとか、「キツネとタヌキ」と喧伝していた。

「私と森は全然似てないですよ。さっきも言ったけど森は慎重派。こっちは何事もいい加減なアバウト派なんだから」

野村に最初に尋ねたのは「戦前、西武に勝てると思っていたのか？」という質問だった。質問を聞くと同時に、野村は首を横に大きく振った。

「まったく思ってない。全然、実力はケタ違い。そもそも、セ・リーグで優勝したこと自体が奇跡だったんだから」

92年日本シリーズ開幕前日、野村はインタビューで「四勝〇敗で勝つ」と答えている。その点について尋ねる。

「えっ、そんなこと言ったっけ？　負けると思ってるから言ってるんだよ。勝つ自信があったら、そんなこと言わないよ」

しかし、この年のヤクルトは善戦した。王者・西武を苦しめ、あと一歩のところで日本一を逃した。92年のシリーズについて野村が振り返る。

「勝負事は負けて学ぶことの方が多いんですよ。敗れはしたけど、この年のシリーズによって古田が大きく成長した。キャッチャーがいちばん上達するのは日本シリーズなんですよ。みんなピッチャーに目を向けるけど、優勝チームに名捕手あり。シリーズという大舞台では一球たりともおろそかにできない。私も経験あるけど、シリーズを経験したキャッチャーは急速に腕を上げる。古田もそうでしたよ。彼は野球頭脳がいい。覚えるのも速い。手前味噌になるけど、彼は私と出会ってよかったんじゃないの？　本人は絶対に認めないだろうけど（苦笑）」

そして、野村は「反省の弁」を口にした。

「92年の日本シリーズは監督自ら〝勝てるわけがない〟と思っていました。やっぱり、監督の考えていること、思っていることっていうのは、言葉にしなくても選手たちに伝わるんですよ。そういう怖さを知ったよね、このときはね」

こうした経験を経て、野村は93年も西武に挑んだ。前年とは違う手応えがあった。

「93年は高津ですよ。元々は《左対策》としてシンカーを考えたんだけど、それが見事にハマったよね。投球というのは、ストレートとカーブでワンペア、ストレートとシュートでツーペア、こんな感じでスリーペア、フォーペア持っている方が投球の幅が広がる。ストレートを生かすにはシュートがいる、シンカーがいる。高津の場合はシンカーをマスターしたことで、圧倒的にピッチングに幅ができた」

当時、ヘッドコーチだった丸山完二は「高津をクローザーにするなんて誰も考えつかなかった」と野村の決断を絶賛していた。決断までの経緯を聞いた。

「性格ですよ。何事にも動じないでしょ、彼は。それにプロとしては身体が大きくないから、先発完投というタイプでもない。クローザーには落ちる球が必要になる。だから、フォークの代わりにシンカーを覚えさせた。その参考にしたのが西武の潮崎だったけど、本当にうまくハマったよね」

高津の活躍もあって、93年はヤクルトが日本一になった。野村にも「はたして決着はついたのか?」と尋ねると、野村は即答する。

「私はもう一度、西武とやりたかった。決着はつけたかったよ」

そしてしばらく考えた後に、こんなことをつぶやいた。

「……いや、やっぱり、引き分けでいいのかな」

しかし、野村は自らの言葉を撤回する。

「いや、やっぱり決着はつけたかったよ。《勝負》という字はどう書く? 《勝つ》と《負ける》という字を書くでしょ。《分け》という文字はないんですよ。やっぱり、決着はつけたかったな」

——もしも三回目の対戦があったとしたら、どうなっていたと思いますか?

しばらくの間、視線を宙に泳がせてから野村は口を開いた。

「……どうかな? ヤクルトと西武、いい勝負をしたんじゃないのかな? 野球は、勝負は、やっぱりやってみなくちゃわからない。もう一度戦ってみたかったけどもう無理だよ。だから引き分けでいいのかな？　森とは決着をつけられずに終わっちゃったね。でも、それでいいのかもしれないね」

　そして、野村はこんなことをつぶやいた。

「三度目の対決は、私と森と、どちらが長生きできるかで勝負しようか……」

　小さく笑って、野村は静かにうなずいた——。

終章
野村克也、逝く……

野村の訃報を受けた森祇晶は……

「野村さんとはもう六十年以上のつき合いになるんだね……。何しろ、沙知代夫人と一緒になるよりも前のことだからさ。私が巨人、彼が南海だった現役時代には日本シリーズ前に対戦相手の情報提供をお願いしたこともありました。お互いの野球観に惹かれる部分があったし、その後のつき合いの中で、ますます相通ずる部分が深まっていったような気がするな……」

受話器の向こうで、森祇晶は訥々としゃべり続けている。

「訃報は、私の住むハワイ時間で2月10日のお昼過ぎにニュースで知りました。最近の病状は知らなかったけど、彼が多くの本を出版したり、テレビに出演したりしているのは知っていたから、〝まさか……〟という思いだった。でも、その半面では〝やっぱりか……〟という思いもあったな。というのも、あの人は全然自分で動こうとしないし、自宅でも車椅子に乗っていることを聞いていたので、〝もっと運動をしなくちゃダメだよ〟って、いつも言っていたのでね……」

ハワイの自宅に住む森が、在りし日の思い出を静かに振り返っている――。

＊

2020（令和2）年2月11日、野村克也が逝った。

突然の知らせに多くの者が言葉を失い、悲しみに暮れた。その知らせは、野球ファンのみならず、世間の人々にとっても、大きな関心事となった。

テレビでは追悼特番がいくつも放送されて、いずれも高視聴率を記録する。書店には「野村克也追悼号」が緊急出版され、完売店が続出した。日本を代表するスポーツ誌『Number』（文藝春秋）の「名将　野村克也が遺したもの。」は爆発的な売れ行きを記録し、雑誌としては異例の重版を行い、その後も売れ続けているという。

野村の死を受けて、『Number』編集部から、「ハワイに住む森さんに現在の心境を聞いてほしい」と依頼があった。冒頭で紹介した森の独白は、そのときのものである。

受話器の向こうの森は、淡々と現実を受け止めながらも、ときには懐かしそうに、ときにはしんみりと野村との思い出を語ってくれた。そして、森は言う。

「野村さんとの思い出はいろいろあるけど、いちばん忘れられないのは92年、そして93年、私が監督だった西武ライオンズと彼が監督だったヤクルトスワローズが戦った二年間の日本シリーズだな。野村さんも〝あの二年間は忘れられない〟って言っていたけど、私もまさに同じ思いだな」

それまでに、森にも、そして野村にも「あの二年間」の思い出を尋ねていた。そして、やはりこのときも、森は楽しそうに野村との対決を振り返った。

「お互いの手の内を知り尽くした者同士が監督となって死力を尽くして戦ったのがあの二年間の日本シリーズだったよね。〝もう、そろそろ手を打ってくるだろう〟と思っているのに、相手はまったく動こうとしない。あるいは、〝ここは動かないだろう〟と思っているところで策を講じてくる。〝この作戦にはどんな意味があるんだろう？〟、そんなことばかりを考えてベンチに座っていましたね。私は現役時代も、コーチ、監督時代も何度も何度も日本シリーズを経験しているけど、あれだけ緊張し、疲れ果て、しびれたシリーズはなかったな」

1992（平成4）年日本シリーズ、第七戦での西武・石井丈裕、ヤクルト・岡林洋一をめぐる両監督の静かなる攻防が、改めてよみがえってくるようだった。

詰むや、詰まざるやの死闘の果てに

あの二年間の日本シリーズについて、西武、ヤクルト両チームの関係者に「はたして決着はついたのか？」と尋ね続けた。ある者は「やっぱり、王者西武が強かった」と言い、またある者は「若さと勢いに勝るヤクルトが強かった」と語った。

森はかつて、次のように語っている。

「本当にあれだけ死力を尽くした戦いはヤクルトとの日本シリーズだけだったな。勝負というのは互角の力であれば時の運ですよ。後手に回ればやられる。そうかといって先手、先手で勝負すれば相手の術中にハマることもある。ここは動くか、動かないか。その判断をずっと求められていた。本当に大変だった。でも、本当に楽しかった。すべては野村監督との戦いだったから可能になったんだね」

一方、生前の野村は「私はもう一度、西武とやりたかった。決着はつけたかったよ」と語った後に、「……いや、やっぱり、引き分けでいいのかな」とつぶやいた。

しかし、そのすぐ後に自らの言葉を撤回する。

「いや、やっぱり決着はつけたかったよ。《勝負》という字はどう書く？　《勝つ》と《負ける》という字を書くでしょ。《分け》という文字はないんですよ。やっぱり、決着はつけたかったな」

そして、「三度目の戦いをしたかった」と言い、こんな言葉を口にした。

――三度目の対決は、私と森と、どちらが長生きできるかで勝負しようか……。

これが、野村への取材の最期の言葉となった。

この言葉から一年余りが経ち、野村は静かにこの世を去った。

受話器の向こう側では、森が淡々と野村との思い出を語っている。森は野村の「最期の言葉」をどう受け止めるのだろうか？

改めて、野村の言葉を告げる。森はしばらくの間、押し黙っていた。

そしてようやく口を開き、静かに言った。

「ふーん、そんなことを言っていたんだね。実に野村さんらしい言葉だね。でも、決着がついたのかどうか、そんなことはもう、どうでもいいことじゃない……」

それ以外、森は何も口にしなかった。だからこそ、このひと言は深く重い響きを伴って受話器の向こうから耳に届いた。まさに、森の言う通りだった。

決着はついたのかどうか？

そんなことはもう、どうでもいいことなのかもしれない。

森祇晶と野村克也――。

稀代の名将が、知力の限りを尽くして挑んだ激闘がかつてあった。

92年、そして93年と二年にわたる息詰まる死闘が確かにあった。

森は勝利監督となり、野村も勝利監督となって宙を舞った。打つ手を一つ間違えれば、まったく異なる結果が待っていたことだろう。

稀代の勝負師たちは「詰むや、詰まざるや」の読み合いの末、ともに勝利監督となった。

あれからかなりの時間が過ぎた。

それでも、まったく色褪せることなく、いや、時間の経過とともに、さらなる凄みを増してあの二年間が鮮やかに記憶によみがえる。

日本プロ野球史に残る激烈な戦いは二人の男――森祇晶、そして野村克也――の意地と執念、そして知力と誇りによって生み出されたものだった――。

補遺　2023年――あれから30年

辻発彦――二度のリーグ制覇も、日本シリーズ進出はならず

2023（令和5）年2月――。

新解説者として、精力的に各キャンプ地を回っていたのは、前年限りで埼玉西武ライオンズの監督職を辞したばかりの辻発彦だ。

西武時代には広岡達朗、森祇晶の下で野球を学び、セ・リーグ移籍後にはヤクルトの一員として野村克也の「ID野球」を経験した。1992（平成4）年、息詰まる死闘となった日本シリーズ第七戦において、西武ナインの一員として絶体絶命の大ピンチを好守で切り抜け、チームに日本一をもたらしたのは辻の功績だった。

17年に西武監督に就任するとすぐにリーグ二位となり、翌18年、19年にはチーム二十一年ぶりとなるパ・リーグ制覇を実現している。

在職六年のうち、Aクラスは五回達成しているものの、クライマックスシリーズ（CS）では一度も勝てずに、日本シリーズ進出はならなかった。歓喜の瞬間も、悔し涙の瞬間も、さまざまなことがあった六年間だった。

監督就任時の記者会見にて、辻は力強く言った。

「ライオンズを離れてからも、ずっとライオンズを気にしていました。試合の勝ち負けは監

督の責任。選手を信じてやっていきたい」

21年には、四十二年ぶりの最下位という屈辱も味わった。

「この大好きなチームを、このまま低迷させてはいけない」

広岡、森時代を経験し、黄金時代の真っ只中でプレーをした。誰よりもライオンズを愛する男は、ファンにも愛され、指揮官として全力を尽くした。

監督退任後、古田敦也がMCを務める人気YouTubeチャンネル『フルタの方程式』に出演した際に、監督時代を振り返って、「失敗したことは?」と問われた辻はこんな言葉を残している。

「オレ、失敗だとは思っていないからね。六年間で優勝を二回させてもらったけど、失敗だとは思っていないから。結局は《辻》という人間を監督として呼んでいただいたわけだから、違う色でやる必要もないし、それでダメだったら首を斬られる、もう辞めればいいことだし。ということを改めて思ったよ。だから、自分が思う通りにやればいいし……」

「選手との距離感を大切にしている」という辻監督は、かつて言った。

「僕がもし選手だったら、監督は特別じゃないですか? コーチだったら、〝○○さーん〟と言えてもね。でも、〝監督は特別だ〟と思われたくないので、コーチみたいな感じでいいのかなと思っているんです」

広岡とも森とも違う、「辻」というカラーで勤め上げた六年間となった。

日本シリーズに出場することはできなかった。それでも、ライオンズ史において、辻は二度の優勝を記録することになった。球団公式ホームページでは、自らの言葉でファンへの感謝の思いを述べている。

「この歳までユニフォームを着て、若い選手たちと一緒に野球ができて幸せな6年間でした。試合の中では楽しいだけじゃすまないこともありましたが、そういうハラハラドキドキがなくなるのは少し寂しい気持ちもあります」

試合開始前の選手紹介時には、自らの発案で「辻監督とゆかいな仲間たち」と称されたパフォーマンスを行い、一連のアクションは「劇団獅子」としてファンからも好評を博した。恩師である森祇晶とも、野村克也とも違う、また新たな監督像を築き上げて、辻はひとまずユニフォームを脱いだ。

石井一久——恩師も経験していないGM兼監督に

野村克也が亡くなった20年オフ、東北楽天ゴールデンイーグルスの新監督に就任したのが石井一久だ。18年、星野仙一の急逝を受け、石井がゼネラルマネージャー（GM）に就いたときには、「お前がGMか」と野村は笑ったという。

それから二年のときを経て、「石井GM」が新監督に指名したのが自分自身だった。監督就任直後に行われた『Ｎｕｍｂｅｒ　Ｗｅｂ』連載、「プロ野球亭日常」（鷲田康）のインタビューにおいて、石井は「野球の経験値のあるチームにしていきたい」と語り、野村監督時代のヤクルトについて、こんな発言を残している。

「僕がいた野村さんが監督をやられていた頃のヤクルトでもそうでした。最初の４年か５年で、野村監督がいないときでも、ある程度、選手が自分たちでできるようになっていた。それくらいに野村さんが教育しチームを作ったということですけど、古田（敦也）さんだったり、宮本（慎也）さんだったり、チームにしっかり野球の教育をしてくれる選手がいた。だからヤクルトの伝統というのは受け継がれたと思います。そういう野球の解る選手がどんどん出てきて欲しいと思いますね」

さらに、この発言を受けて、自らの使命について次のように続ける。

「僕が責任を負わされないように優勝を目指すのではなく、僕が辞めた後も優勝をしっかり狙える強いチームを作りたい。それが僕の使命だと思っています」

野村が亡くなった直後に発売された『Ｎｕｍｂｅｒ・９９９』、「名将野村克也が遺したもの。」によれば、「ヤクルトの選手の中で、ぼくは結構過保護に育てて頂きました」と、石井は振り返っている。そして、92年日本シリーズ第三戦の先発を託されたことについて、「野村さんはぼくを大きく育てようとしてくださった」と感謝の言葉を述べている。

現役時代「プレーイングマネージャー」を務めた野村だが、石井は恩師でさえも経験していない「プレーイングゼネラルマネージャー」という重責を担うことになった。

監督初年度となる21年シーズンは前年四位から三位に浮上したものの、日本シリーズ進出はならなかった。そして、翌22年は辻発彦が率いる西武に六・五ゲーム離された四位に沈み、この年限りでGM職を離れ、監督業に専念することが決まった。

23年シーズンは就任三年目を迎える。「監督」としてはいまだ成果を挙げてはいない。

ヤクルト監督就任時に野村は「一年目に種を蒔き、二年目に水をやり、三年目に花を咲かせる」と宣言し、見事に三年目となる92年にリーグ優勝を成し遂げた。この年にルーキーとしてプロの世界に飛び込んだのが石井だった。

あれから三十余年の月日が流れた。「石井監督」の真価が問われる時期が訪れている。

工藤公康――ホークス黄金時代を築き上げた名将

92年は、日本シリーズ開幕直前に左足ふくらはぎの肉離れにより満足なピッチングを披露できなかったが、翌93年には、第二戦、第五戦を託された工藤公康は、15年に福岡ソフトバンクホークスの監督に就任すると、在任七年間でリーグ優勝三回、日本一には実に五回も輝いた。

この間のチーム成績は、978試合558勝378敗42分、勝率は・596を記録している。ペナントレースはもちろん、短期決戦でも無類の強さを見せつけた。CS通算成績は24勝8敗で、日本シリーズは出場五回で20勝4敗1分、すべて日本一を手にしている。特に日本シリーズでは18年第三戦から退任まで十二連勝、ポストシーズン全体では19年CSファーストステージ第二戦から十六連勝と「無敵」と言える戦いを見せつけた。

辻発彦同様、工藤もまた西武時代に広岡達朗、森祇晶の下で若き日々を過ごしている。現役を引退し、自らが監督になったときに、自著『55歳の自己改革』(講談社)において、次のように述べている。

広岡監督も、その後を受けた森祇晶監督も、ものすごく厳しい監督で、「人生の先輩」「年

上の友人」のような個人的な近しさ、親しさを感じる存在ではありませんでした。それでいい。むしろ、そういう関係に徹するべき、と考えるようになりました。

この言葉にあるように、監督時代の工藤は、「嫌われ役に徹するべき」と考え、選手たちに口うるさく接するように心がけていたという。広岡と森の下で過ごした辻が「〃監督は特別だ〃と思われたくない」と語ったのとは対照的なスタンスで工藤は臨んでいた。

再び、前掲書から引用したい。

だから僕は、うるさがられようとかまわず言い続けます。厳しい要求をして、「あの野郎」と思われても、それが選手たちの反骨心を呼び覚まして頑張ることにつながるなら全然かまいません。10年後でも15年後でも、「あの時があるから長くやれた」と思ってもらえたら、それでいい。

厳しい姿勢で指揮を執った工藤は、見事に結果を残した。前述したように、日本シリーズでは圧倒的な強さを見せつけ、二年続けて読売ジャイアンツと戦った18年、19年はいずれも四勝〇敗で巨人を寄せつけなかった。「工藤監督」が目指したのは、かつての西武のような、そしてヤクルトのようなチームだったという。前掲書からの引用を続ける。

僕が理想とするのは、監督が指揮をとらなくても選手がみんなで考え、イメージを共有し、自主的に判断でき、勝手に動いてくれるチームです。たとえば、守備位置もコーチが指示をするのではなく、選手自身で試合の流れを察知し、状況判断をして適切に変えられる。そんな姿が目標です。

この発言を聞いて、93年日本シリーズ第四戦、ヤクルト・飯田哲也によるバックホームを思い出す人も多いはずだ。本人が「生涯のベストプレー」と語るあの場面は、飯田がベンチの指示を無視して、独断で守備位置を変えた結果生まれたものだった。

この年のシリーズについて、生前の野村は語った。

「……そりゃあ、強かったはずですよ。選手が自分で考えて正しい判断をするんだから。監督が何も言わなくても、選手たちが勝手に動く。そりゃあ、強いですよ」

かつての敵将が感じた感慨を、工藤もまた目指していたのである。

監督退任後に発売された『未来をひらく81の思考』（宝島社）において、工藤はこんな言葉を残している。

私は2021年、7年間の監督業を成績不振（4位）で退任させていただいた。これは監

督を引き受けた時から私なりの覚悟なのだ。強いチームづくり、10連覇できるチームを目指し、あらゆることにチャレンジしてきた。一軍、二軍、三軍の連携や、巡回コーチの設置、共有、共通認識を持つこと。選手たちが迷わないように、コーチの考え方を統一することで、誰に聞いても返ってくる答えが同じになるようにすること。ユーティリティープレーヤーを多くすることで、選手層を厚くしてケガ人、離脱者が出てもカバーできる選手を育成した。

川上哲治監督時代の巨人V9を上回る常勝軍団作りは、志半ばで途絶えた。しかし、再びユニフォームを着て、監督として球界復帰する機会もあるだろう。そのときに備えて、今はときが来るのを静かに待つだけだ。

髙津臣吾――恩師・野村克也に並ぶセ・リーグ二連覇

沖縄・浦添市――。

23年2月11日、この日は野村克也の三回目となる命日だった。春季キャンプ第三クール二日目、午前9時23分、かつて92年、翌93年、森祇晶監督率いる西武ライオンズと息詰まる死闘を演じた、かつての教え子たちが約30秒間の黙祷を捧げた。

93年の胴上げ投手となった髙津臣吾監督を筆頭に、その隣には「ID野球の申し子」と称された古田敦也臨時コーチ、93年新人王にして、この年の日本シリーズには一度も登板機会のなかった伊藤智仁ピッチングコーチも並んでいた。

ネーミングライツにより、「ＡＮＡ　ＢＡＬＬ　ＰＡＲＫ浦添」と改称された浦添市民球場。そのバックスクリーンには、「野村監督時代」を経験していない、令和時代の若い選手たちを見守るように、チャンピオンフラッグがはためいていた。

22年、セ・リーグを制覇したのは高津監督率いる東京ヤクルトスワローズだった。日本シリーズでは二勝一分から四連敗を喫し、中嶋聡監督が指揮を執るオリックス・バファローズに敗れ去ったものの、21年にはリーグ優勝、日本一を成し遂げていた。


就任一年目となる20年は投打ともに振るわず最下位に終わった。

野村克也が亡くなったこの年、新型コロナウイルス禍により、世界中がパニックに陥っていた。当然、プロ野球もその影響を受け、開幕も6月に延期された。混乱と屈辱の監督一年目を振り返って、高津は「プロ一年目を思い出した」と語った。

「プロ一年目、僕はリリーフをやったり、先発を任されてみたり、いろいろなことを経験しました。その年のオフの秋季キャンプで野村監督と面談があったんです。そこで、〝この一年どうだった？〟と聞かれて、僕は〝選手としてうまくいくかどうかはまだわからないけど、プロ野球の世界というのは大体こんな感じなんだなということが理解できました〟と言ったんです。今年、初めて一軍監督として過ごしたけど、まさにプロ一年目が終わった心境と一緒なんです」

シーズン中、故障者が相次ぎ、期待の新外国人選手が思うような活躍を残せない中で、髙津はしばしば「こんなとき、野村監督ならどうするだろう?」と考えたという。

「もしも、野村監督がまだお元気でいらっしゃったら、シーズン中でも時間を作って監督の下に駆けつけたと思います。そこで、戦術について、用兵について、組織について、いろいろ相談したかったです。もちろん、それは叶わない夢でしたけれど……」

死してなお、いや、すでにこの世にいないからこそ、改めて野村克也の存在がさらに大きくクローズアップされることとなったのだ。

そして、翌21年は先発ローテーションの間隔を大きく空ける「ゆとりローテーション」を採用し、プロ二年目の奥川恭伸の台頭に象徴されるように「勝利と育成」を実現させる名采配を見せた。「髙津ヤクルト」は六年ぶりのリーグ制覇を成し遂げ、球団史上初の投手出身優勝監督となった。CSファイナルステージでは、読売ジャイアンツを相手に、危な気ない戦いを見せて日本シリーズ進出を決めた。

そして、日本シリーズではオリックス・バファローズ相手に僅差の戦いを制し、四勝二敗で二十年ぶり六度目となる日本一を達成した。

日本シリーズ直前の心境について、髙津は自著『明るく楽しく、強いチームをつくるために僕が考えてきたこと』（アルファポリス）において、次のように述べている。


この時点で、野村克也元監督の死から1年以上が経過していた。

シーズン中、野村さんのことを特に意識しているつもりはなかったけれど、気がつけば「こんな場面、野村さんならどうするかな？」と考えることは何度かあった。もしも、生きていらしたら「ちょっと聞いてみたいな」と思うこともたくさんあった。

それは、いわゆる「野村ノート」に書いてあることももちろんあったけれど、改めて「ここはどうですか？　あれはどうなんですか？」と質問したかった。そして、ご本人の言葉でその答えを聞きたかった。これまではずっと「監督と選手」という立場だったけれど、新たに「監督と監督」としての対話がしたかった。そんな思いを強く感じたものだった。


こうした思いを抱きながら日本シリーズに臨み、チームを二十年ぶりの日本一に導いた。高津の頭には、常に野村の存在があった。プロ野球選手としての活路を見出してくれたかつての師は、監督となってもやはり自身にとってのメンターだった。

日本一監督となった高津は正力松太郎賞を獲得。さらに翌22年1月14日には、プレイヤー部門で野球殿堂入りを果たす。これは、韓国リーグ・KBOや、台湾リーグ・CPBL、日本の独立リーグ・BCリーグでプレー経験のある選手として初めての快挙となった。

さらに、前述したように翌22年も「高津ヤクルト」はセ・リーグを制し、チームとしては野村克也以来となる「二年連続リーグ制覇」を成し遂げた。二年連続でヤクルトの監督が宙を舞ったのは92年、93年の野村以来のことである。

二年連続リーグ優勝監督となり、日本一にも輝いた。正力松太郎賞を獲得し、野球殿堂入りも実現した。いずれも、野村克也に比肩して遜色のない偉業を成し遂げた。

着実に恩師の足跡をたどりながら、高津もまた「名将」の道を歩んでいる。

*

1992年、そして翌93年、詰むや、詰まざるやの激闘を演じた男たちもまた、次のステージを歩み始めている。

あれからすでに三十年のときが流れた。元号は「平成」から、「令和」へ変わった。

時代は移り続ける。

ひとときもとどまることなく、時間は流れ続ける。

かつての名選手たちは、名指導者となるべく奮闘中だ。そしてグラウンドでは、次代の名選手たちが躍動している。

時代は移り続ける。

ひとときもとどまることなく、時間は流れ続ける。

それでも――。

あの秋の日、雌雄を決するべく知能の限りを尽くして戦った二人の名将――森祇晶、そして野村克也――の激闘は決して色あせず、その遺伝子は確実に今も息づいている。

いつまで経っても、忘れられない戦いがある。

野球は、やはり面白い。

二人の名将が、私たちにそれを教えてくれた――。

（了・文中敬称略）

文庫版あとがき

それは、「令和版・詰むや、詰まざるや」なのか？

92年の悪夢がよみがえったかのような「落球劇」……

（あぁ、あのときとまったく同じ気分だな……）

神宮球場からJR代々木駅に向かう裏道をふらふらと歩きながら、僕はそんなことを考えていた。「あのとき」とは、1992（平成4）年の秋の日、日本シリーズ第七戦を終え、感動と感激と、同時に激しい悔しさにも見舞われていたあの日のことだ。

あれからちょうど三十年の月日が流れた2022（令和4）年――。

日本シリーズ第六戦が終わり、あてもなく同じルートを歩きながら、三十年前のあの日と同じように感動と感激と、激しい悔しさを噛み締めていた。

92年日本シリーズ第七戦、ヤクルトのセンター・飯田哲也が石井丈裕のフラフラと上がった打球をはじき西武が同点に追いつき、延長戦の末にヤクルトは日本一を逃した。

22年日本シリーズ第六戦、ヤクルトのセンター・塩見泰隆が打球に追いつきながらも捕球することができず、オリックスに追加点がもたらされ、ヤクルトの日本一は潰えた。

三十年前の悪夢のような飛球が、ときを経て再びよみがえったような気分だった。

いずれも、その日のその後の記憶は残っていない――。

ヤクルトスワローズは78（昭和53）年の初優勝から、92、93、95、97、01、15、21、そして この22年と、実に九回日本シリーズに進出している。この間、日本一を逃したのは92、15、22年の三回で、いずれも神宮球場で相手チームの胴上げを目の当たりにすることになった。僕もまた、そのすべてに立ち会っていた。

大学三年生だった92年、社会人となりすでに不惑を過ぎていた15年、そして50代を迎えていた22年、そのすべてを観客席で見届け、そして同じように神宮球場から代々木駅へと向かうルートを通って、新宿方面の酒場へと繰り出している。

ヤクルトファンになって、過去三回、火照った身体と頭を覚ますように、この道を歩いてきた。しかし、その感情は微妙に異なるものだった。

15年、工藤公康監督率いる福岡ソフトバンクホークスには一勝四敗で敗れた。全五戦、すべてを球場で見届けたが、戦力、実力差は明らかだった。シリーズ直前、ソフトバンクのキャプテンであり、シーズン中は四番も務めていた内川聖一が骨折のために離脱した。それでも、「ホークス有利」の下馬評は覆らず、ヤクルトは完敗を喫した。

もちろん、ひいきチームの応援をしつつも、正直な思いを言えば、「まぁ、順当な結果だろうな」と内心では思っていた。「悔しくない」と言えばウソになるけれど、「あぁ、負けた、負けた。とりあえず飲みに行くか！」という感覚だった。

後に、当時のヤクルト・真中満監督にインタビューした際に、彼はこんな言葉を口にした。

「あの年の日本シリーズは、正直言えば圧倒的な力の差があったと思います。結果は一勝四敗でしたよね。普通、客観的に見ていたら、〝一勝しかできなかったのか〟って思うじゃないですか。でもね、当時の僕としたらあの一勝はめちゃくちゃ嬉しかった(笑)。たった一試合勝っただけでこんなに嬉しいのかっていうぐらい。それぐらいの差があったと思っていましたからね」

敵地で連敗後、本拠地・神宮球場で迎えた日本シリーズ第三戦。ヤクルトの主砲・山田哲人が三本のホームランを放ち、何とか一勝を挙げることができたが、結局はその一勝だけに終わった。まさに完敗であり、真中元監督の感想は、一ファンである僕としても同じだった。だからこそ、ソフトバンクになす術もなく敗れ去っても、「まぁ、仕方ないか」と悠長な思いでいられたのである。

しかし、西武ライオンズと死闘を繰り広げた92年、そして中嶋聡監督率いるオリックス・バファローズと息詰まる闘いを展開した22年はまったく違った。両チームがそれぞれ持てる力を発揮して、どちらが日本一になってもおかしくない大接戦を繰り広げていたからだ。92年は三勝四敗で敗れ、22年は二勝一分からの四連敗で涙を呑んだ。

対戦成績以上に、攻守それぞれに両監督の戦術の妙があり、野球の奥深さがあった。どちらが勝ってもおかしくない戦いは、球場スタンドで見ているだけでも疲労困憊となるものだった。一つ打つ手を間違えれば、結果はまったく違ったものになっていたことだろう。

気がつけば、僕は泣いていた。

選手たちに対して、「本当によくやった、本当に頑張った」と感謝の念を抱きつつ、その一方では、「あの場面で一本出ていれば……」とか、「あのミスさえなければ……」という思いも渦巻き、気がつくと悔し涙が流れていたのである。22歳の大学生が涙を流し、それから三十年が経過した52歳の中年もまた瞳を滲ませたのである。

92年のあの日も、22年のこの日も、その夜の記憶が曖昧だ。いずれも新宿に繰り出し、なじみの店で酒を飲んだ。どうやって帰宅したのか、よく覚えていない。

「令和版・詰むや、詰まざるや」と呼ばれて……

本書で述べたように92年、そして93年は森祇晶率いる西武ライオンズと、野村克也のヤクルトスワローズが二年連続で激突し、92年は西武が、そして93年はヤクルトが日本一となった。一方、21年、そして22年は高津臣吾率いる東京ヤクルトスワローズと、中嶋聡が監督を務めるオリックス・バファローズが二年連続で戦い、21年はヤクルトが、そして22年はオリックスが日本一になった。

三十年という月日が流れたものの、92〜93年も、21〜22年も、いずれもファンからは「名勝負だ」と評価される戦いとなった。本書の原本が発売されたのが20年11月のことだ。

これを受けて、21年、そして22年のヤクルトとオリックスとの日本シリーズについて、SNS上ではこんな言葉が並んだ。

・まさに「令和版・詰むや、詰まざるや」だ！

・高津監督、中嶋監督による詰むや、詰まざるやの戦いに興奮した！

・この戦いは、後に「令和版・詰むや、詰まざるや」として語られるだろう！

元々は将棋の世界で多用されている言葉であり、詰将棋の古典的名著としても名高い『詰むや詰まざるや』というフレーズを本書のタイトルとしたのは、大学三年生だった当時、熱戦に次ぐ熱戦を受けて、第七戦が終わった瞬間に僕自身が抱いた感慨をそのままタイトルにしたものだった。本書の発売を受けて、「日本シリーズの激闘」を称して、「詰むや、詰まざるや」というフレーズを用いる人が多かったことは作者冥利に尽きるものだった。

さらに、ツイッター上ではこんなツイートも散見された。

・ぜひ、長谷川さんには『令和版・詰むや、詰まざるや』を書いてほしい。
・きっと、何年後かには長谷川晶一が令和版『詰むや』を書くだろう。
・高津監督、中嶋監督版の『詰むや、詰まざるや』が待ち遠しい！

目の前の激闘に興奮した野球ファンの方々が、「ぜひ長谷川にこの戦いを描いてほしい」と思ってくれることもまた、やはり作家冥利に尽きる喜びである。

しかし、その一方では、「こうした声はありがたいけれども、僕には『令和版・詰むや』は書けないだろうな……」という思いがあったのは紛れもない事実だ。

理由はいくつかある。

本書、『詰むや、詰まざるや』が刊行されたのは、前述したように20年11月であり、あの激闘からすでに四半世紀以上が経過していた。チームを率いた森祇晶、野村克也はすでにユニフォームを脱いでいた。当時現役だった選手たちもすでに引退し、それぞれが指導者や評論家となっていた。

「約三十年」という時間の経過により、当事者たちが冷静に過去を振り返ることができるようになっていた。それがあったからこそ、のべ五十人もの関係者たちが、あの二年間の激闘を丁寧に述懐してくれることになった。

この作品が完成するためには「時間」が不可欠だったのだ。

21年、22年のヤクルトとオリックスの戦いは、確かに名勝負が続出し、これからも人々の記憶に強く息づくことになるだろう。

しかし、物語はまだ完結していない。

同時進行で展開されている壮大な野球絵巻の途中経過でしかない。

21年、22年と続いた「物語」は、23年にも受け継がれている。ひょっとして、三年連続で同一カードによる日本シリーズが行われる可能性もある。

あるいは、92年の日本シリーズにおいて、現役時代を通じて「もっとも思い出したくないプレー」の当事者となった飯田が、翌93年に「生涯のベストプレー」を演じたように、22年のシリーズにおいて、杉本裕太郎の打球を捕り損ねた塩見が、翌23年には一世一代の大ファインプレーでチームを再び日本一に導くかもしれない。

そう、すべては「未完の物語」なのである。

近い将来、オリックスの大エース・山本由伸が海を渡り、メジャーリーグでサイヤング賞を獲得した後に、再び古巣のマウンドに立つことがあるかもしれない。あるいは、「令和初の三冠王」であるヤクルト・村上宗隆がメジャーリーガーとなり、日本人初となるホームラン王に輝いた後に、円熟味を増してヤクルトに復帰するかもしれない。

オリックス・平野佳寿、ヤクルト・青木宣親のように、メジャー経験を携えて古巣に戻り、後輩たちに有形無形の財産をもたらす存在となっている可能性は大いにあるだろう。ベテランになった山本、そして村上ははたしてどんな選手になっているのか？　ひょっとしたら、オリックス・吉田正尚監督、ヤクルト・中村悠平監督の下、２０３１年完成予定の新神宮球場で日本シリーズが行われることがあるかもしれない。
物語の「結末」が訪れるには、まだまだ時間を要することだろう。今はまだ、ときが熟すのを待つだけだ。「その日」が来るのを楽しみに待つだけだ。

22年日本シリーズ第二戦、9回裏に起死回生の代打同点3ランホームランを放ったヤクルト・内山壮真。そして攻守にわたってはつらつとしたプレーを見せたオリックス・紅林弘太郎は、学年は異なるものの、いずれもこのときまだ20歳だった。少なくとも、彼らが現役を引退するまでは、ヤクルトとオリックスとの二年間の戦いが、「本当に詰むや、詰まざるやの戦いだったのか?」と結論づけることはできないだろう。

かつて、僕にも22歳のときがあった。岡林洋一の姿に胸を熱くしていた青年は、それから三十年のときを経て、石川雅規のピッチングに声援を送る52歳の中年となっていた。20歳の内山も紅林も、やがてユニフォームを脱ぎ50代を迎えることだろう。

やはり、本書同様に三十年近い月日が必要なのだ。悠久の時間によって、物語は発酵し、やがて熟成する。今はまだ、そのときが来るのを待ちたい。

もしも、三十年後にまだ気力と体力が充実し、相応の実力があるのであれば、ぜひ『令和版・詰むや、詰まざるや』を取材、執筆したい意欲はあるけれど、「すでに82歳となった自分にはおそらく無理だろう」という冷静な思いもある。

現実的なことで言えば、ヤクルトとオリックスの激闘に胸を熱くした未来のライターが、このすばらしい戦いの行く末をしっかりと見届けた上で、ぜひとも一遍の物語として作品にしてほしいと願っている。

老後の楽しみとして、ぜひ一読者として、その作品を読みたいと切に思う。

今回、こうして『詰むや、詰まざるや』が新たな形として再び発売されることを嬉しく思う。その後も、当事者たちに話を聞いていると新たに聞くエピソードが頻出した。そうしたものを加えて、新たにまとめ直す機会をいただいたことを嬉しく思う。

森祇晶と野村克也が生み出したあの戦いが、これからも末永く語られていくための一つのきっかけとなれば、作者として嬉しいことはない。

2023年3月、WBCに熱狂しつつ——

長谷川晶一

主な取材対象者一覧

西武ライオンズ

森 祇晶

伊原春樹

伊東 勤

秋山幸二

清原和博

デストラーデ

石毛宏典

辻 発彦

平野 謙

笘篠誠治

工藤公康

石井丈裕

渡辺久信

潮崎哲也

中川充四郎

※敬称略(順不同)

ヤクルトスワローズ

野村克也

丸山完二

伊勢孝夫

古田敦也

池山隆寛

広澤克実

ハウエル

飯田哲也

土橋勝征

秦 真司

杉浦 享

八重樫幸雄

岡林洋一

川崎憲次郎

荒木大輔

高津臣吾

宮本賢治

森下弥生

双葉文庫

は-41-01

詰《つ》むや、詰《つ》まざるや

森《もり》・西武《せいぶ》 vs 野村《のむら》・ヤクルトの2年間《ねんかん》　完全版《かんぜんばん》

2023年4月15日第1刷発行

【著者】

長谷川晶一《はせがわしょういち》

【発行者】

島野浩二

【発行所】

株式会社双葉社

〒162-8540 東京都新宿区東五軒町3番28号

［電話］03-5261-4818（営業部）03-5261-4827（編集部）

www.futabasha.co.jp（双葉社の書籍・コミックが買えます）

【印刷所】

中央精版印刷株式会社

【製本所】

中央精版印刷株式会社

【フォーマット・デザイン】

日下潤一

ISBN978-4-575-71496-8 C0195

Printed in Japan